Sölter · Das Pferd, das den Karren zieht

. . . das Pferd, das den Karren zieht

Unter unseren sozialistischen Gegenspielern herrscht große
Verwirrung: einige von ihnen halten den Unternehmer
für einen räuberischen Tiger, der abgeschossen werden
muß. Andere sehen ihn als Kuh an, die sie melken können.
Nur eine Handvoll betrachtet ihn als das, was er wirklich
ist — das starke Pferd, das bereitwillig den Karren zieht.

Winston Churchill

. . . the horse that pulls the cart

Among our Socialist opponents there is great confusion.
Some of them regard private enterprise as if it were a
predatory tiger to be shot. Others look upon it as a cow
that they can milk. Only a handful see it for what it
really is — the strong and willing horse that pulls the
whole cart along.

> Complete Speeches of Winston Churchill, edited
> by Robert Rhodes James (New York: Chelsea
> House, 1974), vol. 8 (1950—1963), p. 8700. (The
> speech was given at Hawkey Hall, Woodford, in
> September 29th, 1959 in the campaign leading to
> the General Election of 8th October that year.)

Das Pferd, das den Karren zieht

Der Unternehmer, wertvollstes Kapital
der Volkswirtschaft

2. durchgesehene und ergänzte Auflage

von

Arno Sölter

Heider-Verlag · Bergisch Gladbach

INHALTSVERZEICHNIS

VORWORT

Unternehmer sind (in alphabetischer Reihenfolge) Ausbeuter, Betriebstyrannen, Beutegeier, Blutsauger, Bonzen, Geldscheffler, Halsabschneider, Kapitalisten-Untiere, Klassenfeinde, Leistungsterroristen, Lohnräuber, Mehrwertfresser, Monopolherren, nagende Ratten, Parasiten, Playboys, Profithaie, Protze, skrupellose Profiteure, spätkapitalistische Fossile sowie Raucher dicker Zigarren, die den von ihnen Abhängigen ständig noch dickere Zigarren verpassen. Vor allem sind sie völlig überflüssig!

Dieses Vokabular haben sich Leute ausgedacht (oder Propagandabüchern östlicher unternehmerloser Paradiese entlehnt), denen es deswegen, weil die überragenden Leistungen unserer Sozialen Marktwirtschaft auch den nicht produktiv Tätigen in reichem Maße zugute kommen, mittlerweile offensichtlich zu gut geht. In dem für jegliche Meinungen und Handlungen freiesten Lande der Welt haben Systemkritiker das ebenso simple wie wirkungsvolle Rezept diktatorialer Propagandaminister dankbar aufgegriffen, wonach es genügt, nur immer wieder die gleiche Dummheit zu wiederholen — am Ende seien alle davon überzeugt, daß sie richtig ist. Auch die mit Beginn der Wirtschaftskrise (Ende 1973) hier und da „wiederentdeckte" Bedeutung des Unternehmers oder gar die festzustellende „Tendenzwende" in der Beurteilung der unternehmerischen Marktwirtschaft („Notzeiten sind Unternehmerzeiten", „Man trägt wieder Unternehmer") scheint viele Systemkritiker nicht aus ihrer Vorstellungswelt lösen zu können, im Gegenteil: Sie nutzen die temporären wirtschaftlichen Unsicherheiten, um verständliche Sorgen und Emotionen kräftig aufzuheizen. Hinzu tritt die nicht minder große Gefahr einer aus falsch verstandener Sozialstaatlichkeit und/oder Parkinson'scher Eigendynamik wachsenden bürokratischen Bevormundung der Unternehmerschaft, die nicht nur eine Frage der Kosten ist, sondern sich zu einem wirtschaftlichen und gesellschaftlichen, ja ordnungspolitischen Problem par excellence zu entwickeln droht.

Unbestreitbar ist nach Meinung aller sachlich und redlich denkenden und urteilenden Bürger, daß noch keine Gesellschafts- und Wirtschaftsordnung der Weltgeschichte ein so hohes Maß an Freiheit und Effizienz verbürgt hat und allen Schichten der Bevölkerung einen so hohen Lebensstandard und Wohlstand zu gewährleisten vermochte wie unsere Soziale Marktwirtschaft. Unendlich viele Dinge sind selbstverständlich wichtiger als die Wirtschaft; doch sie alle können nicht existieren oder geschaffen werden ohne eine leistungsfähige Unternehmerwirtschaft. Auch der Staat lebt schon längst nicht mehr allein vom Ruhm seiner Denker und Dichter, noch weniger von Polit-Ideologen und Amtsträgern, sondern von der Leistungsfähigkeit seiner Wirtschaft.

Natürlich kommt es in einer derart hochentwickelten und differenzierten Wirtschaftsordnung allzu leicht auch zu Fehlentwicklungen und Mißständen aller Art. Diese ließen sich aber bisher und lassen sich weiterhin mildern oder beseitigen, ohne daß deswegen das System als solches für überwindungsbedürftig erklärt werden müßte. So ist es auch in der Fachwelt überwiegend unbestritten, daß die freiheitliche Wirtschaftsordnung in Verbindung mit einer wirksamen staatlichen Rahmenlenkung Krisenzeiten ebenso zu überwinden wie die vor uns liegenden großen Gemeinschaftsaufgaben am ökonomischsten und erfolgreichsten zu lösen vermag.

Intellektuelle sind nicht selten Menschen, die es als unverzeihliche Bildungslücke ansehen, nicht zu wissen, wann und wie Nero seinen ersten Zahn bekommen oder wann und wie Hannibal die Alpen überquert hat, die es aber für ehrenrührig erachten, wenn man meint, sie müßten auch die Funktionsweise unserer Marktwirtschaft verstehen. So ist auch die angebliche „Krise der Marktwirtschaft" zum guten Teil eine Denkkrise sogenannter Intellektueller. Hier setzt die „Philosophie" des vorliegenden Bandes an. Eine Überflußwirtschaft bringt es mit sich, daß auch viel zu viel Literatur produziert wird und daß man dementsprechend viel zu wenig lesen kann; vor allem, daß man stets Gefahr läuft, Wichtiges nicht zu lesen. Daher entschloß ich mich, die Vorzüge der Unternehmerwirtschaft und die Nachteile der Funktionärswirtschaft jedweder Prägung in Form weitestmöglich praxisbezogener Zitate zu belegen. Die Ana soll den Unternehmer nicht als hehren Menschenbeglücker oder gar als Heros, sondern sehr nüchtern als eine der wesentlichen Schlüsselfiguren, als Promoter, Innovator, Organisator, Problemlöser und Krisenmanager unserer auf Leistungsfähigkeit, Leistung, Fortschritt und bestmöglicher Konsumentenversorgung ausgerichteten Wirtschaftsordnung darstellen. Sie soll aber auch zeigen, daß der Paläo-Kapitalist schon längst nur noch ein Requisit antiquitierter Bilderbücher ist, daß also das „ugly face of capitalism" durch die zunehmende Sozialpflichtigkeit der Wirtschaft zur historischen Reminiszenz geworden ist, wohingegen in manchen Teilen der Welt das „ugly face of socialism" bittere Wirklichkeit ist. Schließlich will der Band die banale Tatsache im Bewußtsein der Leser untermauern, daß die Alternative „unternehmerfreundlich" oder „arbeitnehmerfreundlich" ein Widerspruch in sich ist. Denn in einer gut funktionierenden Sozialen Marktwirtschaft sitzen Unternehmer und Arbeitnehmer — trotz natürlicher Antipodenstellung — in einem Boot. Den Arbeitnehmern kann es also nur gut gehen, wenn es den Unternehmen nicht schlecht geht. Nach Lektüre dieses Bandes sollten es daher manche Politiker auch nicht mehr als peinlich empfinden, das Wort „Unternehmer" auszusprechen und anstelle dessen — wie derzeit weithin üblich — allenfalls Begriffe wie Betriebsleiter, Produzenten, gewerbliche Chefs usw. über die Lippen zu bringen. Sie sollten sich ferner der Tatsache mehr als bisher bewußt werden, daß die Diffamierung des Unternehmers einen wesentlichen Bestandteil der Angriffe gegen die freiheitliche Ordnung überhaupt bedeutet.

Ich verkenne nicht, daß das Aneinanderreihen isolierter Zitate Schwächen hat; man ist als Autor bzw. Kompilator geneigt, dasjenige, von dessen Richtigkeit man überzeugt ist, aus der Fülle des historischen und Zeitgeschehens herauszupicken und in den Vordergrund zu stellen. Auch liegt es in der Natur der Sache, daß Zitate aus einem größeren Zusammenhang entnommen werden. Ich habe mich jedoch bemüht, streng darauf zu achten, daß die Zitate auch in isolierter Präsentation nicht sinnentstellend dargestellt sind oder wirken. Ebenso war ich bestrebt, möglichst häufig und in möglichst drastischer Formulierung die Essenz auch tatsächlicher oder möglicher kritischer Stimmen über Unternehmer und Marktwirtschaft in meine Sammlung einzuflechten. Ich habe also durchaus nicht nur die Splitter im Auge der Linken oder des Ostens, sondern auch die Balken im eigenen Auge gesehen.

Die Zitatensammlung soll zunächst den heute mit Arbeit und Sorgen überlasteten Unternehmer in knapper, übersichtlicher und hoffentlich ansprechender Form über seinen Standort unterrichten, ferner über die Ursachen der Bedrohung seiner Position und über die Tatsache, daß erfolgreiche Werbung für Produkte nicht zugleich erfolgreiche Werbung für die Unternehmeridee ist. Des weiteren soll sie auf recht unkonventionelle Art (hoffentlich) überzeugende Argumente zur Anreicherung von Diskussionen bieten, denen sich der Unternehmer zunehmend stellen muß. Sodann soll das Buch allen Einsichtigen und Gutwilligen die Vorzüge unserer freiheitlichen Ordnung nicht in schwerverständlichen Texten und in Fluten von Zahlen, sondern möglichst anschaulich und in knappen Sentenzen vermitteln. Die Sammlung soll also den Beweis erbringen, daß man auch eine so nüchterne Sache wie die Wirtschaft in gelockerter Darstellung „anbieten" kann. Vor allem aber soll bzw. möge die vorwiegend heitere Darstellung, die Einflechtung von Bonmots, Witzen und Anekdoten, der Behauptung von Prof. G. N. Knauer (bis 1974 an der FU Berlin), wonach „die Linken — beobachten Sie das mal — nicht lachen können", entgegenwirken. Auf jeden Fall soll die Schrift zu gelassenerer und entspannterer Betrachtung der Probleme unserer Wirtschaftsordnung beitragen. Dazu dient nicht zuletzt die bewußt „benutzerfreundlich" gestaltete Anordnung des Inhaltes. Die Zitatensammlung ist nach dem Motto von Stanislaw Jerzy Lec konzipiert worden: „Fassen wir uns kurz, die Welt ist übervölkert von Wörtern." Überdies kann der Leser das Buch in der Mitte oder von hinten zu lesen beginnen, er kann es aber auch kreuz und quer durchblättern, in jedem Fall soll er seine Unkosten ersetzt bekommen.

Die Autoren der Zitate sind jeweils mit Namen und möglichst auch mit Herkunft und Standort angegeben. Soweit die Zitate nicht signiert sind, bekenne ich mich zur Autorenschaft, wobei ich offen lasse, ob sie auch stets auf meinen eigenen Beeten gewachsen sind. Als Kompensation für etwaigen geistigen Diebstahl — und natürlich auch wegen der Bedeutung des Stoffes! — gestehe ich jedem Leser zu: Plagiare necesse est!

Köln, den 6. 9. 1978   Arno Sölter

UNTERNEHMER – EIN MANN,
DER WAS UNTERNIMMT

Aufgabe des Unternehmers

ist es, produktive Faktoren miteinander zu kombinieren.

Prof. Erich Gutenberg

Unternehmerische Wirtschaftsweise

ist Umwandlung von Unnützem in Nützliches oder von weniger Nützlichem in Nützlicheres, und dies auf möglichst wirtschaftliche Weise.

Was unternimmt ein Unternehmer?

Unternehmer kommt von »u n t e r n e h m e n«. Nur der, der was unternimmt, bringt unsere Welt weiter. Gewiß braucht man, um was unternehmen zu können, Mitarbeiter, die fähig und fleißig sind. Ohne Mitarbeiter wäre der Erfolg des Unternehmers sogar unmöglich. Ganz sicher ist aber: Ohne freie Unternehmer, deren Erfolg der Markt ständig kontrolliert, sind hoher Leistungsstand und Fortschritt der Wirtschaft und damit hoher Lebensstandard undenkbar.

Unternehmer sind Leute,

die in Kooperation mit ihren Mitarbeitern durch Ideen und Leistungen Materie in Wohlstand umfunktionieren.

Kapital ist tot,

wenn menschlicher Geist es nicht bewegt.

Ökonomische Binsenweisheit

Was ist ein Unternehmer?

U n t e r n e h m e r, im weitesten Sinne jede physische oder juristische Person, die einen wirtschaftlichen Betrieb (eine Unternehmung) auf eigene Rechnung und Gefahr unterhält und leitet. Insbesondere begreift man darunter aber den, der auf seine Rechnung und Gefahr Kapital und Arbeit vereinigt, also Kapital produktiv verwertet und als Arbeitsvermittler erscheint.

Brockhaus' Konversations-Lexikon, 1895

U n t e r n e h m e r im eigentlichen Sinne ist derjenige, der ein wirtschaftliches Unternehmen auf eigene Rechnung und Gefahr in der Weise führt, daß er zur Verwertung des ihm gehörigen Kapitals Arbeiter und Angestellte gegen festen Lohn oder festes Gehalt beschäftigt.

Der Große Brockhaus, 1934

U n t e r n e h m e r, Person, die selbständig und eigenverantwortlich ein Unternehmen leitet und Entscheidungsbefugnis in jeder Hinsicht besitzt. Der selbständige Unternehmer besitzt das Eigentum an dem von ihm geleiteten Unternehmen, hat die Verfügungsgewalt über den erwirtschafteten Gewinn, trägt aber auch das Risiko, d. h. er haftet mit seinem gesamten Vermögen; der angestellte Unternehmer, der Manager, der eine unternehmerische Persönlichkeit ist, besitzt nicht unbedingt das Unternehmenskapital, hat jedoch eine weitgehende Verfügungsgewalt darüber sowie Entscheidungsbefugnis und muß nur unter Umständen das spezifische Unternehmerrisiko tragen.

Meyers Handbuch über die Wirtschaft, 1970

Unternehmer, Persönlichkeit, die eine Unternehmung plant, mit Erfolg gründet und/oder selbständig und verantwortlich mit Initiative leitet, wobei sie persönliches Risiko oder Kapitalrisiko übernimmt.

Wirtschaftslexikon Dr. Gabler, 1971

Unternehmer ist vor allem ein Mann, der was unternimmt.

*

Wer ist Unternehmer?

In der breiten Öffentlichkeit versteht man unter einem »Unternehmer« im allgemeinen nur den Inhaber oder Manager eines Unternehmens der Industrie, des Handels, der Banken, des Versicherungswesens u. ä. Überaus breit gefächert sind jedoch in einer freien Wirtschaft die Betätigungsfelder für den unternehmerischen Menschen. Hier einige Beispiele:

Anlageberater
Boutiquen-Inhaber
Champignonzüchter
Diamantenschleifer
Einrichtungshausinhaber
Fotomodell-Agent
Garagenausrüster
Hundehotelier
Ikebana-Floristin
Klimaanlagenbauer
Lichtwerbungsunternehmer
Mietfahrdienstunternehmer
Neonleuchtröhrenmontage-Unternehmer
Orientteppich-Taxator
Parkettreinigungsunternehmer
Raumausstatter

15

Schwimmbeckenbauer
Taxiunternehmer
Unternehmensberater
Verleger
Werbeberater
Yohimbin-Importeur

Alle diese und tausende andere unternehmerische Wirkungsmöglichkeiten tragen dazu bei, unsere Bedarfspalette ständig zu verbreitern und unser Dasein zu erleichtern, zu verbessern und zu verschönern — kurzum: unsere Lebensqualität in einer freien Wirtschaft und Gesellschaft zu heben.

Jedem Bürger muß daher daran gelegen sein, daß das Unternehmerpotential der Volkswirtschaft erhalten und ausgeweitet wird, und die Politiker müssen alles daransetzen, ökonomische Rahmenbedingungen sicherzustellen, die es jedem Bürger, der den Unternehmerstab im Portefeuille trägt, ermöglichen, Unternehmer zu werden.

Die einzige Mitgift

Mit keiner anderen Mitgift als dem eigenen Kopf schuf der Siegerländer Bauernsohn *Friedrich Flick* in den ersten vier Jahrzehnten seines Berufslebens ein Industrieimperium mit Milliardenwerten.

> Joachim Gehlhoff aus Anlaß des
> Ablebens von Friedrich Flick (1972)

Ein Dorn im linken Auge

Genau 86 % der deutschen Unternehmer stammen aus gesellschaftlich niedrigeren Schichten und sind erst durch eigene Tüchtigkeit aufgestiegen.

> Max Kruk in seinem Buch »Die großen Unternehmer. Woher sie kommen, wer sie sind, wie sie aufstiegen«, Frankfurt a. M. 1972

Freie Marktwirtschaft

ist die Chance zum Wechsel in den Führungsrollen.

Prof. Wolfgang Kartte,
Präsident des Bundeskartellamtes

Direktionssessel sind keine Erbhöfe

Die Großen der Wirtschaft sind weder Heroen noch Ausbeuter, weder Angehörige einer selbstbewußten Eliteschicht noch rücksichtslose Machtmenschen, denen die Sorgen einfacher Menschen fremd wären. Die meisten stammen selbst aus dem Mittelstand oder von ganz unten, ihre Väter und Großväter waren einfache Bürger oder Bauern. Es sind Menschen aus Fleisch und Blut, die ihren Aufstieg aus eigener Kraft bewältigt haben. Was sie von anderen unterscheidet, ist das gleiche Wesensmerkmal, das auch den führenden Politiker vom Parteivolk, den begnadeten Künstler von dem durchschnittlich Begabten, den Professor von einem jungen Studenten unterscheidet: das größere Können, das die überragende Leistung hervorbringt.

Woher stammen die Unternehmer? Aufgrund einer Befragung von 1662 Top-Kräften ergibt sich folgendes Bild:

33,7 % Beamtentum
26,1 % gehobenes Bürgertum
18,1 % Kleinbürgertum
16,3 % Angestelltenschaft
5,8 % Arbeiterschaft, kinderreiche Familien u. a.
_____
100,0 %

Max Kruk (s. S. 16)

Wo die Bosse einst begannen *)

Name	Alter	Stellung heute	Branche
Rudolf von Bennigsen-Foerder	51	Vorstands-Vorsitzender der Veba AG	Energie/Handel
Hans Birnbaum	65	Vorstands-Vorsitzender der Salzgitter AG	Stahl
Otto Blank	60	Vorstands-Vorsitzender der Demag AG	Maschinen-bau
Dr. Hellmuth Buddenberg	53	Vorstands-Vorsitzender der Deutschen BP	Erdöl
Dr. Herbert Culman	56	Vorstands-Vorsitzender der Lufthansa AG	Luftfahrt
Robert Dhom	58	Vorstands-Sprecher der Commerzbank AG	Bank
Dr. Carl H. Hahn	51	Vorstands-Vorsitzender der Conti-Gummiwerke	Reifen
Hans-Jakob Kruse	48	Vorstands-Vorsitzender der Hapag-Lloyd AG	Reederei
Gottfried Nagel	60	Vorstandsmitglied der Kaufhof AG	Kaufhaus
Wolfgang Oehme	54	Vorstands-Vorsitzender der ESSO AG	Erdöl
Dr. Egon Overbeck	59	Vorstands-Vorsitzender der Mannesmann AG	Großrohre
Dr. Bernhard Plettner	62	Vorstands-Vorsitzender der Siemens AG	Elektro
Toni Schmücker	56	Vorstands-Vorsitzender der Volkswagenwerk AG	Auto
Prof. Dr. Matthias Seefelder	57	Vorstands-Vorsitzender der BASF	Chemie
Dieter von Specht	52	Vorstands-Vorsitzender der BAT	Zigaretten
Dr. Dieter Spethmann	51	Vorstands-Vorsitzender der Thyssen AG	Stahl
Peter Weiher	40	Vorstands-Vorsitzender der Ford AG	Auto

*) Nach einer Umfrage der »Welt am Sonntag« Nr. 34 vom 21. 8. 1977

Gehalt heute DM pro Jahr **)	Erste Stellung	Jahr	Gehalt damals/ Monat
450 000	Arbeiter in einer Nürnberger Spielzeugfabrik	1948	200 DM
400 000	Assessor im Reichswirtschafts- ministerium	1939	400 RM
350 000	Kaufmännischer Lehrling bei der Demag	1938	36 RM
450 000	Olex, Rechtsvorgängerin der BP in Hamburg	1949	350 DM
250 000	Leiter der Rechtsabteilung der Luftag (heute: Lufthansa)	1953	637 DM
500 000	Volontär bei der Bayerischen Hypotheken- und Wechsel-Bank	1950	350 DM
300 000	Administrateur bei der OEEC in Paris	1953	2000 FF
400 000	Lehrling bei der Schiffsmaklerfirma E. A. Mundy & Co. in Hamburg	1950	50 DM
650 000	Lehrling bei der Hamburg- Amerika-Linie (Hapag)	1937	20 RM
350 000	Redakteur bei der Ruhr-Zeitung Dortmund	1947	300 RM
700 000	Direktionsassistent bei der Metallchemie GmbH	1948	350 DM
500 000	Angestellter bei Siemens	1940	300 RM
800 000	Kaufmännischer Lehrling bei Ford	1937	50 RM
500 000	Forschungsabteilung der BASF	1951	550 DM
300 000	Einkaufsleiter in einer chemisch- pharmazeutischen Fabrik in Hamburg	1947	250 RM
750 000	Wissenschaftlicher Mitarbeiter bei der Gelsenberg AG	1949	100 DM
250 000	Sachbearbeiter in der Export- Abteilung der Ford AG	1957	345 DM

**) Durchschnitts-Gehalt eines Vorstands-Mitglieds auf 50 000 Mark aufge- rundet; berechnet nach der Veröffentlichung im Geschäftsbericht des jeweiligen Unternehmens

Die fünf wichtigsten Fähigkeiten des Managers

1. Fähigkeit zur Flexibilität und sich einem beschleunigten Wechsel zu unterziehen.
2. Fähigkeit, sich etwas vorzustellen und zu erneuern.
3. Geschick im Kontrollieren und Reduzieren von Kosten.
4. Geschick, Leute zu mobilisieren und zu motivieren.
5. Übung im Koordinieren und Verbinden von Kräften innerhalb und außerhalb der Firma.

Nation's Business

Unternehmer-Wahlspruch

Das Beste oder nichts!

Gottlieb Daimler

Harmonie von Mut und Vorsicht

Der Bankier verbindet den Mut zum Engagement mit der Vorsicht bei der Übernahme von Risiken.

Bankier Hermann J. Abs

Ein Unternehmer
ist ein Mensch, der in Taten dichtet.

Der Unternehmer Otto A. Friedrich, 1951

Les industriels et les autres poètes.

Wort des französischen Dichters Jacques Chardonne, das die geistige Verwandtschaft zwischen Künstlern und Industriellen ausdrücken soll.

Geld

ist nicht mehr die Währung, Köpfchen ist die Währung.

Rudolf von Bennigsen-Foerder,
Vorsitzender des Vorstandes der Veba AG

Volkes Stimme

Frage: »Wenn Sie an Unternehmer einmal ganz allgemein denken, welche Eigenschaften treffen da zu?«

Erwachsene Bevölkerung insgesamt	1965	1976
	%	%
Haben eine große Verantwortung	47	74
Energisch	41	64
Tüchtig	50	59
Haben wenig Zeit für Familie	41	55
Verantwortungsbewußt	39	54
Klug, intelligent	43	53
Arbeiten viel, wenig Freizeit	32	53
Ideenreich	35	49
Fortschrittlich, denken voraus	38	48
Fleißig	39	47
Nervös	31	42
Sparsam	30	41
Einfluß auf die Politik	31	40
Wagemutig	29	39
Die meisten sind Millionäre	30	35
Rücksichtslos	23	33
Leben in großem Luxus	33	33
In Notfällen hilfsbereit	26	32
Ausbeuter	17	28
Raffgierig	22	27
Materialisten	19	26
Sozial eingestellt	22	22
Kalt, herzlos	10	13
Unmoralisch	10	7
Hohlköpfe, engstirnig	3	4

Die Addition der Prozentzahlen ergibt mehr als 100, weil Mehrfachnennungen möglich waren.
(Quelle: Institut für Demoskopie, Allensbach)

Der Kaufmann ist unentbehrlich

Man kann nicht leugnen, daß Kaufen und Verkaufen etwas Notwendiges ist. Man kann es nicht entbehren und kann auch gut einen christlichen Gebrauch davon machen.

Martin Luther

Ich wüßte nicht,

wessen Geist ausgebreiteter wäre, ausgebreiteter sein sollte, als der Geist eines echten Handelsmannes.

Goethe in Wilhelm Meisters Lehrjahre

In erster Linie: Kaufmann

Stellst Du einen Mann an die Spitze, mag er sein, wie er will, Jurist oder Techniker; bewährt er sich, so ist er Kaufmann.

Walther Rathenau

Die kurze, schöpferische Zeitspanne

eines Unternehmers beträgt zehn Jahre, wenn es hoch kommt, zwanzig Jahre. Legt er danach nicht die Führung in andere Hände, so kommt er bei dem wachsenden Wettbewerb und bei dem Zwang, ständig Neuerungen durchzuführen, im allgemeinen auf die absteigende Linie.

Dr. Carl Zimmerer

Unternehmer

werden ist sehr schwer, Unternehmer bleiben noch viel mehr.

Nicht erlernbar

Auf die Frage eines wißbegierigen Journalisten, wie man Unternehmer wird, antwortete *Robert Bosch:* »Wissen Sie, Unternehmer wird man nicht, das ist man . . . «

Ministerial-Dirigent für die Philharmoniker

Ich wurde von einigen Journalisten gefragt, die nicht ganz Ihre Qualität haben, aber doch tüchtige Leute sind: Können Sie sich vorstellen, daß ein Ministerialdirektor Ihren Posten übernimmt, als Aufsichtsratsvorsitzender der Deutschen Bank? Meine Gegenfrage war: Glauben Sie, daß man die Qualität des Berliner Philharmonischen Orchesters dadurch verbessern kann, daß man *Karajan* durch einen Ministerialdirigenten ersetzt?

> Bankier Hermann J. Abs in einem Gespräch mit der Zeitschrift »management Magazin« (Nr. 8, 1976)

Nostalgie

ist das Gegenteil dessen, was den Unternehmer ausmacht.

> Willy Brandt

Lautlose Erbarmungslosigkeit

Die Menge sieht nur den erfolgreichen Unternehmer, weiß aber nicht nur wenig davon, was alles zu einem solchen Erfolge gehört, sondern auch davon, wie sich — immer die Konkurrenz vorausgesetzt — mit einer lautlosen Erbarmungslosigkeit fortgesetzt unter den Unternehmern ein Ausscheidungsprozeß vollzieht, dem diejenigen zum Opfer fallen, die auf der Waage des Marktes gewogen und zu leicht befunden wurden. So erscheint der Unternehmer in einer auf echtem Wettbewerb beruhenden Marktwirtschaft im Grunde als ein treuhänderischer Verwalter der ihm anvertrauten Produktionsmittel.

> Prof. W. Röpke, Die Lehre von der Wirtschaft, 1958, S. 238

Selbständig sein:

selbst stehen können.

> Dazu muß man aber nicht nur ein „gestandener" Mann sein, sondern auch genügend freie Entfaltungsmöglichkeiten haben

Die Hauptaufgabe des Unternehmers

besteht darin, Kapital und Arbeit zusammenzubringen. Dies reicht jedoch bei weitem noch nicht aus, er muß vielmehr ein produktives Industrieunternehmen aufzubauen in der Lage sein. Hierzu muß er eine Vorstellung davon haben, wo und wann die Produktion anlaufen soll, welche Güter er herstellen will, welche Technologie anzuwenden ist, welche Formen von Marketing und Vertrieb er wählen wird und dergleichen mehr. Die Knappheit an echten Unternehmern ist eine weltweite Erscheinung. Nirgendwo ist diese seltene Gattung im Überfluß vorhanden.

> Dr. Gerd Tacke, früherer Sprecher des Vorstandes der Siemens AG, 1977

Der Unternehmer und die Nationalökonomie

Daß nicht der Unternehmer als Schlüsselfigur der westeuropäischen zunächst, dann der nordamerikanischen und später der japanischen Wirtschaftsentwicklung ins Bewußtsein der öffentlichen Meinung getreten ist, sondern der ausbeuterische »Kapitalist«, der »Akkumulator von Kapital«, beruht ganz wesentlich auf dem grandiosen Fehlstart der klassischen Nationalökonomie um die Wende vom 18. zum 19. Jahrhundert, ein Fehlstart, der — von *Karl Marx* getreulich nachvollzogen — zunächst auf ideologischem und später auch auf dem politischen Felde bedeutende Konsequenzen haben sollte. — Der Fehlstart bestand darin, daß — wie wir jetzt rückblickend klar erkennen können — die wichtigste und typischste Figur der modernen Wirtschaftsgeschichte, der Unternehmer, nicht ins Blickfeld dieser Nationalökonomie kam.

> Prof. Wilhelm Weber, in: Was machen die Unternehmer?, 1974

Der Unterschied zwischen Unternehmer und Funktionär

Der U n t e r n e h m e r ist ein Mann, der in der Stunde Null (im Jahre 1945), als niemand wußte, wie es weitergehen sollte, die Ärmel hochkrempelte und mit Entschlußkraft, Fachwissen, Phantasie und Pioniergeist alle nur denkbaren Chancen nutzte, um die ausgehungerten Märkte mit Produkten zu versorgen.

Der F u n k t i o n ä r ist ein Mann, dem in der Stunde Null nichts anderes einfiel, als Bewirtschaftungsvorschriften und -formulare zu entwerfen, diese in langen Diskussionen mit vielen Dienststellen so gut es ging zu perfektionieren, den Mangel bis zum letzten kg sorgfältig statistisch zu erfassen und die Polizei zu ersuchen, ihm bei der gerechten Verteilung des Mangels behilflich zu sein.

Der Funktionär

verwaltet, der Unternehmer gestaltet.

Unternehmer und Gewerkschaftsfunktionäre

Ich habe nicht die Absicht, die Unternehmer zu vergolden und sie in den Mittelpunkt unserer Weltbeglückungsvorstellungen zu stellen. Die Unternehmer sind auch Menschen und handeln nach ökonomischen Zusammenhängen, handeln auch nach egoistischen Interessen, und das unterscheidet sie in keiner Weise von Gewerkschaftsfunktionären.

Franz Josef Strauß vor dem Wirtschaftstag '77 der CDU

Selbständig

ist nicht etwa nur der selbständige Unternehmer, sondern jeder Bürger, der es vorzieht, für sich allein Vorsorge zu treffen, anstatt sich auf die Hilfe des Staates zu verlassen.

Das Erfolgsgeheimnis der Unternehmerwirtschaft

1. Unternehmerwirtschaft setzt voraus, daß Menschen mit unternehmerischen Fähigkeiten und Unternehmerinitiative da sind;

2. Unternehmerwirtschaft setzt ferner voraus, daß die Freiheit gewährt wird, was zu unternehmen;

3. freie Unternehmer unternehmen in einer freien Marktwirtschaft nur das, was die freien Bürger begehren oder begehren könnten und im freien Marktaustausch erwerben;

4. hat der Unternehmer eine gute Idee, die gut »geht«, macht sie ihm in einer freien Wirtschaft der Konkurrent alsbald streitig;

5. jeder Unternehmer muß also bestrebt sein, stets vorn zu bleiben und stets bessere Ideen zu bieten;

6. von diesem Wettbewerb profitiert die Allgemeinheit;

7. je mehr Unternehmer es gibt, desto glücklicher kann sich eine Volkswirtschaft schätzen;

8. kein Beamter, kein Soziologe, kein Politologe und kein Konsumerist kann die Funktion des Unternehmers ersetzen.

Genie ohne Mehrheitsvotum

Kolumbus suchte nicht aufgrund einer Mehrheitsentscheidung einen neuen Seeweg nach Indien. *Newton, Einstein, Shakespeare, Edison, Albert Schweitzer* — nicht einer von ihnen stieß in Entsprechung von Regierungsdirektiven zu neuen Ufern vor. Ihre Leistungen waren das Produkt ihres individuellen Genius, konsequenter Minderheitsansichten und eines gesellschaftlichen Klimas, das Vielfalt und Mannigfaltigkeit erlaubte.

> Der berühmte US-Ökonom und Nobelpreisträger Prof. Milton Friedman (nach Readers Digest [US-Ausgabe]), Juni 1978, S. 159

Keine Ahnung

vom unruhigen Schlaf eines Mannes, der auf Pump ein
Lager mit Schuhen angelegt hat, die über Nacht unmodern
zu werden drohen, haben manche allzu forschen wirtschaftspolitischen Experten.

> Heinz Herbert Karry, hessischer Minister für
> Wirtschaft und Verkehr und vor seiner politischen
> Karriere selbständiger Unternehmer, 1978

»Das Deutsche Wirtschaftswunder«

war nur für denjenigen ein „Wunder", der noch nicht erlebt hatte, daß die unbegrenzte Freiheit für Unternehmer
und Konsumenten und die begrenzte Freiheit für Bürokraten Leistungen ermöglichen, die in der Tat an Wunder
grenzen.

Das bessere System

Heute haben wir den Kapitalismus. Nichts hindert uns,
ihn abzuschaffen. Aber was würde an seine Stelle treten?
Funktionäre und Bonzen. Das wäre schlimmer. Denn die
Kapitalisten kümmern sich wenigstens nicht darum, was
ich in meiner Freizeit mache, während die Bonzen mich 24
Stunden lang mobilisieren.

> Der Schriftsteller Ernst Jünger, 1978

Unternehmer und Unterlasser

Manche Politiker behaupten, die Unternehmer seien heute
eher Unterlasser als Unternehmer. Richtig ist demgegen-
über, daß die Unternehmer mehr als derzeit unternehmen
könnten, wenn die Politiker in der Politik mehr unternehmen und in der Wirtschaft mehr unterlassen würden.

27

Wo bleibt der Schumpeter'sche Unternehmer?

Der Kollege Dr. *Jens* hat die hochinteressante Frage ge-
stellt: Wo bleibt denn der Typ des Unternehmers, den
Joseph A. Schumpeter in seinem hervorragenden Buch
»Kapitalismus, Sozialismus und Demokratie« beschrieben
hat? Den findet er heute nicht mehr. Ich kann Ihnen sagen,
Herr Kollege Dr. *Jens,* warum Sie den nicht mehr finden.
Den haben Sie, meine Herren von der SPD, von der Bild-
fläche verdrängt durch die Androhung sogenannter Refor-
men, und Sie haben ihn entmutigt durch einen enormen
Gesinnungsdruck, den Sie seit 1969 ausgeübt haben.
(Beifall bei der CDU/CSU)

Diese Art Unternehmer wird auch wieder in Erscheinung
treten, wenn die Rahmenbedingungen anders sind, wenn
er wieder etwas unternehmen kann, meine Herren.
(Beifall bei der CDU/CSU)

> Bundestagsabgeordneter RA Peter M. Schmidhuber
> anläßlich der Bundestagsdebatte am 27. 4. 1978
> (Protokoll der 88. Sitzung, S. 6976)

Die Unternehmer

sind unverzichtbares Element unserer Wirtschaftsordnung.

> Helmut Schmidt, 1973

Gewichtung

Ein Gramm Unternehmergeist wiegt mehr als ein Kilo-
gramm Bürokratie.

OHNE LEISTUNG KANN MAN SICH
NICHTS LEISTEN

Produktion als Zwangsvorstellung

Die Aufhebung des Kapitalismus ist schon deshalb zu fordern, damit dieser dynamische Produktionszwang als solcher von der Menschheit genommen wird.

Prof. Theodor W. Adorno

Verfall der Arbeitsfreude

Die Frage: »Glauben Sie, es wäre am schönsten zu leben, ohne arbeiten zu müssen?« wurde 1962 von 18 % der Arbeiter und Arbeiterinnen, 1975 von 25 % und 1976 von 31 % bejaht.

Prof. Elisabeth Noelle-Neumann, 1977

Zerstörung des Menschen durch Leistung?

Faßt man die Tendenzen der »Arbeiterdramen« (in Fernsehspielen) zusammen, ergibt sich folgendes Fazit:
— Der Arbeitgeber beutet seine Arbeitnehmer aus und ist sozial nicht ansprechbar.
— Mit dem Ertrag von acht Stunden täglich kann man nicht leben.
— Im Betrieb nimmt man Schaden an Leib und Seele.
— Man stirbt zu früh, weil man zuviel arbeiten muß.
— Wer sich für die Arbeiter einsetzt, wird als Kommunist diffamiert.
— Der Leistungsdruck zerstört die Menschen.

Arnold Weingärtner: »Der Unternehmer — im Fernsehen Buhmann« (»Die Welt« Nr. 81 vom 6. 4. 1977)

Nichts

auf der Welt kann den Verlust der Freude an der Arbeit wettmachen.

Simone Weil(l), französische Philosophin (1909—1943), die sich besonders für das Schicksal der Land- und Forstarbeiter engagierte

Zug zur Staatsobhut

Mich bestürzt es immer wieder, wenn rund 60 Prozent meiner Examenskandidaten nichts anderes im Sinn haben, als baldmöglichst im öffentlichen Dienst unterzuschlüpfen.

> Gerhard Zeitel, Prof. der Volkswirtschaftslehre, CDU-Bundestagsabgeordneter und Bundesvorsitzender der Mittelstandsvereinigung der CDU/CSU, 1978

Leistungsprinzip

Wer sich was leisten will, muß vorher was leisten.

> Bundeswirtschaftsminister a. D.
> Dr. Hans Friderichs, 1975

Drei Worte

Der Jugend kann ich nur drei Worte des Rates erteilen: arbeite, arbeite, arbeite.

> Otto von Bismarck

Wer euch sagt,

daß ihr anders reich werden könnt als durch Arbeit und Sparsamkeit, der betrügt euch, der ist ein Schelm.

> Benjamin Franklin

Wir können ganz gut

ohne Ideologie leben, nicht aber ohne Leistung.

> Paul Schnitker, Präsident des Zentralverbandes des Deutschen Handwerks, 1978

Es gibt keinen vernünftigen Grund

für die Annahme, daß Arbeiten unangenehmer sein muß als Nichtarbeiten.

> Prof. John Kenneth Galbraith

Nicht arbeiten

ist schlimmer als sich überarbeiten.

> Samuel Smiles

Gottes Segen
Erbitte Gottes Segen für deine Arbeit, aber verlange nicht auch noch, daß er sie tut.

Karl Heinrich Waggerl

Gegen Unzufriedenheit
im Beruf gibt es nur ein Mittel: Mehr leisten!

Eberhard Puntsch

Es gibt nur drei Möglichkeiten
zu überleben: zu stehlen, zu betteln oder etwas zu leisten! Das hört sich gut an, ist aber nur die halbe Wahrheit; denn wo niemand etwas leistet, gibt es weder etwas zu stehlen, noch etwas zu betteln. Also führt wohl kein Weg an der Leistung vorbei.

Technischer Fortschritt
kann im Kapitalismus nur ein Fortschritt in der Kunst der Schweißauspressung sein.

Wladimir Iljitsch Lenin, 1913

Ein Lob der Arbeit = Produktivität
Die Arbeitsproduktivität ist in letzter Instanz das Allerwichtigste, das Ausschlaggebende für den Sieg der neuen Gesellschaftsordnung. Der Kapitalismus hat eine Arbeitsproduktivität geschaffen, wie sie unter dem Feudalismus unbekannt war. Der Kapitalismus kann endgültig besiegt werden und wird dadurch endgültig besiegt werden, daß der Sozialismus eine neue, weit höhere Arbeitsproduktivität schafft.

Der spätere Lenin

Leistungsprinzip: Modell Peking
Wer mehr arbeitet, bekommt mehr. Wer weniger arbeitet, bekommt weniger. Wer nicht arbeitet, soll auch nicht essen.

> Aus: Peking Rundschau (Offizielles Organ Rotchinas) Nr. 7/78, nach: »Junge Wirtschaft« Nr. 5/78

Arbeit im Paradies?

Viele Werktätige bei uns benehmen sich so, als gäbe es Flüsse aus Milch, die zwischen Ufern aus Honig strömen. Deshalb müssen wir lernen, noch mehr und noch besser zu arbeiten als bisher.

Leonid Breschnew

Pflicht zur Arbeit

Das Recht auf Arbeit und die Pflicht zur Arbeit bilden eine Einheit.

Artikel 24 der Verfassung der DDR

Das Leistungsprinzip

entspricht dem Grundgesetz der sozialistischen Gesellschaft auf allen Gebieten des gesellschaftlichen Lebens.

Aus einem Staatsrats-Beschluß der DDR

Die Arbeit lieben lernen.

Slogan in der Kindererziehung der DDR

Sozialistische Ausbeutung

Marx, der im Stück- oder Akkordlohn ein typisches kapitalistisches Ausbeutungsinstrument sah, würde sich im Grabe umdrehen, wenn er wüßte, in welchem Umfang von dieser »der kapitalistischen Produktionsweise entsprechenden Form des Arbeitslohnes« in allen sozialistischen Ländern Gebrauch gemacht wird.

Hans Roeper

Arbeitszeit

Immer kürzer werdende Unterbrechung der Freizeit.

Aus: Von Abs bis Zwiebelmuster, 1965

34

Vom Leistungsdruck

reden bei uns vor allem die Leute, die ihm nicht ausgesetzt sind.

Prof. Kurt Sontheimer vor dem Bremer Tabak-Kollegium, 1977

Solidarisiert

euch mit den Arbeitern: Arbeitet!

Aus einem Flugblatt der »Gruppe freier Assistenten« (GfA) der Technischen Universität München, 1975

Die bessere Leistung

Letztlich entscheidet in der freien Wirtschaft die Möglichkeit der besseren Leistung, und es gibt kein Mittel, dieses Regulativ aufzuheben.

Der frühere DGB-Chef Ludwig Rosenberg in einem WELT-Interview vom 25. März 1958

Vier-Klassen-Gesellschaft

Mitarbeiter kann man in vier Klassen einteilen:
Die wenigen, die dafür sorgen, daß etwas geschieht;
die vielen, die dafür sorgen, daß nichts geschieht;
die vielen, die zusehen, wie etwas geschieht
und die überwältigende Mehrheit, die keine Ahnung hat, was überhaupt geschehen ist.

»Blick durch die Wirtschaft« vom 25. 5. 1972

Die verleidete Leistungsgesellschaft

Den Leistungswilligen wird die Leistungsgesellschaft verleidet werden, wenn wir es uns weiterhin leisten, die Leistungen Leistungswilliger mit denen weniger Leistungswilliger oder gar Leistungsunwilliger über einen Leisten zu schlagen.

Es gibt hoffnungsvolle Anzeichen dafür,

daß die Deutschen bald nicht mehr fleißig und tüchtig, sondern so faul und unbekümmert sein werden wie wir Engländer.

Malcolm Muggeridge

Deflation und Inflation

Was wir heute dringend brauchen, ist eine Deflation der Ansprüche und eine Inflation der Leistung.

Dr. Theodor Pieper, 1978

»Vier F«-Syndrom

Fahrlässigkeit, Faulheit, Fehler, Verfilzung.

Eigenschaften, die der Markt nicht zuläßt

Blumenbeet und Spaten

Ohne Arbeit früh bis spät
wird Dir nichts geraten.
Der Neid sieht nur das Blumenbeet,
aber nicht den Spaten.

Volksmund

Die Egalisierung der Einkommen der Arbeitnehmer

ist bei uns inzwischen schon »kommunistischer« als im Osten: Die Unterschiede in der Bezahlung von Hilfsarbeitern und von hochqualifizierten Facharbeitern sind in den kapitalistischen Ländern geringer als in den Volksdemokratien. Die Konsequenz ist eine nicht mehr zu übersehende Lähmung des Arbeitswillens und Leistungsstrebens. Abgesehen von den höchsten Lohnkosten der Welt, die wir inzwischen erreicht haben, gehört diese verheerende Konsequenz einer stupide nivellierenden Lohnpolitik zu den strukturellen Ursachen der Krise.

Curt L. Schmitt: »Der Trend« vom 15. 9. 1977

Für Leistung keine Alternative

Für Leistung gibt es keine Alternative. Nur Leistung als Auswahlprinzip ermöglicht die Ablösung des Prinzips der Herkunft — oder hält man es für besser, das Gesinnungs- oder Parteibuchprinzip zum Auswahlprinzip zu erheben?

Dipl.-Ing. Walter Mohr, Präsident der Vereinigung der Arbeitgeberverbände in Bayern, 1977

Den westlichen Leistungsverächtern ins Stammbuch

Gegenwärtig ist keine gerechtere Entlohnung als die nach dem Leistungsprinzip denkbar.

Aus der Wochenzeitung »Volksarmee« der Nationalen Volksarmee der DDR, Nr. 19/1976

Angemessener Leistungsdruck

ist der sicherste Weg, der Jugend zum Bewußtsein ihrer selbst und ihrer Kräfte und damit letztlich zum höchsten Glück dieses Lebens zu verhelfen. Wer daher die Jugend aus dem Leistungsprinzip herausadministrieren oder gar heraussozialisieren will, handelt jugendfeindlich und asozial.

Falsch verstandene Jugend

Es bedeutet ein liebloses Mißverstehen der Jugend, zu glauben, sie finde ihre Lust in der Freiheit. Ihre tiefste Lust ist der Gehorsam.

Thomas Mann

Wahre Lebensfreude

erlebt man kurz vor der Grenze der Leistungsfähigkeit.

Volksweisheit

Zur 35-Stunden-Woche:

Wenn alle wirklich arbeiten würden, kämen wir mit 20 Stunden aus.

Ein Unternehmer mit 72-Stunden-Woche

Arbeit als Segen

Arbeit, ist das ein Fluch, meine Damen und Herren? Ich möchte einmal sehen, was geschieht, wenn man Leute dazu verurteilte, überhaupt nicht mehr zu arbeiten. Ich habe, wie Sie wissen, im Gefängnis gesessen und hatte nichts zu arbeiten. Da lernt man erst den Wert der Arbeit kennen, auch den Wert der Arbeit für die innere Entwicklung des Menschen. Ich sage deshalb: „Arbeit ist kein Fluch, sie ist ein Segen für den Menschen."

Konrad Adenauer auf dem CDU-Parteitag 1962
in Dortmund

Der wahre Sinn der Leistung

Es gibt keine Lage, die man nicht veredeln könnte durch Leisten oder Dulden.

Goethe, Maximen und Reflektionen

Ein menschliche Gesellschaft,

die elitäre Leistungen verlangt und sie nur egalitär wertet, ist sozial ungerecht.

Fritz Klenner

UNTERNEHMERARBEIT
IST FLEISSARBEIT

Industrie:

ein Begriff, der vom lateinischen i n d u s t r i a (Fleiß, Betriebsamkeit) stammt, mit dem im 17./18. Jahrhundert die aufkommende gewerbliche Fabrikation materieller Güter bezeichnet wurde.

Leistungsprinzip

Ich habe mehr gearbeitet als andere, deshalb habe ich auch mehr verdient.

> Der bis zu seinem Tode (angeblich) reichste Mann der Welt, der Amerikaner Paul S. Getty, dem ein Vermögen von 60 Mrd. DM zugeschrieben wird

Unternehmerarbeit ist Kopfarbeit

Man soll die gar nicht hören, die da vorgeben, daß allein Handarbeit eine Arbeit zu nennen sei.

> Martin Luther

Einfälle nur durch Arbeit

Nur auf dem Boden ganz harter Arbeit bereitet sich normalerweise der Einfall vor.

> Prof. Max Weber

Arbeit als Hobby

Meine liebste Beschäftigung ist arbeiten.

> Der Stahl-Selfmademan Willy Korf, 1973

Charakter

plus ein Prozent Intelligenz.

> Erfolgsrezept von Walter Cipa, Chef von AEG-Telefunken

Führungskräfte

waren früher Würdenträger, heute sind sie Bürdenträger.

Schweißtreibender Beruf

Es ist geradezu schweißtreibend, in dieser Zeit Unternehmer zu sein, vor allem mittlerer und kleiner.

> Der Fernsehjournalist Friedrich Nowottny als Diskussionsleiter beim Podiumsgespräch anläßlich der Mitgliederversammlung der Wirtschaftsverbände EBM und Stahlverformung am 23. Juni 1977 in Düsseldorf.

Genie ist Fleiß

Genie besteht zu 10 % aus Inspiration und zu 90 % aus Transpiration.

Ein mittelständischer Unternehmer

sagte erleichtert: Als selbständiger Chef habe ich 18 Stunden gearbeitet, dann sank ich erschöpft ins Bett. Als Angestellter arbeite ich heute nur 8 Stunden und kann im übrigen fleißig Golf spielen.

Zahn der Zeit

Ich kann mir keinen Reim darauf machen, wie *Zahn**) seine Zeit einteilt. Die Woche hat bei ihm doch auch nur sieben Tage, aber nach seinen Terminen zu urteilen, müßte sie 14 haben. Oder er schläft überhaupt nicht?

> BMW-Chef Eberhard von Kuenheim, 1974

---

*) Daimler Benz-Chef.

Ganz oben

ist die Freiheit ganz klein. Ich habe keine halbe Stunde, die ich zwischen 8 Uhr morgens und 8 Uhr abends nach eigenem Willen verplanen kann.

> Helmut Langfelder, (bis zu seinem tödlichen Hubschrauberabsturz 1978) Chef des Münchener Luft- und Raumfahrtkonzerns Messerschmitt-Bölkow-Blohm

Der Protestler und der Zwölfstundentag

Unternehmer heißen Unternehmer,
weil sie etwas unternehmen;
Arbeiter heißen Arbeiter,
weil sie arbeiten!

> Aufschrift auf dem Plakat eines linken Nicht-
> Arbeiters bzw. Berufsprotestlers anläßlich eines
> Protestmarsches im Namen der arbeitenden Bevöl-
> kerung. — Ein Unternehmer, der zufällig den
> Nicht-Arbeiter mit seinem Anti-Unternehmerpla-
> kat sah, lud diesen spontan ein, ihm 8 Tage lang
> bei seiner Arbeit Gesellschaft zu leisten. Schon am
> dritten Tage stöhnte der Nicht-Arbeiter ob der
> Überlastung, Hektik und Nervenanspannung eines
> 12stündigen Arbeitstages und wurde beim Einge-
> ständnis seiner Erschöpfung vor Scham so rot wie
> die Farbe, mit der er sein Plakat gepinselt hatte

Je höher, desto längere Arbeitszeit

Wenn man ganz bewußt acht Stunden täglich arbeitet,
kann man es dazu bringen, Chef zu werden und vierzehn
Stunden täglich zu arbeiten.

Robert Frost

Tagaus, tagein im Trab

Wie hinter fortgewehten Hüten, so jagen wir Terminen
nach, vor lauter Hast und Arbeitswüten liegt unser Innen-
leben brach.

Wir tragen Stoppuhr'n in den Westen und gurgeln abends
mit Kaffee, wir hetzen von Geschäft zu Festen und denken
stets im Exposé.

Wir rechnen in den Arbeitspausen und rauchen zwanzig
pro Termin, wir kommen meistens nur nach Hause, um
frische Wäsche anzuziehn.

Wir sind tagaus tagein im Traben und sitzen kaum beim

Essen still. Wir merken, daß wir Herzen haben, erst wenn die Pumpe nicht mehr will.

Aus: »Unternehmerbrief« des Deutschen Industrieinstituts Nr. 5 vom 7. 2. 1955

Die Fleißigsten

Die Selbständigen arbeiten zumeist 55 Wochenstunden und mehr. Arbeiter, Angestellte und Beamte liegen einheitlich beim Schwerpunkt 40 bis 41 Stunden pro Woche.

Statistisches Bundesamt (Nach: »Welt am Sonntag« Nr. 21 vom 23. 5. 1975)

Der gehetzte Unternehmer

Ich genieße es, nicht mehr gehetzt zu sein.

Dr. Hans Heyne, ehem. AEG-Chef, nach seiner Pensionierung

Die Sorge mancher Futurologen

um die begrenzten Hilfsquellen unserer Erde beruht auf ihrer begrenzten Fähigkeit zu erkennen, daß die Fähigkeiten des Unternehmers, den Mangel zu meistern, unbegrenzt sind.

Die Rechnung — ohne die Unternehmer!

Im Jahre 1875 schied der Direktor des amerikanischen Patentamtes freiwillig aus dem Amt. Grund: Er war überzeugt, daß es nichts mehr zu erfinden gab.

Knappheit

ist die Urmutter des Wirtschaftens, der Motor des Fortschritts, die Hebamme des Einfalls.

Spruchweisheit

Stets Neues

Jede Generation hat von sich geglaubt, daß nach großen Erfindungen in der Vergangenheit nun ein weiterer technischer Innovationssprung nicht mehr möglich ist. Und dennoch wurde stets Neues erdacht und verwirklicht.

> Prof. Joachim Zahn, Vorsitzender des Vorstandes der Daimler Benz AG

Mühsam und langwierig

Außer im Bereich der Sexualität ist der menschliche Schöpfungsakt mühsam und langwierig.

> Ein Forschungsveteran der pharmazeutischen Industrie zu einem seiner Jungforscher, der in Tränen darüber ausbrach, daß er nach dem 1000sten Versuch noch immer nicht den gesuchten neuen Wirkstoff gefunden hatte.

Preis des Fortschritts

Ein Präparat mit einem neuen Wirkstoff zu entwickeln und auf den Markt zu bringen, kostet heute ca. 50—100 Millionen DM und nimmt ca. 8—10 Jahre in Anspruch.

> Prof. Kurt Hansen, Vorsitzender des Aufsichtsrates der Bayer AG, 1978

Wenn von zehn Entscheidungen

acht richtig sind, ist das ein guter Erfolgssatz.

> Dr. Wilhelm Zangen, langjähriger Vorstandsvorsitzender der Mannesmann AG

Wer als Unternehmer

glaubt, erfolgreich zu sein, hört auf, es zu werden.

Der heutige Unternehmer

steht innerhalb von 10 Jahren dreimal vor Problemen, für die sein Vater und Großvater ein ganzes Leben lang Zeit hatten.

> Prof. Jean Fourastié

Der bessere Weg

There is a way of doing it better, find it!

Edison

Let's face it!

Grundsatz dynamischer Manager bei Inangriff-
nahme neuer Aufgaben oder Abwendung widriger
Umstände

Probleme

werden dadurch am besten gelöst, daß man sie erkennt,
bevor sie Probleme werden.

Prof. Joachim Zahn

Es gibt keinen Unternehmer,

der keinen Fehler macht, es sei denn, er beginnt erst gar
nicht, etwas zu unternehmen.

Schlechte Träume im Traumbungalow

In einem Traumbungalow kann es mehr schlaflose Nächte
geben als in einer Nissenhütte.

Aus einer Morgenandacht im Rundfunk

Der Schnellschütze

Textilunternehmer heute — das ist angesichts der Mode-
strömungen so, als wenn man aus einem schnellfahrenden
Auto auf bewegliche Ziele schießen muß.

Ein Sprecher des Gesamtverbandes der deutschen
Textilveredlungsindustrie

Der Bekleidungsunternehmer von heute

muß Trapezkünstler, Hochseilartist und Dompteur in einer Person sein — letztlich hat jedes Unternehmen den Markt, den es verdient. Und jede Marktlücke ist nur so gut und so viel wert, wie das Gespür ihres Entdeckers.

Gerd Somberg, Präsident des Bundesverbandes
Bekleidungsindustrie e.V., 1975

Ein Auto

besteht aus Eisenerz, einigen Gramm Kautschuk, Nickel, Kunststoff, ferner aus vorgeleisteter geistiger Arbeit, geschickter und sorgfältiger Handarbeit, im übrigen aber aus sehr viel Know-how und Unternehmerarbeit.

Die unternehmerische Idee

Am Anfang stand die praktische Idee einer tüchtigen Hausfrau in Dresden — *Melitta Bentz* —, die ihr Lieblingsgetränk Kaffee von dem lästigen Kaffeesatz befreien wollte und zu diesem Zweck aus einem Messingtopf mittels Hammer und Nagel sowie einem Schulheft-Löschblatt 1908 den ersten einfachen Filter in Eigenregie herstellte — zunächst nur für ihren Haushalt, aber bald verbessert, zum Verkauf. Aus dem winzigen Handwerksbetrieb im Hinterhof ist heute die Melitta-Firmengruppe, eines der hundert größten deutschen Unternehmen von internationalem Rang und eine der zwanzig bedeutendsten deutschen Personengesellschaften mit einer runden Milliarde Umsatz im In- und Ausland und etwa 10 000 Beschäftigten, geworden.

Aus: »Menschen unserer Zeit«, Portrait von Horst
Bentz (Chef der Melitta-Werke), 1975

Erschließung jeder Marktlücke

Zu der ständigen unternehmerischen Leistung gehört es, daß es einen Markt mit Millionen und Abermillionen von Artikeln gibt, in dem praktisch keine Lücke vorhanden ist. Wir sind gewohnt, in den Laden zu gehen, um das zu bekommen, was wir wünschen. Das ist nicht selbstverständlich, das ist nur deshalb so, weil jede kleine Marktlücke, jede kleine Lücke in der Versorgung, von einem Unternehmer wahrgenommen und ausgefüllt wird.

Dr.-Ing. Helmut Stellrecht

Mit der modernen Technik

kann man Dinge tun, die vorher nicht möglich waren. Dies gilt zum Beispiel für Musikaufnahmen. Manche sagen, dies sei »Manipulation«, ein oft mißbrauchtes und oft mißverstandenes Wort. In manchen Fällen macht die Aufnahmetechnik eine bessere Verwirklichung der Absicht des Komponisten möglich als es im Konzertsaal möglich ist.

Prof. Herbert von Karajan, 1975

*

Dienstleistungszeitalter oder Superindustriezeitalter?

1. »Das Zeitalter der Dienstleistungen ist eingeläutet!«

„Wir sind nicht mehr eine Industrie-, sondern eine Dienstleistungsgesellschaft." — »Die Vorherrschaft der primären (Landwirtschaft, Rohstoffe) und der sekundären (Verarbeitung bzw. Industrie) Sektoren ist gebrochen. Der tertiäre Sektor (Dienstleistungen) wird das Gesicht der kommenden Jahrzehnte bestimmen« — »Die zunehmend automatisierte Industrie wird schließlich zum Befehlsempfänger der immer breiteren Palette der Dienstleistungsgewerbe degradiert werden.« — So und ähnlich lauten manche Kommentare, Prophezeiungen — und Wunschträume unserer Tage. Wie sieht die Wirklichkeit aus?

2. *Immer weniger Dienst des Menschen am Menschen*

»Dienst« heißt persönliche Leistung zugunsten von Mitmenschen. Heute sind aber immer weniger Menschen bereit zu dienen. Jedermann will möglichst nur bedient werden. Die kommenden Jahrzehnte werden daher durch immer weniger persönlichen und dann möglichst nur »gehobenen« Dienst — natürlich bei immer mehr Verdienst! — gekennzeichnet sein. Vorläufige »Krönung« des »Dienstes am Kunden« ist die Aussage eines Restaurateurs: »Ich verliere lieber einen Gast als einen Kellner!« (Scherzhaft formulierte) Endphase des Überganges von der Leistungs- zur »Anspruchsgesellschaft«: »Wenn Sie eine Dienstleistung haben wollen, die wirklich gut ist, dann müssen Sie sie schon selber machen — oder aber auf eine industrielle Leistung zurückgreifen!«

3. *Industrie = Ersatz menschlicher durch Maschinenarbeit*

Seit Menschengedenken war es des Menschen Streben, sich die Arbeit zu erleichtern, zugleich aber den Wohlstand zu mehren. Technisierung und Industrialisierung haben diesen uralten Menschheitstraum schon jetzt in nie erträumtem Ausmaße erfüllt. Um 1900 war das Verhältnis von Handarbeit zu Maschinenarbeit 90 : 10, heute ist es 10 : 90. Die Maschine (Werkzeug, Apparatur, Motor, Anlage, Automat usw.) — das Wahrzeichen des technischen Zeitalters seit Erfindung der Dampfmaschine, ist dienstfähiger, dienstbereiter, dienstfreudiger, ja dienstbeflissener, als es dienstbare Geister in der gesamten uns bekannten Menschheitsgeschichte je waren und sein konnten. Der »stählerne

49

Arbeiter« (Roboter) wird das (vorläufig?) letzte Glied in der Kette des totalen Maschinendienstes am Menschen sein.

4. Maschine hebt Herrschaft des »Menschen über den Menschen« auf

Die Maschine wird für immer mehr Menschen in immer größerem Umfang der stumme, zuverlässige, gewissenhafte und unermüdliche Diener sein. Die Fünf-, Vier- oder gar Dreitage-Woche ist ihr ein Greuel; am liebsten ist ihr der Dienst »rund um die Uhr«. Die Maschine haßt auch den Bummelstreik, sie leistet stets »Dienst nach Vorschrift« — aber nicht nach vorschriftswidriger Auslegung der Vorschrift. Sie streikt weder spontan, noch organisiert. Je weiter die Industrialisierung fortschreitet, desto näher kommen wir dem himmlischen Ziel, die Herrschaft des Menschen über den Menschen aufzuheben.

5. Industrie als Dienstleistungsproduzent

Unser Fortschritt liegt nicht in der Überrundung der Industrie durch die Dienstleistungsgewerbe, sondern im ständigen Ersatz persönlicher Dienstleistungen durch Mechanisierung und Automatisierung, d. h. durch die industrielle Produktionsweise. Wenn überhaupt, dann werden Dienstleistungen erst durch industrielle Leistung leistungsfähig! So bietet die Industrie zunehmend Produkte mit »eingebauter Dienstleistung« (Konserven, Betonfertigteile) an. Industrielle Produktgestaltung, Verpackung und Organisation machen es möglich, daß die Bedienung immer »kommentarloser« werden kann. (»Besser Selbstbedienung als unfreundliche Fremdbedienung!«) Das Kleider- oder Schuhemachen, einst reine Dienstleistungsgewerbe, sind inzwischen längst durch die Bekleidungs- und Schuhindustrie ersetzt worden. Das Fremdenverkehrsgewerbe nennt sich dank industrieller Planung und Organisation heute bereits »industrieller« Tourismus. Der fortschrittliche Arzt gibt zu, daß Tasten immer mehr durch Testen ersetzt wird; die wie Pilze aus dem Boden schießenden Diagnose-Zentren sind ihrem Wesen nach nichts anderes als höchstentwickelte Industrieanlagen.

6. *Maschinendienstleistungen verbürgen wachsenden Lebensstandard*

Menschendienstleistungen verteuern die Lebenshaltung, Maschinendienstleistungen verhindern, daß die Inflation noch schlimmere Folgen als derzeit hat. Die Maschine ist der wohl einzige tatkräftige Mitstreiter der immer weniger werdenden aufrichtigen Inflationsgegner. Sie bietet ihre Dienste zu ständig niedrigeren Kosten an.

7. *Jeder Bürger: 220 »Bedienstete«*

Es ist errechnet worden, daß heute im Westen ein Durchschnittshaushalt 220 Bedienstete haben müßte, wenn er den gleichen Wohlstand, jedoch auf dem technischen Niveau des Mittelalters, beanspruchen würde. Jeder Bürger hält heute seine Köchin in Gestalt vorgefertigter Speisen, er verfügt über seine Waschfrau in Form der automatisierten Waschmaschine, mittels seines Telefons über einen blitzschnellen Langstreckenboten, über ein Hundert-Mann-Orchester, das ihm in seinem Wohnzimmer jede Musik klangtreuer als im Konzertsaal bietet, über ein Privattheater, das ihm die größten Schätze unserer Dichtkunst — wohlgemerkt höchst persönlich für ihn, den Bürger — in seinem Heim allein vermittelt.

8. *Die leidigen Wartungsdienste*

Versagt aber einmal ein Gerät in der Küche, dann fällt der Hausfrau plötzlich wieder mit Schrecken das vielbesungene »Zeitalter der Dienstleistungen« ein! In Erwartung des Reparateurs stellt sie fest, daß es nicht selten das Wahrzeichen von Wartungsdiensten ist, die zu Wartenden warten zu lassen. — Und ist die Wartezeit beendet, stellt sich die weitere besorgte Frage: wird man den Fehler finden? Werden neue Fehler gemacht werden? Und was wird das kosten?

9. Dienstleistungsgewerbe leben von der Industrie

Industriegesellschaft und Dienstleistungsgesellschaft sind im Grunde keine Gegensätze und stehen nicht in grundsätzlicher Rangordnung zueinander. Das Dienstleistungsgewerbe kann ohne Industrie nicht existieren, wie auch die Industrie auf Dienstleistungen angewiesen ist. Das wird immer mehr für die hochentwickelten Dienstleistungen (Wissenschaftler, Organisatoren, Juristen, Ärzte usw.) gelten. Das Lob der industriellen Dienstleistung gilt ganz besonders den Technikern und Kaufleuten, Meistern und Arbeitern, welche Natur und Materie überhaupt erst in die Maschinisierung umsetzen und daher »die« Industrie verkörpern. Alle, die in den Genuß der guten Dienste der Industrie gelangen, sollten sich daher immer wieder darüber klar werden, daß dieses Dienstleistungsgewerbe — im ureigenen, vitalen Interesse jedes einzelnen — gehegt und gepflegt werden muß. Das gilt besonders in bezug auf den »Chef vom Dienst« — den Unternehmer!

Vor allem die besorgniserregend anwachsende Zahl von Staatsdienern und Lenkungssüchtigen sollte sich — anstatt sich des sekundären und tertiären Sektors bemächtigen zu wollen oder gar vom quartären Sektor zu träumen, in dem sie selbst von der Forschung bis zum Vertrieb alles in die Hand zu nehmen gedenken, auf die Globalsteuerung der Wirtschaft beschränken, in der sie bisher kaum mehr als Lehrlingsarbeit zuwege gebracht haben. Nur dann haben wir die Chance, von anderen Industrieländern nicht überrundet zu werden. Diese Überrundungsgefahr müssen Industrie und Dienstleistungsgewerbe gleichermaßen bedenken. Sie leisten daher dem gemeinsamen Wohl unserer Wirtschaft und Gesellschaft den besten Dienst, wenn sie enger als bisher miteinander kooperieren.

10. Dem Zeitalter des Superindustrialismus entgegen

Ist das Zeitalter der Dienstleistungen wirklich eingeläutet? Klingeln gehört zum Handwerk, dafür hat man in der Industrie Verständnis. *Alvin Toffler* stellt aber die zutreffendere Prognose: »Wir befinden uns auf dem Weg zum Zeitalter des Superindustrialismus!« Der »industriellen Revolution« *(Friedrichs Engels)* folgt jetzt die »Zweite industrielle Revolution«, auch genannt das »Zeitalter der Automatisierung« — also der höchsten Form der industriellen Produktionsweise. Die Industrie ist somit nicht nur der Schlüssel zur weiteren Steigerung des persönlichen Lebensstandards von uns allen, sondern sie allein vermag auch zur möglichst rationellen, umfassenden und raschen Deckung des zunehmenden Kollektivbedarfs beizutragen. Die künftige Bedeutung der Industrie ist aber noch keineswegs allseits ein Selbstverständnis. Im Gegenteil: Nur zu gern würden gewisse Kräfte die Industrie zum »Dienstmann der Nation« herabstempeln. Nur wenn die Industrie mehr für *ihr* Dienstleistungsimage wirbt, erhält sie auch gesellschaftspolitisch das Ansehen, das ihr zusteht.

11. Die sog. »Post-industrielle Gesellschaft«

ist somit nichts anderes als eine Dienstleistungsgesellschaft, deren Leistungsfähigkeit auf der Leistung der Industrie beruht.

*

Dem Idiotismus entrissen

Erst sie (die Bourgeoisie) hat bewiesen, was die Tätigkeit der Menschen zustande bringen kann. Sie hat ganz andere

Wunderwerke vollbracht als ägyptische Pyramiden, römische Wasserleitungen und gotische Kathedralen. ... Die Bourgeoisie ... reißt ... alle ... Nationen in die Zivilisation ... Sie hat enorme Städte geschaffen ... und so einen bedeutenden Teil der Bevölkerung dem Idiotismus (sic! Der Verf.) des Landlebens entrissen. Die Bourgeoisie hat in ihrer kaum hundertjährigen Klassenherrschaft massenhaftere und kolossalere Produktionskräfte geschaffen als alle vergangenen Generationen zusammen.

Marx und Engels, 1848

Das neue Märchen vom kleinen rosa Hühnchen

Es war einmal ein kleines rosa Hühnchen, welches emsig im Sand des Hühnerhofes herumkratzte, bis es ein paar Weizenkörner fand. Es rief die Nachbarn zusammen und sagte: »Wenn wir diesen Weizen pflanzen, werden wir Brot zu essen haben. Wer möchte mir bei der Arbeit helfen?«

»Ich nicht«, brummte die Kuh.

»Ich nicht«, quakte die Ente.

»Ich nicht«, grunzte das Schwein.

»Ich nicht«, schnatterte die Gans.

»Dann tu' ich's eben allein«, sagte das kleine rosa Hühnchen und steckte die Körner in die Erde. Die Weizenhalme sprossen und wuchsen und reiften heran zu goldenen Ähren. »Wer möchte mir den Weizen ernten helfen?« fragte das kleine rosa Hühnchen.

»Ich nicht«, quakte die Ente.

»Das ist nicht meine Aufgabe«, grunzte das Schwein.

»Ich bei meinem Dienstalter nicht«, brummte die Kuh.

»Ich bekäme kein Arbeitslosengeld mehr«, schnatterte die Gans.

»Dann tu' ich's eben allein«, sagte das kleine rosa Hühnchen und machte sich an die Arbeit. So kam die Zeit, daß

Brot gebacken werden konnte. »Wer möchte mir dabei helfen?« fragte das kleine rosa Hühnchen.

»Da müßte ich ja Überstunden machen«, brummte die Kuh.
»Ich würde nur meine Sozialhilfe verlieren«, jammerte die Ente.
»Ich bin eine Niete und habe nie etwas gelernt«, grunzte das Schwein.
»Wenn ich als einziger helfen würde, dann schlösse ich mich selbst aus der Gemeinschaft aus«, schnatterte die Gans.

»Dann tu' ich's eben allein« sagte das kleine rosa Hühnchen und buk fünf braune Brote, die es den Nachbarn voller Stolz zeigte. Die staunten zuerst — und dann verlangten sie alle einen Teil davon. Aber das kleine rosa Hühnchen sagte: »Nein, ich kann die fünf Brote ganz gut alleine essen.«

»Das ist Profitwucher!« schrie die Kuh.
»Kapitalistische Schweinerei!« überschlug sich die Ente.
»Ich verlange gleiches Recht!« kreischte die Gans.
Und das Schwein, die Niete, grunzte eben dazu.

Dann malten sie alle Volkszorn-Tafeln, hielten sie hoch, marschierten immer rundherum um das kleine rosa Hühnchen und beschimpften es mit Ausdrücken aus der Gosse.

Als ein Regierungsvertreter kam und die Bescherung sah, sagte er zu dem kleinen rosa Hühnchen: »Du solltest nicht so geizig sein.«

»Aber ich ganz allein habe den Weizen gesät, die Körner gemahlen und das Brot gebacken!« sagte das kleine rosa Hühnchen.

»Durchaus«, antwortete der Beamte, »so entspricht es auch dem wunderbaren System des freien Unternehmertums. Jedermann im Hühnerhof kann so viel verdienen, wie er will. Aber unsere modernen Sozialgesetze verlangen, daß die Produktionsmittel-Eigner ihre Erzeugnisse mit den Habenichtsen teilen.«

Hier hört die Geschichte auf; jedoch nicht ganz: die Kuh, das Schwein, die Ente und die Gans haben sich nachher oft gefragt, warum, zum Teufel, das Huhn nie mehr Brot backen wollte ...

> Von der US-Firma Pennwalt im Magazin »Business Week« erzählte moderne Version der jedem Kind in den Vereinigten Staaten bekannten Fabel vom kleinen rosa Hühnchen.

Ohne Unternehmer

gäbe es bei uns keinen Wohlstand.

> So äußerten sich 71 % der (deutschen) Bundesbürger (nicht über die veröffentlichte Meinung, sondern) bei einer Allensbach-Umfrage. (»Industriemagazin«, Nov. 1977, S. 132)

Europa — durch freie Unternehmer

Ein Europa, besonders die EG, ohne freie Unternehmer hat keine Zukunft. Vom Unternehmertum hängt der Bestand der freien Gesellschaft und der Freiheit selbst ab. Für Unternehmer und Manager geht es heute nicht nur um Gewinnerzielung, sondern zugleich um gesellschaftliche und soziale Verantwortung.

> Edward Heath, früherer britischer Premierminister nach »Die Welt« Nr. 186 v. 12. 8. 1977

Erst zittern, dann kritisieren!

Wer nicht am eigenen Leibe das große Zittern des unternehmerischen Risikos verspürt hat, dem fehlen ganz wichtige Einsichten.

> Der hessische Wirtschaftsminister Heinz Herbert Karry, 1975

56

Made in Germany:

im englischen Merchandise Marks Act von 1887 vorgeschriebene Angabe auf allen aus Deutschland nach England eingeführten Waren *). Dieser Hinweis sollte ursprünglich die deutsche Konkurrenz erschweren. — In der
Praxis wurde er aber zu einem exportfördernden Marken-
zeichen für deutschen Unternehmergeist und deutsche
Wertarbeit.

---

*) Im Jahre 1909 eingeschränkt auf mit britischer verwechselbarer
Auslandsware.

Wer leistet mehr?

Frage an Radio Luxemburg:
   Wer leistet mehr für das Land, die Politiker oder die
   Unternehmer?

Radio Luxemburg antwortet:
   Auf welches Land bezieht sich Ihr Frage?

Antwort:
   Auf die Bundesrepublik Deutschland.

Radio Luxemburg:
   Wenn es zutrifft — was auch deutsche Politiker ständig
   feststellen, daß die Bundesrepublik Deutschland politisch ein Zwerg, aber wirtschaftlich ein Riese sei, dann
   müssen folgerichtig die Exponenten der Wirtschaft, also
   die Unternehmer, mehr für Ihr Land leisten.

Rezept zum Altwerden

Nicht Geld verlängert das Leben, sondern die Arbeit.

> Paul C. Martin (»Welt am Sonntag« Nr. 27 vom
> 27. 7. 1978) zu der Tatsache, daß viele erfolg-
> reiche und daher reiche Unternehmer ein gesegnetes
> Alter in voller Schaffenskraft erreicht haben.
> (Unter vielen anderen hier einige deutsche Namen:
> Quelle-Chef Gustav Schickedanz [82], Stahlindu-
> strieller August Thyssen [84], Konzernchef Fried-
> rich Flick [89], Lederfabrikant R. von Hirsch [94].)

Leistung oder Glück?

Man muß Schwein haben, aber das Schwein muß man vorher selber züchten.

> Ein Unternehmer zu der Frage eines Journalisten, ob mehr die Leistung oder das Glück zu seinem unternehmerischen Erfolg geführt hätten.

Glück und Tüchtigkeit

Glück hat auf die Dauer doch zumeist nur der Tüchtige.

> Helmuth von Moltke

Glück hat,

wer 14 Stunden am Tage arbeitet, und das sieben Mal in der Woche.

> Armand Hammer, amerikanischer Multimillionär mit totsicherem Instinkt für die richtigen Geschäfte (der „Kissinger des Kommerz"), Inhaber der amerikanischen Occidental Petroleum Corporation (auf Platz 26 der „Fortune"-Rangliste), in den 20er Jahren erfolgreicher Im- und Export-Händler in Moskau (Lenin: „Lieber Kamerad"), noch heute Ost-West-Geschäftsmann und „Moskaus liebster Kapitalist", „Freundschaftsorden des russischen Volkes", Inhaber einer der bedeutendsten Gemäldesammlungen unserer Tage und trotz seiner 80 Jahre (1978) noch voll im Einsatz.

Der Kerntrupp und die anderen

Heute werden die meisten Leistungen auf der Welt von Leuten erbracht, die sich ständig überarbeiten, einem kleinen Kerntrupp von Märtyrern. Die übrige Menschheit verwendet den größeren Teil ihrer Energie auf Klagen und Beschwerden.

> U.S. News & World Report, 1973

OHNE PROFIT
RAUCHT KEIN SCHORNSTEIN

Klugheit eines Arbeiterführers
Ohne Profit raucht kein Schornstein.

August Bebel, sozialdemokratischer Politiker
(1840—1913)

Kurzgeschichte des Gewinnprinzips

1. Vor dem Profit-Zeitalter

Unser täglich Brot gib uns heute.

Heilige Schrift, Neues Testament, Matthäus 6, 11
(Bergpredigt)

Im Schweiße deines Angesichts sollst du dein Brot ver-
zehren.

Heilige Schrift, Altes Testament, Genesis 3, 1
(Erstes Buch Moses)

2. Lob des Profits

Die Liebe zum Profit beherrscht die ganze Welt.

Aristophanes

Der Unternehmer mag wollen oder nicht — er muß, wenn
er sich nicht selbst aufgeben will, nach Gewinn trachten.

Prof. Werner Sombart, 1909

Wenn das Kapital nicht zehn Prozent im Jahr bringt,
dann ist das ein Verbrechen an Ihrem Kapital.

Ein amerikanischer Unternehmensberater zu seiner
Klientel

3. Ohne Profit — hoffnungsvolle Zukunft?

Ich sehe absolut hoffnungsvoll in die Zukunft. Was heute
in der Welt geschieht, ist das Abschiednehmen von dem
alten Programm »Profit ist das höchste Gesetz«.

Martin Niemöller, Kirchenpräsident a. D., 1973

Más revolution — más hambre! (Mehr Revolution — mehr Hunger!)

Volksmund in Cuba nach Abschaffung des kapitalistischen Profitprinzips, in Günter Maschke: Cubanischer Taschenkalender (Kursbuch 30, Kursbuch-Verlag/Wagenbach, Berlin 1972), S. 134

Die Cleveren unter den Systemüberwindern haben erkannt, daß der Nullprofit die liberalste Form der Sozialisierung ist.

4. Gewinn als soziale Aufgabe

Das größte Verbrechen des Unternehmers ist es, keine Gewinne zu machen.

Samuel Gompers,
Begründer der American Federation of Labor

Die profitgierigen Kapitalisten, das sind wir ja alle.

Der Aktionär und frühere Gewerkschaftsfunktionär
Kurt Fiebich auf einer Hauptversammlung

Der Gewinn ist die soziale Aufgabe des Unternehmers.

Nobelpreisträger Prof. Milton Friedman

Gewinne von heute sind die Investitionen von morgen und die Arbeitsplätze von übermorgen.

Viel zitierter Slogan während der Wirtschaftskrise
nach 1973

*

Grundsatz der Unternehmerwirtschaft

Wer nicht wagt, der nicht gewinnt.

Ohne Gewinn — steuerlos

Wer dem Unternehmer das Gewinnprinzip als Leitmotiv nimmt, macht ihn steuerlos.

Prof. Wilhelm Rieger, 1928

Bundespost als „Profithai"

Es tut mir leid, daß die Bundespost im Augenblick unter der Verteufelung des Gewinns in diesem Lande leidet.

Bundespostminister Kurt Gscheidle, 1978

Ohne Gewinn: bergab

Wo kein Gewinn zu hoffen, droht Verlust.

Friedrich Schiller (in »Die Braut von Messina«)

Schwungkraft durch Gewinne

Wer die Schwungkraft unseres Wirtschaftssystems anerkennt, wird grundsätzlich die Existenz des Unternehmergewinns hinnehmen müssen ... Es gehört ohnehin schon sehr viel Mut dazu, ein solches Risiko auf sich zu nehmen. Läßt man den Unternehmern aber nur die Verluste, während man ihnen die Gewinne mehr und mehr durch Besteuerung, Lohnerhöhung und andere Mittel beschneidet, so wird die private Investitionstätigkeit zu einem Spiel, bei dem man schließlich nur noch verlieren kann.

Prof. W. Röpke, Die Lehre von der Wirtschaft, 1958, S. 237

Gewinn ist eine Lebensvoraussetzung

für jeden Unternehmer und so notwendig, wie die Luft zum Atmen für den Menschen. Wie der Mensch aber nicht nur lebt, um zu atmen, so betreibt er auch nicht seine wirtschaftliche Tätigkeit nur, um Gewinn zu machen.

Bankier Hermann J. Abs, 1974

Wenn wir das Recht haben,

Pleite zu gehen, muß man uns auch das Recht zubilligen, erfolgreich zu sein.

Der Unternehmer Hans Weisser, 1973

63

Das wirkliche Verbrechen

Es ist das Vorurteil der Sozialisten, Gewinngeschäfte für ein Verbrechen zu halten. Das wirkliche Verbrechen besteht nach meiner Ansicht darin, mit Verlust zu arbeiten.

Winston Churchill

Ausbeuterische Selbstkosten

Das Zugeständnis der Deckung der Selbstkosten (in einer gelenkten Wirtschaft!) kann ausbeuterischer sein, als das Gewinne-Machen.

Prof. Harald Jürgensen

Die Lust am Geldverdienen

ist für den Volkswohlstand genauso wichtig wie die Lust am Beischlaf für die Volksvermehrung.

Der Altmeister der Betriebswirtschaftslehre Prof. Eugen Schmalenbach

In der Wirtschaft entstehen die großen Gewinne

nicht mehr durch Kapitalakkumulation, sondern wieder, wie in der Anfangszeit von Merkantilismus und Kapitalismus, allein durch Findigkeit, durch Anpassungsfähigkeit — und nicht zu vergessen, auch durch Nachhaltigkeit und Überzeugungskraft.

Dr. Carl Zimmerer

Der Gewinn des Unternehmers

ist der unbestechlichste Gradmesser seiner Leistungsfähigkeit, und gerade jene Leistungsfähigkeit fordert mit Recht die Umwelt von jedem Unternehmen.

Dr. Hans Günther Zempelin, 1973

Ein Vorstand,

der die Abschreibungen nicht verdient, muß damit rechnen, daß seine Verdienste abgeschrieben werden.

Bemerkung aus dem Hause Preussag nach einem Wechsel im Vorstand

Eigentum

Ohne Privateigentum in der Wirtschaft gibt es ... keine verläßliche Methode, die Rentabilität der Unternehmungen zu messen.

Prof. Rolf Rodenstock

Kapital

heißt der Vorrath von Gütern oder Genußmitteln, welcher den gegenwärtigen Bedarf des Besitzers übersteigt, und bestimmt ist zur Erfüllung von Zwecken in der Zukunft. Je nachdem diese Güter entweder geistig oder sinnlich sind, heißt der Vorrath derselben entweder geistiges oder sinnliches Kapital. Man unterscheidet bewegliche und fixe Kapitalien, je nachdem sie von einem Ort zum anderen übertragbar sind oder nicht.

Aus: Vollständiges politisches Wörterbuch, 1849

Reichtum und Armut

Ein Pharao kann reich sein, weil oder obwohl die Massen arm sind. Ein *Ford* kann aber nur reich werden oder bleiben, weil oder wenn die Massen nicht arm bleiben, sondern ihr Einkommen wächst.

Dr.-Ing. Otto Bredt, 1930

Reichtum und Armut

Der Reichtum der Reichen ist nicht die Ursache der Armut anderer Leute.

Der Nationalökonom Prof. Ludwig v. Mises

Problematische Umverteilung

Man kann die Armen nicht dadurch reicher machen, daß man die Reichen arm macht.

Vier Millionen Aktiensparer

gibt es in der Bundesrepublik Deutschland. Ein wichtiges gesellschaftspolitisches Ziel ist die auf freiwilligem Entschluß beruhende Vermögensbildung breiter Schichten durch Beteiligung am Produktivvermögen.

Aus einer Anzeige des Bundesverbandes deutscher Banken, 1975

Verdienst und Leistung

Harold Geneen, Präsident der ITT, verdiente 1970 als höchstbezahlter Manager der US-Industrie 767 000 $ Gehalt plus Prämien. Auf die Frage von Aktionären, ob das nicht zu viel *)* sei, antwortete er: »Wie hoch würden Sie jemand bezahlen, der den Wert der Gesellschaft um 11 Mrd. $ vermehrt hat?«

---

*) Ob ein derartiges Gehalt »leistungsgerecht« ist, darüber ließe sich intensiv und lange streiten. »Marktpreise« für Spitzengehälter wird es kaum jemals geben können; ihre Festlegung sollte aber wenigstens tendenziell gerecht sein. Hierzu hat der frühere Bundeswirtschaftsminister Dr. Hans Friderichs nach Übernahme seines hochdotierten Postens eines Vorstandssprechers der Dresdner Bank AG auf die Frage eines Journalisten, »ob er die Vorstandsbezüge von DM 600 000,— oder DM 700 000,— für korrekt hält«, geäußert: »Ich möchte sie nicht als unkorrekt bezeichnen. Die Frage, ob das zweckmäßig ist oder warum es sich so entwickelt hat und ob diese Entwicklung gut war, bedürfte wirklich einer etwas intensiveren Betrachtung. Ich möchte mich da nicht so mit der linken Hand als Neuer in diesem Kreis zu äußern. Nur, man soll auf Dauer einen Weg finden, der eine Nivellierung vermeidet — denn Nivellierung paßt nicht zu einer Leistungsgesellschaft —, der aber auch Übertreibungen auf der anderen Seite vermeidet.« (»Handelsblatt« Nr. 89 vom 22. 5. 1978)

Gewinn-Phantasien

In einer Bürgerbefragung aus dem Jahr 1976 über die Einschätzung der Unternehmer-Reingewinne (Gewinne nach Abzug von Kosten und Steuern) wurden im Durchschnitt aller Befragten für Handel und Industrie 25,1 % vom Umsatz angegeben — das bedeutet eine zehnfache Überschätzung! Das Statistische Bundesamt wies 1973 für 850 industrielle Aktiengesellschaften einen durchschnittlichen Reingewinn von 2,4 % aus, für 1974 sogar von nur 1,5 %. 1976 waren es 1,3 %.

Wie hoch ist die Rendite der Aktionäre?

Sie liegt heute bei zwei Prozent des eingesetzten Kapitals. Rechnet man den Kurswert der Aktien, die Kapitalsteuer, die Einkommensteuer, die Vermögensteuer, so bleibt einem Aktionär eine Durchschnittsverzinsung seines Aktienkapitals von nicht ganz zwei Prozent, während jeder Sparer heute neun bis zehn Prozent Zins erzielen kann. Sind diese zwei Prozent Ausbeutung oder Wucher?

Dr. Fritz Wiedemann, 1975

*»Der Arbeiter arbeitet — der Chef scheffelt« *)*

Jeder Beschäftigte der KHD-Gruppe arbeitet von seiner gesamten täglichen Arbeitszeit nur fünf Minuten für die Dividende und sogar nur eine Minute für die nicht durch Abschreibungen gedeckten Neuinvestitionen.

Dr. Karl Heinz Sonne, Vorstandsvorsitzender der Klöckner-Humboldt-Deutz AG (KHD), 1971

---

*) Slogan linker Schulbücher, mit denen Soziale Marktwirtschaft den Schülern »verständlich« gemacht werden soll.

Controls of Profits:

I'm opposed to controls of any kinds, but I'm violently opposed to controls on profits, because I don't see how you can maintain a position in world markets if you can't increase profits with which to modernize your business and keep it up to date — hopefully, to increase your productivity and enable you to cut your prices.

Henry Ford II, »Fortune«, Mai 1973

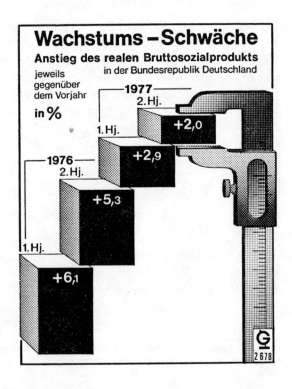

Wachstums – Schwäche
Anstieg des realen Bruttosozialprodukts
in der Bundesrepublik Deutschland

jeweils gegenüber dem Vorjahr

in %

1977
2.Hj. +2,0

1.Hj. +2,9

1976
2.Hj. +5,3

1.Hj. +6,1

G
2 678

Gewinn = Arbeitsplatz

Die gut verdienende Wirtschaft bringt Sicherheit, die gut
verdienende Wirtschaft bringt Arbeitsplätze. Die gut verdienende Wirtschaft muß Vertrauen haben.

> Martius (Schutzgemeinschaft der Kleinaktionäre)
> auf der Hauptversammlung 1977 der Mannesmann
> AG, Düsseldorf (Nach: Blick durch die Wirtschaft
> Nr. 274 v. 28. 11. 1977)

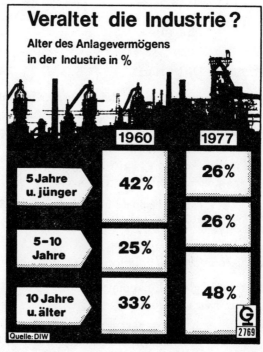

Bedenkliche Alterserscheinungen in der deutschen Industrie hat das
Deutsche Institut für Wirtschaftsforschung (DIW) festgestellt. War
1960 nur rund ein Drittel aller Anlagen zehn Jahre und älter, so
gehörte 1977 bereits fast die Hälfte zum »älteren Eisen«. Modern,
also fünf Jahre und jünger, war nur noch gut ein Viertel, gegenüber
42 Prozent 1960. Der Grund für die Veralterung liegt in der unzu-
reichenden Investitionstätigkeit der letzten Jahre und diese wiederum
in den unzulänglichen Gewinnen und Gewinnerwartungen.

Ein Vergleich

Der gesamte Gewinn der deutschen Industrie vor Steuern hat auf Grund einer sehr zuverlässigen Hochrechnung im Jahre 1975 etwa 30 Milliarden D-Mark betragen. Nach Steuern lag er in der Größenordnung von etwa 10 bis 11 Milliarden D-Mark und bewegte sich damit im gleichen Rahmen wie der Zuschuß, den die Deutsche Bundesbahn 1975 vom Bund erforderte.

> Dr. Rolf Sammet, Vorsitzender des Vorstandes der Hoechst AG, in: »Wie der Wohlstand ruiniert wird«, 1977, S. 226

Wachsende Diskrepanz

Kennzeichnend für die Einkommensentwicklung der Führungskräfte (in der Wirtschaft) ist die wachsende Diskrepanz zwischen
dem Schein der großen Zahlen,
dem realen Sein von Netto-Restgrößen und
den konkreten Arbeitsanforderungen.

> Ullrich Heppner in: »Die Bombengehälter stecken voller Brisanz« (»Die Welt« Nr. 16 v. 19. 1. 1978)

Klein-Häns'chen-Gleichungen

Einnahmen gleich Einkommen,
Umsatz gleich Gewinn.

> — aber nicht nur Klein-Häns'chen, sondern auch hochkarätige Intellektuelle leben in dieser Vorstellung!

Soziale Demontage

kann nur durch Remontage der Ertragskraft der Unternehmen verhindert werden.

Kapitalverbrechen:

Abtöten der volks- und privatwirtschaftlichen Funktionsfähigkeit des Produktionsfaktors »Kapital« durch markt-
externe Kräfte.

»Kapital« ist neben Arbeit, Boden, Unternehmerinitiative und Staat ein unabdingbarer Produk-
tionsfaktor. Es entsteht durch Sparen bzw.
Konsumverzicht und ermöglicht Sach- und Geist-
investitionen zur rationellstmöglichen Ingangset-
zung, Erhaltung und Weiterentwicklung des
Produktions- und Distributionsprozesses. Die Ökonomen haben es bisher leider noch nicht verstanden, der Öffentlichkeit (und den Sozialisten) genügend klar zu machen, daß die L e i s t u n g s -
funktion des Kapitals seine E i g e n t u m s funktion
längst in den Hintergrund gedrängt hat und daß
im übrigen die Leistungsfunktion durch immer
stärkere Sozialbindungen erheblich eingeengt worden ist. So ist die etwaige »kapitalistische« Gefahr
des Kapitals heute weit geringer als seine »sozialistische« Funktionsaushöhlung

Unterlasser?

»Die Welt« (in einem Interview): Hat es Sie getroffen,
als Regierungsmitglieder Unternehmer als »Unterlasser«
bezeichneten?

Von Bismarck, Vorsitzender des CDU-Wirtschaftsrates:
Ich halte dies für eine alberne Oberflächlichkeit. Unternehmer dürfen ein Risiko nur eingehen, wenn sie den
vollen Mißerfolg auch tragen können. Wenn die Gewinne
aber nicht so sind, daß eine Neuanlage auch unter schlech-
testen Bedingungen voll abgeschrieben werden kann, dann
dürfen sie das Risiko nicht eingehen. Ein Unternehmer,
der leichtfertig Risiken eingeht, muß rausgeschmissen werden.

»Die Welt«, Nr. 233 vom 6. 10. 1977

71

Die Investitionslücke

Wenn Gewinn als unmoralisch verteufelt wird, fehlt der Mut zum Risiko.

> Lily Joens, Präsidentin der Vereinigung von Unternehmerinnen (VvU), 1977

Leistungsloser Gewinn

bzw. »Mehrwert« im Sinne von *Karl Marx* ist die über den Produktivitätszuwachs hinausgehende Lohnerhöhung.

Sozialismus

ist Teilung der Gewinne ohne Verantwortlichkeit für die Verluste.

> Elbert Hubbard

Lenkungssysteme

Der Profit lenkt die kapitalistische, das Defizit die sozialistische Wirtschaft.

Gewinnorientiertes privates Unternehmertum

steht dem Ausbau des sozialen Staates nicht im Wege, sondern ermöglicht ihn zu konkurrenzlos niedrigen Preisen.

> Dr. Wilhelm Fritz, Vorstandsvorsitzender der Versicherungsgruppe Agrippina, Köln, 1976

Soziale Demontage

kann nur durch Remontage der Ertragskraft der Unternehmen verhindert werden.

Gewinne sind Zukunftsvorsorge

Wo keine Gewinne erwirtschaftet werden, können auch Arbeitsplätze nicht erhalten, geschweige denn geschaffen werden. Gewinne sind unverzichtbare Zukunftsvorsorge, allerdings nur dann, wenn sie real und nicht inflationsbedingte Scheinerfolge sind.

> Toni Schmücker, Vorstandsvorsitzender der Volkswagenwerk AG auf der Hauptversammlung 1977 des Unternehmens

Ertrag

ist wieder gesellschaftsfähig geworden: Als Meßlatte für wirtschaftliche Leistung und als notwendiger Treibstoff für unser aller Fahrt in die Zukunft.

> Prof. Dr. H. Joachim Krahnen, Vorsitzender der Arbeitsgemeinschaft Selbständiger Unternehmer e.V. (ASU), 1977

Die Funktion des Unternehmergewinnes

Der Gewinn ist eine Bestätigung für die kostengünstige Befriedigung der Bedürfnisse der Gesellschaft. Er hat folgende Funktionen:

1. Die Kapitalrendite entspricht dem Zins des Sparers.
2. Die Risikoprämie ist einerseits der Ausgleich für die täglich neu entstehende Gefahr, das eingesetzte Kapital als Folge wirtschaftlichen Mißerfolgs im Wettbewerb zu verlieren; und andererseits
3. der finanzielle Anreiz, überhaupt unternehmerisch tätig zu sein, Erfindungen zu machen oder zu verwerten, Arbeitsplätze zu schaffen, an der Verbesserung des Lebensstandards zu arbeiten.
4. Zugleich auch noch Entgelt für Arbeitstätigkeit ist der Gewinnanteil des Unternehmers in den Fällen, in

denen er und seine Familienangehörigen selbst im Betrieb tätig sind.

5. In der Inflation hat der Gewinn noch die zusätzliche Funktion, die finanziellen Mittel des Unternehmens und der Wirtschaft im ganzen wieder aufzufüllen, die durch den Kaufkraftschwund geschmälert werden.

6. Als Voraussetzung für die Kreditgewährung ist der Gewinn Regler der Geld- und Kapitalströme.

Profit-Hetze:

Wortschöpfung (zumeist) Festangestellter zur Disqualifizierung von Leistung und Erfolg unternehmerischer Tätigkeit.

Defizit-Hetze:

Wortschöpfung von Eisenbahner-Gewerkschaftlern zur Disqualifizierung des ständigen Hinweises einer besorgten Öffentlichkeit auf die seit Jahren ins Gigantische steigenden Defizite der Eisenbahnen.

Arbeitslosigkeit

ist nur dadurch zu beseitigen, daß den Unternehmern wieder eine angemessene Gewinnspanne verbleibt. Wenn wir nicht zum Kommunismus übergehen wollen, gibt es kein anderes Rezept.

> Prof. John Maynard Keynes — der große britische Konjunkturmeister, dessen Konzepte und Rezepte die Bonner Konjunkturstrategen eifrig befolgen, ohne ihn aber wohl ganz gelesen (oder verstanden?) zu haben, oder ohne den Willen oder den Mut zu besitzen, k o n s e q u e n t nach seinen Lehren zu handeln — denn gute Konjunktur hängt ganz wesentlich von guter Unternehmerinitiative ab und gute Unternehmerinitiative kann sich ohne gute Gewinne nicht entfalten. Gute Gewinne zu verhindern, ist aber ein Kernstück Bonner Steuer-, Sozial- und Ordnungspolitik.

WETTBEWERB
BEHERRSCHT DIE MÄRKTE

Wettbewerb

ist nicht-autoritäres Kontrollsystem.

Prof. Hans Besters

Das beste Mittel

zur Kontrolle von Kapitalisten sind andere Kapitalisten.

Nobelpreisträger Prof. Milton Friedman (USA)

Konkurrenz

Das gilt für jede Konkurrenz: man muß entweder die Muskeln oder den Geist anspannen.

Ernst Jünger, in: Das Zweite Pariser Tagebuch, 1949 (Werke Bd. 3, S. 541)

Der unsozialste Arbeitgeber

ist der Markt. Er lockt die Unternehmer mit großen Versprechungen, hält diese aber häufig nicht ein; er hilft nicht im Krankheitsfalle, und im Sterbefalle vergießt er keine Träne.

Die letzte Instanz

in der Planwirtschaft ist der Scharfrichter, in der Marktwirtschaft der Gerichtsvollzieher.

Prof. Wilhelm Röpke

Schlafmützenkonkurrenz ist vorbei

Gegenüber dem harten Neuerungswettbewerb unserer Tage ist der klassische Wettbewerb nur »Schlafmützenkonkurrenz«.

Prof. F. A. Lutz

Gemeinplatz

Es wäre ein Gemeinplatz, zu erklären, daß die wirksamste Form des Wettbewerbs, die wir haben oder haben können, unvollkommene Formen sind, da es keine anderen gibt.

> Der Schöpfer der Theorie von der workable competition, Prof. John M. Clark, in: Towards a Concept of Workable Competition in: American Economic Review 30 (june 1940), Nr. 2, Seiten 241—246

Der Peitschencharakter der modernen Konkurrenz

In der dynamischen Entwicklung wird die Konkurrenz selber immer wieder Monopolsituationen aufwerfen, die wie Seifenblasen an der Oberfläche des Wasser aufsteigen, sich eine Zeitlang halten und dann — unter dem Druck der nachfolgenden Konkurrenz — wieder zerplatzen. Diese Art von Konkurrenz hat »Peitschencharakter«, und sie trägt auf die Dauer höchstwahrscheinlich mehr zur Erhöhung des Lebensstandards bei als die vollständige Konkurrenz.

> Prof. Friedrich A. v. Hayek, in: »Bemerkungen zum Monopolproblem«, ORDO, Bd. VIII, 1956, S. 31 ff.

Markt:

wichtige Institution des Minderheitenschutzes, d. h. vor allem jeglicher Außenseiter.

Marktdiktat der Unternehmer?

Kein Preis läßt sich auf dieser Erde diktieren, wenn das stärkere Gesetz von Angebot und Nachfrage es nicht will.

> Konsul Peter Rehme

Keine Olympiade

Der Unterschied zu den Olympischen Spielen ist klar: in der Wirtschaft muß sich der Selbständige dem Wettbewerb nicht nur einmal in vier Jahren stellen, in der Wirtschaft ist der Wettbewerb ein tägliches Geschäft. Man muß jeden Tag in guter Kondition sein.

Prof. Karl Schiller, 1970

Tatarenmeldungen,

wonach auf zahlreichen, oder manchmal wird sogar gesagt, auf den meisten Märkten der Wettbewerb nicht mehr läuft, halte ich nicht nur für falsch, sondern für unverantwortlich.

Prof. Wolfgang Kartte, seinerzeit Bonner »Wettbewerbspapst«, in: »Süddeutsche Zeitung« vom 31. Mai 1975, S. 22

Freie Marktpreisbildung

»Ich bin so frei«, sagte der Markt — und erhöhte die Preise.

Werner Schneyder. — Dieses kritisch-ironische Zitat soll zum Ausdruck bringen, daß der freie Markt und damit die Marktwirtschaft denen, die Waren oder Leistungen anbieten, also den Unternehmern, die Chance gewährt, die Preise beliebig zu erhöhen, um ihre Taschen prall zu füllen und den Konsumenten »auszubeuten«. Die intellektuelle »Harmlosigkeit« dieser Aussage ist natürlich nur demjenigen vollauf klar, der die Funktion der Marktpreisbildung kennt. Würde Werner Schneyder weiterhin so »frei sein«, sich in dieser Weise zu mokieren, wenn ihm bekannt bzw. bewußt wäre, daß die Nettoumsatzrendite der deutschen Industrie infolge des konstanten Kostendrucks und des extrem scharfen Wettbewerbs heute in unserem Lande bei sage und schreibe ca. 2 % liegt (während sie z. B. in den USA mehr als das Doppelte beträgt!), daß ferner nur der Staat in der Lage ist, sog. administrierte Preise*) willkürlich zu erhöhen, und daß allein kartellierte Löhne jährlich ohne Rücksicht auf die Marktbedingungen durch Machtausübung erhöht zu werden pflegen?

*) S. unten S. 85.

Konsument und Marktmacht

Die amerikanische Wirtschaft ist ohne Zweifel mit monopolistischen Machtpositionen durchsetzt. Warum geht es dann den amerikanischen Konsumenten so gut? Niemand kann bestreiten, daß es dem Durchschnitt gut geht und immer besser geht. Ich lasse die Inseln der Armut aus. Es sind eben nur Inseln ... Die Unternehmen haben ein ungeheures Interesse, den Absatz auszudehnen und aus diesem Grunde kein Interesse daran, die Preise monopolistisch zu erhöhen.

Prof. Karl Landauer (Berkeley/USA), 1970

Das häßliche Wort Macht

Macht ist ein emotional aufgeladenes Wort. Wenn wir sie besitzen, nennen wir sie Einfluß, wenn sie aber ein anderer besitzt, belassen wir es bei dem häßlichen Wort Macht.

Artur F. Corey

Wer hat die Monopolmacht?

Ohnehin fühlt sich die Feldmühle gleichsam von Monopolen umgeben und ihnen hilflos ausgeliefert. Zwischen Faserholzmonopol, Zellstoffmonopol, Frachtmonopol und schließlich dem Lohn- und Gehaltsmonopol der Gewerkschaften verbleibt für das Unternehmen nur noch eine geringe Bandbreite unternehmerischer Entfaltungsmöglichkeiten, die wir allerdings voll ausschöpfen.

Helfried Krug, (bis 1975) Vorstandsvorsitzender der Feldmühle AG

Das Geheimnis der Konzentration

Konzentrierte Industrien sind konzentriert, weil dies offensichtlich der wirksamste Weg ist, diese Industrien zu organisieren. Unkonzentrierte Industrien sind unkonzentriert, weil dies offensichtlich der wirksamste Weg ist, sie zu organisieren.

Prof. Yale Brozen, Chicago

Arbeitnehmer für Konzentration

Die Einstellung der Arbeitnehmervertreter zu Fragen der Unternehmenskonzentration wird durch das Bestreben nach Sicherung der Arbeitsplätze motiviert. Wie sich gezeigt hat, stehen die Arbeitnehmervertreter in den Aufsichtsräten Konzentrationsbestrebungen und der Straffung der Konzernstrukturen nicht grundsätzlich ablehnend gegenüber. Sie sind vielmehr überwiegend der Ansicht, daß die Zusammenfassung von Unternehmen zu großen, einheitlich geführten Gebilden die Stellung der Unternehmen im Markt stärkt und eine solche Stärkung der Machtposition auch mit günstigen Folgen für die Belegschaft der Unternehmen verbunden ist. Konzentrationsvorgänge und die damit zusammenhängenden Probleme werden also von den Arbeitnehmervertretern in den Aufsichtsräten in erster Linie unter unternehmenswirtschaftlichen Gesichtspunkten gesehen.

Mitbestimmungskommission: »Mitbestimmung im Unternehmen. Bericht der Sachverständigenkommission zur Auswertung der bisherigen Erfahrungen bei der Mitbestimmung«, Stuttgart u. a. 1970, Seite 79, Ziff. 47

Multinationale Unternehmen

leisten Pionierdienste zur Überwindung von wirtschaftlichem Protektionismus, politischem Nationalismus und geistigem Provinzialismus.

Multis willkommen

Wir begrüßen die Etablierung multinationaler Unternehmen in Irland, denn offensichtlich ist es für Irland von größerem Nutzen, wenn irische Arbeitskräfte in multinationalen Unternehmen arbeiten und zu Hause leben können, als daß sie auswandern, wie das in der Vergangenheit der Fall war.

Der irische Finanzminister Richie Ryan, 1975

Große Industrienation braucht Großunternehmen

Präsident *Theodore Roosevelt* hatte ein sehr starkes Gefühl dafür, daß die USA bestimmt seien, sich zu einer großen Industrienation der Welt zu entwickeln. Er sah, daß dieses nur durch Großunternehmen möglich sei.

Prof. Karl Landauer (Berkeley/USA), 1970

Der Weltmarkt

findet in unserer Zeit auch zu Hause statt, und der Größte zu Hause ist auf dem Weltmarkt immer nur einer unter vielen, oft sogar nur ein Zwerg.

Bankier Hermann J. Abs, 1973

Markt-Macht:

Charakterisierung der „Härte" der D-Mark und damit der unbewußten oder unausgesprochenen Anerkennung der harten Anstrengungen der Export-Unternehmer, durch deren Leistungen die „Härte" der D-Mark erzielt werden konnte.

Diskussionswürdiges Machtproblem

Ich kann mir sehr wohl auch andere gefährliche Machtzusammenballungen nicht nur theoretisch vorstellen. Sie
sind tatsächlich vorhanden! Es handelt sich hier um das
Problem der unkontrollierten Macht von Arbeitnehmern
und Arbeitgebern als Tarifpartner. Ich muß Ihnen ge-
stehen, daß ich dieses Problem für sehr diskussionswürdig
halte, und das besonders in der Situation, in der wir uns
jetzt befinden.

> Der ehemal. Präsident des Bundeskartellamtes,
> Prof. Eberhard Günther, anläßlich des »Handels-
> blatt«-Konjunkturforums d. Hannover-Messe 1973

Zweimal Macht bei Ford

Unseren (Gewerkschafts-)Mitgliedern muß klargemacht
werden, daß schon morgen durch den einsamen Beschluß
eines Managers in Detroit Hunderte Kollegen bei Ford in
Köln ihren Arbeitsplatz verlieren können.

> Der DGB-Vorsitzende Heinz Oskar Vetter in
> seiner Rede vor dem 9. ordentlichen Bundeskon-
> greß des DGB am 28. 6. 1972 in Berlin

Der neunwöchige Streik der Gewerkschaften in Großbritannien im Jahre 1971 hat der Firma Ford einen Verlust
von ca. 800 Mill. DM verursacht. Als enorm sind auch die
indirekten Verluste (z. B. bei den Zulieferern) anzusehen.

> Nach seinerzeitigen Zeitungsmeldungen

Staatsmacht am gefährlichsten

Macht bleibt Macht, von wem auch immer sie ausgeübt
wird. Und sie erreicht ihre höchste Gefahrenstufe nicht
einmal in privater, sondern gerade in öffentlicher Hand.

> Prof. Leonhard Miksch, 1947

Moloch Staat

Mehr als 60 Prozent aller wirtschaftlichen Leistungen in der Bundesrepublik Deutschland sind dem Wettbewerb entzogen — sie werden heute vom Staat verwaltet.

Prof. Kurt Biedenkopf auf dem Wirtschaftstag der CDU/CSU in Frankfurt 1977

Die wahre Monopolisierung

In der UdSSR beeindruckt die unerhörte Konzentration der ökonomischen und politischen Macht, der außerordentlich hohe Grad an Monopolisierung.

Der sowjetische Atomwissenschaftler Andrej D. Sacharow, 1973

Vielfältige Kontrolle der Unternehmer

Die gelegentlich geäußerte Vorstellung über eine unkontrollierte Machtausübung (der Unternehmer) geht an den Realitäten vorbei: es kontrollieren uns Steuergesetze, Umweltschutzauflagen, das Kartellamt, die Gewerkschaften und Arbeitnehmer-Vertreter, nicht zuletzt die öffentliche Meinung, und vor allem kontrolliert uns der Markt.

C.-A. Weingardt, Vorsitzender der Geschäftsführung der Deutschen Unilever, Hamburg

Das Sieb

Bei einem indoktrinierten Sozialisten Voreingenommenheiten in bezug auf die Funktionen des Marktes, des Wettbewerbs und des Unternehmergewinnes auszuräumen, ist ebenso schwierig wie das Vorhaben, das Meer mit einem Sieb ausschöpfen zu wollen.

Preismacher Staat

Soviel kosteten diese Güter*) 1977**) mehr als 1970
(in Prozent)

Parkuhrgebühr	13,3
Örtliche Verkehrsmittel	78,1
Eisenbahn und Kraftomnibus	67,7
Fernsprechgebühren	57,0
Postgebühren	86,2
Opernkarte im Abonnement	37,6
Opernkarte an der Tageskasse	47,0
Theaterkarte im Abonnement	39,7
Theaterkarte an der Tageskasse	51,0
Lehrgangsgebühr Volkshochschule	60,6
Kindergartenbesuch	72,2
Eintrittskarte für Hallenbad	73,4
Rundfunk- und Fernsehgebühr	22,4
Kfz-Steuer	0
Direkt administrierte Preise insgesamt	**52,8**
Altbau-Mieten (anteilig)	47,1
Sozialmieten	49,2
Wasserverbrauch	97,2
Elektrizität	59,3
Gas	51,9
Zündhölzer	42,5
Flugverkehr	54,1
Medikamente u. ä.	33,5
Arzt- und Krankenhausleistungen	84,2
Teiladministrierte Preise insgesamt	**56,5**
Speisesalz	43,2
Weinessig	45,7

*) Waren und Dienstleistungen aus den Warenkorb des Preisindex
für die Lebenshaltung des Statistischen Bundesamtes.
**) Verbraucherpreise im 3. Quartal 1977.

Bohnenkaffee	74,3
Echter Tee	31,7
Alkoholische Getränke	29,9
Tabakwaren	45,8
Extra leichtes Heizöl	130,2
Kraftstoffe	54,5
Quasi-administrierte Preise insgesamt	**51,7**
Frisches Fleisch	37,8
Fleischwaren	41,0
Milch, Käse, Butter	42,2
Brot und Kleingebäck	63,6
Feingebäck und Dauerbackwaren	27,5
Mehl und Nährmittel	42,5
Zucker	42,0
Süßwaren und Honig	29,8
Indirekt administrierte Preise insgesamt	**41,6**
Administrierte Preise insgesamt	**49,1**

Wirtschaftswoche Nr. 49/77

Weniger Bürokratie

wäre weniger Konzentration!

Ein Unternehmer, der unter dem nicht mehr zumutbaren Druck der immer stärker wuchernden staatlichen Ge- und Verbotsbürokratie resigniert hatte und in der Konzentration den einzigen Ausweg sah, anläßlich einer Verhandlung bei der Kartellbehörde, die sich seines Falles »angenommen« hatte. Den ob dieser Feststellung verdutzten Kartellamtsbeamten gab er den Rat, in Fragen der Fusionskontrolle lebensnäher zu arbeiten und vor dem »Ob« der Konzentration das «Warum» zu prüfen.

»*Die Heuchler*«

Der DGB zum Kartellbericht 1977

Der DGB erklärt in seinem offiziellen Nachrichten-Dienst vom 21. Juni 1978 (Nr. 126/78) folgendes: »Der DGB begrüßt die deutlichen Aussagen im jüngsten Kartellbericht, die auf die notwendige Novellierung des Kartellgesetzes hinweisen. Die vom Bundeskartellamt vorgelegten Zahlen zur Fusionskontrolle, die eine Zunahme der Zusammenschlüsse um 22 Prozent aufzeigen, sind eine deutliche Warnung. Der Gesetzgeber muß hier schnell und wirkungsvoll eingreifen, um einer weiteren Konzentration und Vermachtung vorzubeugen.« Diese Scheinheiligkeit ist nicht zu überbieten. In allen Aufsichtsräten der vom Kartellbericht betroffenen Großunternehmen sitzen Funktionäre der DGB-Gewerkschaften. Sie haben stets den Aufkäufen kleinerer Unternehmen zugestimmt.

Aus: Junge Wirtschaft 7/8, 1978

Frage an die Kartellbehörde

Den Gewerkschaften ist es gestattet, die DM-Kaufkraftverluste der Arbeiterschaft durch kollektiven Machteinsatz wettzumachen. Kann ich meine Branchengenossen auffordern, bei unseren Preisen in gleicher Weise vorzugehen? Die Unternehmer werfen mir nämlich immer heftiger vor, ich sei ein schwacher Präsident, weil ich die große Chance, die in der ständigen Versicherung der Kartellbehörde liegt, sie strebe strikte Gleichbehandlung für alle in der Wirtschaft Tätigen an, nicht nutze.

> Der Präsident des Verbandes der X-Industrie, die infolge Überkapazitäten, beruhend auf überoptimistischen staatlichen Investitionsprognosen und -hilfen, Dumping-Importen und überhöhten Lohnforderungen, in tiefroten Zahlen steckt.

*Ist der Wettbewerb in unserer Marktwirtschaft funktions-
fähig?*

Kritiker des Unternehmertums, der Unternehmerwirtschaft, ja des Marktwirtschaftssystems im ganzen, aber
bisweilen auch Anhänger und Verfechter dieser Ordnung
behaupten, der Wettbewerb in unserer Wirtschaft sei heute
nicht oder nicht mehr intensiv genug, die meisten Märkte
seien »vermachtet«, die Preise vielfach »privat-admini-
striert«, die Funktionsfähigkeit unserer Marktwirtschaft
sei daher stark beeinträchtigt, wenn nicht gar in Frage
gestellt.

Wie sieht die Wirklichkeit aus?

Wenn Wettbewerb
ständiger Zwang zu besserer Leistung, zur Rationalisierung und Innovation,
zur Anpassung an neue Bedarfsentwicklungen und ständige Gefahr des Aus-dem-Markt-gedrängt-Werdens bedeutet,
wenn tendenziell ein konstanter Druck auf die Industrie-
preise besteht und dieser anhaltende Komprimierung der
Kosten und Auflösung von Alleinstellungen bewirkt,
wenn die Gewinnspanne als ein Maßstab für den Wett-
bewerbsdruck gilt,
wenn Konkursrate und Anlehnungsbedürfnis von Unternehmen ständig zunehmen und
wenn schließlich der Lebensstandard der breiten Massen
nie so hoch war, wie in unseren Tagen,
dann kann gefolgert werden, daß der Wettbewerb noch
nie so hart, leistungsfördernd und auslesewirksam war
wie heute!

UNTERNEHMER SEIN IST MEHR
ALS GUT WIRTSCHAFTEN KÖNNEN

Was dem Unternehmen

nützt, nützt auch der Belegschaft.

> Arbeitsphilosophie des Unternehmers Dr.-Ing. e. h.
> Heinz P. Kemper

Vertrauen durch Vorbild

Der moderne Führungsstil setzt voraus, daß der Unternehmer Vorbild zu sein hat. Ohne Vorbild zu sein, wirkt er unglaubwürdig, ohne Glaubwürdigkeit findet er kein Vertrauen.

> Fritz Heiss

Führungsqualität

Es wächst die Erkenntnis, daß Führungsqualität nicht nur auf Tatkraft und Härte, sondern ebenso auf Sensibilität und Einfühlungsvermögen basiert, also eine Kombination von Eigenschaften voraussetzt, die man gemeinhin als typisch maskulin oder typisch feminin einzustufen pflegt.

> Dr. Lily Joens, Präsidentin der Vereinigung von Unternehmerinnen e.V. (VvU)

Bewußtsein der sozialen Verantwortung

Die Unternehmer werden sich zunehmend ihrer sozialen Verantwortung bewußt. Das mag zwar kurzfristig manche Erfolgsrechnung belasten; aber langfristig wird es sich dennoch positiv auswirken, wenn wichtige Unternehmensentscheidungen von einer allgemeinen Zustimmung nicht nur innerhalb des Unternehmens getragen werden, sondern auch in seinem Umfeld Verständnis finden.

> Hans Birnbaum, Vorsitzender des Vorstandes der Salzgitter AG (in: Rosemarie Fiedler-Winter: Die Moral der Manager, Stuttgart 1973, S. 47)

Wirtschaften heißt verdienen — und dienen

Wirtschaft ist sicherlich keine Veranstaltung zum höheren Ruhme des oder der Unternehmer; man wirtschaftet, um etwas zu verdienen. Infolgedessen wird jeder Unternehmer oder jedes Unternehmen unglaubwürdig, das behauptet, einzig und allein die Belange der Allgemeinheit zu fördern.

> Dr. Bernhard Plettner, Vorsitzender d. Vorstandes der Siemens AG (in: Rosemarie Fiedler-Winter: Die Moral der Manager, Stuttgart 1973, S. 126)

Die Gesellschaft verpflichtet

Wir haben uns schon vor längerer Zeit von der Vorstellung gelöst, ein Unternehmen sei eine in sich abgeschlossene Einheit, die nur sich selbst Rechenschaft abzulegen hätte. Wir fühlen uns voll in das große Feld der ökonomischen, aber auch der gesellschaftspolitischen Beziehungen einbezogen und daher auch allen Gruppen der Gesellschaft gegenüber verpflichtet.

> Dr. Herbert Grünewald, Vorsitzender des Vorstandes der Bayer AG (in: Rosemarie Fiedler-Winter: Die Moral der Manager, Stuttgart 1973, S. 95)

Ein Industrieland

kann nicht gleichzeitig ein Naturpark sein. Es kann aber sehr wohl Naturparks haben. Überzogene Umweltschutzforderungen gefährden Arbeitsplätze.

> Dr. Egon Overbeck, Vorsitzender des Vorstandes der Mannesmann AG, in: »Wie der Wohlstand ruiniert wird«, 1977, S. 203

Humanität der Arbeit

Unsere Grubenbetriebe sind inzwischen so sauber geworden, daß wir Mühe haben, uns besuchende Politiker künftig schwarz zu bekommen.

> Dr. Dr. Karlheinz Bund, Vorstandsvorsitzender
> der Ruhrkohle AG, Essen

Wer ist der größte Schmutzfink?

Im Jahr 1976 betrug der Anteil der Chemieindustrie an
der Gesamtbelastung von Luft, Wasser und Boden in
Mitteleuropa lediglich 3 %. Auf die übrige Industrie ent-
fielen 27 %, während 70 % auf das Konto der privaten
Haushaltungen, also auf die Bewohner *) direkt, gingen.

> Nach: Schweizerische Handelszeitung Nr. 4 vom
> 26. 1. 1976

---

*) Insbesondere PKW und Heizung (Der Verf.)

Das große Verdienst

des Kapitalismus liegt nicht in der Anhäufung von Besitz,
sondern in der Vielzahl von Möglichkeiten, die er den
Menschen zur Ausweitung, Entwicklung und Verbesserung
ihrer Fähigkeiten verschafft.

> Nobelpreisträger Prof. Milton Friedman (USA)

Who Owns the Free-Enterprise System?

Do the big corporations own it? NO
Does the government own ist? NO
Do the bureaucrats own it? NO
Do the rich own it? NO
Okay. Who owns it?

Here's who: Farmers, businessmen, professionals, government employes, corporate employes, members of labor
unions and all owners of corporate and government secu-
rities. In short, every-body owns the free-enterprise

system. So, since we all own it, let's stop trying to beat it to death. Instead, let's treat it with the respect it deserves.

Tiffany & Co. ad. (Nach Reader's Digest, August 1976, S. 44)

Interessenidentität

Ich glaube nicht, daß die besten Interessen der Geschäftswelt auf lange Sicht nicht mit denen der Gesellschaft in Konflikt stehen können.

Henry Ford II

Ein Geschäft,

bei dem man nichts als Geld verdient, ist kein Geschäft.

Henry Ford I

Quadratur des Zirkels

Das Unternehmen muß praktisch eine Art Quadratur des Zirkels versuchen, denn politisch gesehen ist zweimal zwei doch manchmal drei und manchmal fünf; ökonomisch ist es aber immer vier. Das auszubalancieren, wird das große Kunststück des Managers in der zukünftigen Gesellschaft sein.

Wolfgang Oehme, Vorsitzender des Vorstandes der Esso AG, in: »Wie der Wohlstand ruiniert wird«, 1977, S. 193

Unternehmerfreiheit?

Der Chef eines großen Unternehmens muß dreimal denken, bevor er sich zu einem wichtigen öffentlichen Problem äußert. Er blickt über seine linke Schulter und sieht das Finanzamt, das sich bereithält, seine Berichte zu prüfen; er blickt über seine rechte Schulter und sieht das Justizministerium, das nur zu bereit ist, ein Antitrustverfahren gegen ihn zu eröffnen. Und dann fragt er, was die Federal

Trade Commission gegen seine Werbung unternehmen wird; und was die Lebensmittelaufsichtsbehörde mit den Erzeugnissen tun wird, die er produziert; und was der Sicherheitsausschuß mit diesem oder jenem tun wird. Man fühlt sich nicht frei zu sprechen, wenn man in solcher Stellung ist.

> Nobelpreisträger Prof. Milton Friedman in Reader's Digest, März 1977, S. 112

Heute: sozial verpflichtete Marktwirtschaft

Die heutige soziale Marktwirtschaft hat Tausende von Einschränkungen, so daß es reine Demagogie ist, von einer kapitalistischen Wirtschaft zu reden.

> Dr. Fritz Bayerlein, Vorsitzender des Verbandes der nordbayerischen Textilindustrie

Verhaltenskodex für das Management

Zielsetzung des professionellen Wirtschaftsmanagements ist es, seinen Kunden, Anlegern, Arbeitern und Angestellten sowie den Gemeinschaften, innerhalb deren es tätig ist, zu dienen und deren unterschiedliche Interessen in Einklang zu bringen:

1. Das Management muß dem Kunden dienen. Es muß die Bedürfnisse des Kunden befriedigen und ihm den besten Wert geben. Wettbewerb der Unternehmen untereinander ist die allgemein übliche Methode, um sicherzugehen, daß der Kunde den besten Wert und die größte Auswahlmöglichkeit erhält.
Das Management muß danach streben, neue Ideen und technologische Fortschritte in wirtschaftliche Produkte und Dienstleistungen zu verwandeln.

2. Das Management muß dem Anleger dienen, indem es ihm eine höhere Verzinsung seiner Investitionen ermöglicht, als der Zinssatz für Regierungsanleihen ausmacht.

Ein derartig höherer Zinssatz ist notwendig, weil er eine Risikoprämie zu den Kapitalkosten einbeziehen muß. Das Management ist der Treuhänder der Aktionäre.

3. Das Management muß den Beschäftigten dienen, weil niemand in einer freien Gesellschaft die Führung durch Vorgesetzte akzeptieren wird, die nicht auch die Interessen der Untergebenen im Auge behalten.
Insbesondere muß das Management die Kontinuität der Beschäftigung, die Verbesserung des Realeinkommens und die Humanisierung des Arbeitsplatzes sichern.

4. Das Management muß der Gemeinschaft dienen. Es muß sich als Treuhänder des materiellen Universums für zukünftige Generationen auffassen.
Es muß von den ihm zur Verfügung stehenden Kenntnissen und materiellen Hilfsquellen optimalen Gebrauch machen. Es muß die Grenzen des Wissens im Management und in der Technologie stetig weiter ausdehnen.
Es muß sicherstellen, daß sein Unternehmen an die Gemeinschaft den ihr gebührenden Steueranteil abführt, damit diese in die Lage versetzt wird, ihren Verpflichtungen nachzukommen.

> Konzept des englischen Unternehmers und Verbandsführer Sir Frederic Catherwood vor dem 3. Management-Symposium 1973 in Davos (in: Fiedler-Winter, s. oben S. 92)

Oberstes Gebot

moderner Unternehmensführung ist die Schaffung optimaler Rahmenbedingungen für die schöpferische Arbeit der im Unternehmen beschäftigten Menschen zu beiderseitigem Nutzen.

Unternehmenspolitische Ziele — das Beispiel
Deutsche Shell AG

Jedes Wirtschaftsunternehmen in der Marktwirtschaft muß für das eingesetzte Kapital, das weitgehend risikoreich angelegt ist, eine angemessene Rendite erzielen.

Andererseits sind wir uns unserer Verantwortung in einer sozialen Marktwirtschaft bewußt und sehen neben der rein wirtschaftlichen Betätigung das Unternehmen auch als Teil der Gesellschaft, als Arbeitgeber für unsere Mitarbeiter, als Teil des Gesamten. Schon 1974 hatten wir in unseren Führungsgrundsätzen folgende fünf gleichwertige, wenn auch nicht immer gleichgerichtete Ziele des Unternehmens festgelegt:

— Marktgerechte Versorgung der Verbraucher
— Entwicklung neuer Anwendungsverfahren und Produkte
— Erwirtschaftung einer angemessenen Rendite
— Berücksichtigung der Interessen unserer Mitarbeiter
— Beachtung der Belange des Gemeinwohls.

Diese Zielsetzung hat uns veranlaßt, den Geschäftsbericht, der im wesentlichen ein Bericht für Aktionäre war, so zu erweitern, daß er vollständige Rechenschaft über die Erreichung aller fünf genannten Unternehmensziele bietet. Vier der fünf Ziele haben eine mehr oder weniger starke soziale Note. Sie befassen sich in weiten Abschnitten mit dem, was andere Unternehmen als »Sozialbilanz« veröffentlichen. Auch wir hatten im Vorjahr bereits unseren Sozialbericht wesentlich erweitert und über unsere Beziehungen zu den Mitarbeitern und der Umwelt ausführlich berichtet und teilweise mit Zahlenmaterial belegt.

In diesem Jahr haben wir nun auf einen eigenen Abschnitt »Sozialbericht« verzichtet. Vielmehr werden wir bei den entsprechenden Abschnitten unsere Ziele beschreiben und den geleisteten Aufwand soweit wie möglich quantifizieren. Wir sehen gegenwärtig kaum Möglichkeiten, den sozialen Nutzen zu messen. Dennoch wollen wir uns der Gepflogenheit anpassen und diese Berichterstattung im Rahmen des Geschäftsberichtes als »Sozialbilanz« bezeichnen. Somit wird unser Sozialbericht alter Prägung, wie auch die Berichterstattung über zentrale gesellschaftliche Auswirkungen unserer Geschäftstätigkeit zum integrierten Teil des Geschäftsberichtes, so wie unsere soziale Verpflichtung Teil unseres unternehmerischen Auftrages ist.

Aus: Deutsche Shell AG, Geschäftsbericht/Sozialbilanz 1975, S. 10

Philosophie — morgen wie gestern

Unternehmensphilosophie der Daimler-Benz AG:

1. Kontinuität und Stetigkeit.
2. Qualität der Unternehmensleistung generell und des Angebots im Markt im besonderen.
3. Die Langfristigkeit aller Strategien und Konzeptionen.
4. Die konsequente Einbindung aller mittel- und kurzfristigen Maßnahmen in die langfristig angelegte Unternehmensentwicklung.
5. Verzicht auf kurzfristige Gewinnorientierung und -maximierung generell.
6. Die Ausprägung einer Verantwortung gegenüber der Gesellschaft, die sich in Beschäftigungspolitik, Produktentwicklung und Selbstdarstellung des Unternehmens in der Öffentlichkeit ausdrückt.
7. Problemlösungsorientiertes Verhalten.
8. Der Motivation auslösende Glaube an die Zukunft des Automobils.
9. Der »Stern« als weltweites Symbol auch für andere deutsche Unternehmen mit der gleichen anspruchsvollen Qualitätsphilosophie.
10. Verantwortliches Handeln gegenüber der Gesellschaft, in der das Unternehmen seinen festen Platz hat.

Politik und Wirtschaft in einem Boot

Nach *Walther Rathenau* ist die Wirtschaft unser Schicksal, nach *Napoleon* ist die Politik unser Schicksal. In Wirklichkeit sind Politik und Wirtschaft siamesische Zwillinge: Eines ist ohne das andere nicht existenzfähig. Daher muß auch jede Politik scheitern, die Wirtschaftspolitik als Politik gegen die Wirtschaft versteht.

Kooperation zwischen Staat und Wirtschaft

Die modernen Industriegesellschaften werden nicht überleben, wenn nicht Wirtschaft und Staat in ihnen zusammenarbeiten. Ich bin in Europa der leidenschaftliche Verfechter für Wettbewerb, und ich lasse mich von niemandem darin übertreffen. Aber Wettbewerb ist als Ordnungsprinzip für eine moderne Gesellschaft nur dann glaubwürdig und erfolgreich, wenn in dieser Gesellschaft die Fähigkeit und die Bereitschaft zur Zusammenarbeit genau so groß ist.

Der frühere britische Wirtschaftsminister und Europaminister John Davies, 1972

Bedenkliche Machbarkeitsideologien

Der Staat wird als Auftraggeber, Koordinator und Promotor eine entscheidende Rolle in einer weiterentwickelten Marktwirtschaft spielen. Man sollte sich aber hüten, die staatlichen Aktivitäten bis zur Machbarkeitsideologie entarten zu lassen, denn eines ist mit Sicherheit nicht machbar: die freie schöpferische Unternehmerinitiative.

Wir sollten nicht

vom Staat erwarten, was wir selbst besser tun können.

Wahlspruch der Deutschen Gesellschaft zur Rettung Schiffbrüchiger

Der Boß geht besser weg ...

Der Boß kommt groß heraus,
dem Boß gehört das Haus,
dem Boß gehört der Bagger,
der Kran und auch der Acker,
und alles, was da ist — so'n Mist!
Der Boß steht meistens rum
und redet laut und dumm ...
Das hat doch keinen Zweck!
Der Boß geht besser weg!

> Den Schulkindern einer Frankfurter Klasse zum
> Auswendiglernen aufgetragenes Kinderlied des
> sozialistischen Autors Dieter Süverkrüp

... und Steinbuchs Antwort

Und als der Boß gegangen war
Da guckten sie ganz dumm:
Die Arbeit lief jetzt gar nicht mehr
Sie standen meistens rum
Kein Auftrag kam und auch kein Lohn
Sie selbst sie gingen stempeln
Da sagt es einer klipp und klar
(der kürzlich kam von »drüben«)
So'n Boß muß eben wieder her
Wir müssen ihn nur finden.

> Prof. Karl Steinbuch, 1973

Was wir brauchen!

Wir brauchen den Markt, wir brauchen den Gewinn, wir
brauchen die Unternehmerinitiative.

> ... nicht das Credo eines unverbesserlichen Libe-
> ralen, sondern des französischen Sozialistenführers
> François Mitterand (»Die Zeit«, Nr. 44 vom 22. 10.
> 1976)

Spielraum zum Unternehmen

Wir streben keine Welt an, die von Unternehmern gelenkt wird. Ihre Aufgabe liegt im wirtschaftlichen Bereich. Wir erstreben aber eine Welt, in der man noch etwas unternehmen kann.

Dr. Marc Morel, Sandoz AG, Basel, 1977

Die Leitung moderner Industriekomplexe

erfordert den allseitig orientierten Menschen und nicht allein fachlich eingegrenzte Kompetenz. Entscheidungen von Tragweite, beispielsweise Investitions- und Desinvestitionsentscheidungen, sind heute in eine derartige Vielzahl von Meßgrößen und Kausalitäten eingebunden, daß die Entscheidungsfindung immer schwieriger wird. Die Grobwaage hat der Feinwaage zu weichen. Die Kenntnis der Zusammenhänge im einzelnen, zugleich aber die entsprechende Distanz, nämlich das Bild im Abstand, sozusagen in der Vogelperspektive, zu sehen, und schließlich der unternehmerische Erfahrungsschatz sind Voraussetzungen für die Sensibilisierung hinsichtlich der Früherkennung von Trends, vom Wechsel der Marktverhältnisse und sonstigen Gesamtkonditionen.

Dr. Walther Casper, Vorstandsmitglied der Metallgesellschaft AG, anläßlich eines Metall-Symposiums in New York, 1978

Geistige Umweltverschmutzer

Wir wollen umweltfreundliche Steckdosen für unsere Kinder, aber keine umweltfeindlichen Kraftwerke für unsere Nachfahren.

Slogan altruistischer Umweltschützer

Unternehmer: soziale Notwendigkeit

Wer unter „sozial" das neidlose Bemühen versteht, möglichst vielen Menschen einen möglichst hohen Lebensstandard zu schaffen, der erkennt den Unternehmer als soziale Notwendigkeit sicherlich auch zukünftig an.

> Prof. Karl Steinbuch, Direktor des Instituts für Nachrichtenverarbeitung an der Universität Karlsruhe, 1978

Lebensweisheit

für Männer und Frauen, die ihr Berufsleben dem Studium, der Lehre, der Politik oder der Kritik der Wirtschaft widmen wollen:

1. Das S t u d i u m der Wirtschaftswirklichkeit ist durch keine Lektüre zu ersetzen, noch dazu, wenn diese von Autoren stammt, die nicht aus der Wirtschaftswirklichkeit kommen.

2. Das e i g e n e H a n d e l n in der Wirtschaftswirklichkeit ist der Meinungsbildung und Urteilsfindung weit dienlicher als die Lektüre von Wirtschaftsliteratur.

3. Jedoch erst das eigene Handeln unter p e r s ö n l i c h e m R i s i k o in der Wirtschaftswirklichkeit — noch dazu in möglichst vielen und verschiedenartigen Unternehmen und Branchen — bietet die Gewähr, eine wirkliche fundierte Meinungsbildung und Urteilsfindung über die Wirtschaft, ihr Wesen, ihre Funktionsabläufe und deren Auswirkungen sowie über Erfordernisse, Möglichkeiten und Grenzen der Wirtschaftspolitik und Wirtschaftskritik abzugeben.

GLÜCKLICHE SKLAVEN
DES KAPITALISMUS

Glückliche Sklaven

Ich habe die Sklaven des Kapitalismus gesehen, und sie leben gut!

Nikita Chruschtschow anläßlich seines
USA-Besuches 1959 in Iowa

Der freie Mensch

hat Nachfrage, der Sklave hat Bedarf.

Wer schuftet, liebt den Konsum

Von Konsumterror können nur Professoren sprechen, die bis zu ihrem seligen Ende in bequemster Sicherheit, oder Studenten, die außerhalb der wirtschaftlichen Realität leben; noch nie habe ich einen Arbeiter, einen Angestellten, einen Bauern davon reden hören.

Golo Mann, 1971

Was ist Konsumterror?

Nicht Überflußwirtschaft mit freier Konsumwahl ist Konsumterror, sondern die staatliche Zuteilung von Sommermänteln im Winter und von Wintermänteln im Sommer.

Konsumterror:

Schrecken, nach dem sich zwei Drittel der Erdbewohner sehnen.

Ron Kritzfeld

Anti-Konsumterror

Die wirksamste und zugleich friedlichste Waffe gegen Konsumterror ist, nicht zu kaufen.

Die bessere Alternative

Besser Überdruß an Überfluß als Gerangel aus Mangel.

Konsum ist erste Bürgerpflicht!

> Aufruf einer Regierung, nachdem die Arbeitslosen-
> quote auf 8 % angewachsen war

Zehn Mercedes

stehen da — das sind die Herren Holzarbeiter!

> Bankier August von Finck auf seinem Landsitz
> zum Journalisten E. W. Mänken, 1973

Ein neu eingestellter Bauarbeiter

kommt im eigenen Wagen zur Baustelle. Und wo ist die
Garage für meinen Wagen? fragt er den Polier. Antwort:
Garagen haben wir nicht. Unsere Bauarbeiter kommen mit
Fahrer.

> Blick durch die Wirtschaft Nr. 171 vom 26. 7. 1973

Automobil: Verkörperung der Freiheit

Selbstbewußt und zukunftsfreudig wird das Automobil
auch künftig in die nächsten Jahrzehnte fahren. Wer Vertrauen schaffen und die Konjunktur fördern möchte, darf
am Autoverkäufer nicht vorübergehen. Sein Kauf kann
u. U. der Beginn des erhofften Aufschwungs sein. Unser
wirtschaftlicher Aufschwung ist durch nichts so vorange-
trieben worden wie durch die starke Motorisierung. Der
Wohlstand, den wir uns bis zum Hereinbruch der jetzigen
Krise erarbeitet hatten, beruht zu seinem wesentlichen Teil
auf dem Automobil. Das Automobil ist die technische Verkörperung der Freiheit. Es gestattet, die Transporte von
Menschen und Waren nach eigenem Wunsch durchzuführen
und dabei Zeit und Weg, Ziel und Geschwindigkeit selbst
zu bestimmen.

> Dr. Johann Heinrich von Brunn, früherer Präsi-
> dent des Verbandes der Automobilindustrie

Fortschritt

Die Unmöglichkeit von gestern ist der Luxus von heute und die Notwendigkeit von morgen.

Earl Wilson

Diogenes

In einem Warenhaus rief *Diogenes* erleichtert aus: »Wie viele Dinge gibt es doch, die ich nicht brauche!«

H. Weis: Die Laterne des Diogenes

Luxus der Luxussteuer

In England wurden Waschmaschinen schon 1950 der Luxussteuer unterworfen. Mit dem Erfolg, daß sie bis heute Luxusgüter geblieben sind.

Hermann Schmitt-Vockenhausen, SPD-MdB und Bundestags-Vizepräsident, über Pläne der SPD-Linken, eine Luxussteuer einzuführen, 1975

Luxus verordnet?

Ich halte nichts von einer Luxussteuer, weil ich mir von einem Dritten nicht vorschreiben lassen möchte, was mein Luxus ist.

Bundeswirtschaftsminister a. D. Dr. Hans Friderichs, 1975

Vom Luxusgut zum Massengut

Heutzutage ist der Luxuskonsum allen Bevölkerungsschichten eigen.

Aus »Ärztliche Praxis«, Januar 1971

Luxus für alle

Ex oriente lux, ex occidente luxus.

Es gehört nicht zur Qualität des Lebens,

unter 135 Wurstsorten wählen zu können, aber es ist Sache des Konsumenten zu entscheiden, ob er 135 Wurstsorten haben will oder nicht.

Helmut Kohl, 1975

Wohlstand

ist die Summe des Überflüssigen, ohne das man nicht mehr auskommen kann.

Der Schauspieler Gustav Knuth

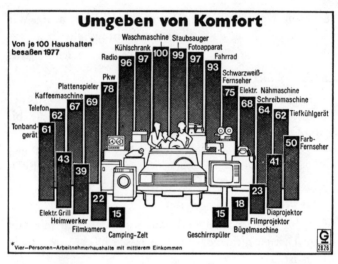

Marktwirtschaft obsiegt auf allen Wellenlängen

Hungerwelle
Hamsterwelle
Grüne Welle (für die Soziale Marktwirtschaft)
Eßwelle
Textilwelle
Wohnwelle
Freßwelle
Autowelle
Reisewelle
Lesewelle
Fernsehwelle
Edelfreßwelle
Gesundheitswelle
Bildungswelle
Sexwelle
Konsumüberdrußwelle
Trimm-Dich-Welle
Systemkritikwelle
Nostalgiewelle
Nützlichkeitswelle
Rote Welle (gegen die Soziale Marktwirtschaft)
Anti-Bürokratie u. Pro-Markt-Dauerwelle

> Nach einer Rundreise westdeutscher Bürger durch das ostdeutsche Arbeiter- und Bauernparadies: Schwur der Westdeutschen, alle Wellen freier Konsumwahl als Dauerwellen genüßlich zu nutzen, sich aber von keiner Welle blindlings überrollen zu lassen und im übrigen das Marktsystem, das alle Wellen ermöglicht, jederzeit gegenüber jedermann zu verteidigen.

Zahlenwunder

Der erste praktisch verwertbare Computer »ENIAC« wurde 1943 gebaut. Er wog 30 Tonnen, benötigte ein eigenes Gebäude, hatte 18 000 Elektronenröhren und konnte

15 Rechenoperationen je Sekunde durchführen.

K o s t e n p u n k t : etwa zwei Millionen Dollar.

Der erste elektronische Taschenrechner mit den vier Grundrechenarten wurde in den 60er Jahren entwickelt.

K o s t e n p u n k t : DM 5 000,—.

Heute kann sich jeder Schüler einen Taschenrechner leisten.

K o s t e n p u n k t : weniger als DM 20,—.

*

STILLER TEILHABER STAAT

Von jeder Mark
ausgegeben für:
(Stand: Anfang 1977)

ZIGARETTEN BRANNTWEIN BENZIN

kassiert der Staat* 71 Pf 61 Pf 59 Pf

SEKT KAFFEE SKATSPIEL SALZ TEE
35 28 26 26 24

BIER GLÜHBIRNEN STREICHHÖLZER HEIZÖL ZUCKER
20 17 17 13 9

* Verbrauch-und Mehrwertsteuer

Bund, Länder, Gemeinden und Sozialversicherung gaben 1977 rund
567 Milliarden DM aus, finanziert durch Steuern, Sozialabgaben und
Gebühren. Knapp die Hälfte davon, 264 Milliarden DM, flossen
wieder den privaten Haushalten zu.

Pro-Kopf-Jahreseinkommen im Vergleich

Rang	Land	Pro-Kopf-Einkommen in US-$	Rang	Land	Pro-Kopf-Einkommen in US-$
1	Kuwait	12 565	26	Polen	2 910
2	Schweiz	9 320	27	Spanien	2 855
3	Schweden	8 995	28	Ungarn	2 635
4	Kanada	8 090	29	Sowjetunion	2 620
5	USA	7 865	30	Singapur	2 560
6	Norwegen	7 685	31	Irland	2 520
7	Dänemark	7 465	32	Venezuela	2 500
8	*BR Deutschland*	*7 255*	33	Griechenland	2 485
9	Belgien	6 930	34	Hongkong	2 190
10	Frankreich	6 555	35	Trinidad/Tobago	2 080
11	Luxemburg	6 550	36	Bulgarien	2 040
12	Niederlande	6 395	37	Iran	1 950
13	Island	6 240	38	Argentinien	1 790
14	Australien	6 125	39	Portugal	1 645
15	Finnland	5 920	40	Jugoslawien	1 540
16	Österreich	5 405	41	Panama	1 320
17	Libyen	5 080	42	Rumänien	1 300
18	Japan	4 920	43	Brasilien	1 265
19	Saudi-Arabien	4 665	44	Mexiko	1 265
20	*»DDR«*	*4 230*	45	Südafrika	1 236
21	Großbritannien	3 940	46	Uruguay	1 175
22	Neuseeland	3 925	47	Irak	1 160
23	Tschechoslowakei	3 710	48	Costa Rica	1 160
24	Israel	3 565	49	Türkei	1 005
25	Italien	3 026			

Nach »Schweizerische Bankgesellschaft« (1976) — Preisfrage: Ist es Zufall, daß die Länder mit planwirtschaftlichem Wirtschaftssystem weit unten in der Liste angesiedelt sind?

Sind wir imstande,

hohe Löhne auszuschütten, so wird auch wieder mehr Geld ausgegeben, das dazu beiträgt, Ladeninhaber, Händler, Fabrikanten und Arbeiter wohlhabender zu machen, und ihre Wohlhabenheit wird auch auf unseren Absatz Einfluß haben.

Henry Ford I

Der Schuhmarkt

Eine englische und eine amerikanische Schuhfabrik wollen den afrikanischen Markt erkunden; sie schicken je einen Reisenden nach Zentralafrika. Der Engländer schreibt seiner Firma einen Brief: Reise zwecklos, kein Geschäft zu machen, niemand trägt hier Schuhe, alle Neger gehen barfuß. Der Amerikaner kabelt nach USA: Aussichtsreichster Markt der Welt, da überhaupt noch kein Schuh zu sehen, sendet sofort zunächst 100 000 Paar.

Volkmar Muthesius: Humor im Geschäft, 1973

Nur Massenkonsum bringt Geld

Kleider nur für Reiche machen arm.

Slogan der Damenbekleidungs-Industrie

Marktwirtschaft ist Verbraucherwirtschaft

Solange wir eine Marktwirtschaft haben, wird es immer wieder Struktur- und Arbeitsplatzveränderungen geben. Wer diese Veränderungen nicht wünscht, muß den Markt abschaffen. Der Markt ist letztlich aber nichts anderes als die Verbraucher. Wer daher die Marktwirtschaft abschaffen will, entrechtet die Verbraucher.

Die Wohlstandsexplosion

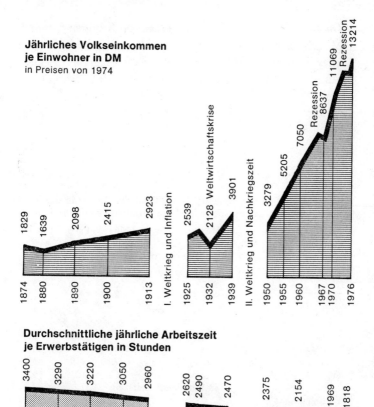

Die Wohlstandsexplosion im dritten Viertel unseres Jahrhunderts, nach Michael Jungblut, »Die Zeit« Nr. 44 vom 21. 10. 1977

Produktivitätshebung — eine typische Unternehmeraufgabe!

Im Jahre 1951 mußte ein Arbeiter 5357 Stunden für einen Mittelklassewagen arbeiten. Der vergleichbare Wagen, allerdings qualitativ wesentlich verbessert, erfordert heute nur noch 832 Stunden Arbeit, also nur den sechsten Teil der Zeit!

> Nach Berechnungen des Verbandes der Automobilindustrie e.V., 1977

Für ein Ei: Achtmal länger arbeiten!

So lange muß ein durchschnittlich verdienender Bürger in der jeweiligen Stadt arbeiten, um die angegebenen Produkte kaufen zu können:

	Moskau	New York	München	Paris	London
	in Minuten Arbeitszeit				
Rindfleisch (1 kg)	168	52	121	206	115
Wurst (1 kg)	180	39	110	132	57
Kartoffeln (1 kg)	8	3	4	3	7
Zucker (1 kg)	85	5	14	26	12
Butter (1 kg)	295	39	89	133	79
Eier (10 Stück)	107	10	13	46	26
Gin/Wodka (1 Liter)	594	100	111	305	442
Zigaretten (20 Stück)	12	8	22	15	37
Superbenzin (10 Liter)	82	21	66	123	92
	in Stunden Arbeitszeit				
Farbfernseher	1169	165	261	552	498
	in Monaten Arbeitszeit				
Fiat 124	43,3	4,4	7,6	11,7	10,6

> Aus »Welt am Sonntag« vom 4. Juli 1976

Buddenbrooks'

Toni, d. h. die Tochter einer reichen Lübecker Kaufmannsfamilie, fuhr nach Travemünde in die Sommerfrische, nicht nach Griechenland oder Thailand.

> Aus einer Betrachtung über das moderne Reisen

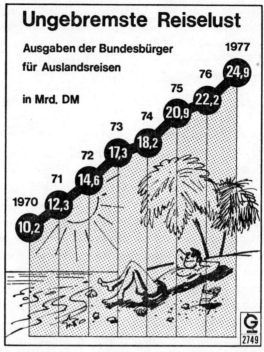

Ungebremste Reiselust

Ausgaben der Bundesbürger
für Auslandsreisen

in Mrd. DM

1977 **24,9**
76 **22,2**
75 **20,9**
74 **18,2**
73 **17,3**
72 **14,6**
71 **12,3**
1970 **10,2**

Die Deutschen sind vor den Amerikanern die ausgabefreudigsten
Auslandstouristen: Nach Berechnungen der Deutschen Bundesbank
gaben die Bundesbürger im letzten Jahr 25 Milliarden DM, zwölf
Prozent mehr als im Jahr zuvor, für Auslandsreisen aus.

Quelle: GLOBUS

Die Mär von der »schamlosen Ausnutzung der Konsumidioten«

Der Verbraucher ist ein armer, ausgebeuteter Konsum-
idiot, dessen Existenz und Intelligenz den Unternehmern
nur als Objekt der Profitmaximierung dient. Die Unternehmer überschwemmen den Verbraucher mit völlig überflüssigen Waren, die er nur der Wirtschaft zuliebe verbrauchen muß. Besonders hinterhältig verhalten sich Unternehmer, wenn sie des schnöden Mammons wegen die
Lebensdauer von Produkten künstlich verkürzen sowie

115

Schund und Tand liefern, um ihre Taschen besser und schneller füllen zu können. Von dem »ewigen Zündholz« über die »ewige Glühlampe« bis zum »langlebigen Auto« könnten wir alle billiger und besser leben, wenn die Unternehmer abgeschafft würden.

Credo eines Systemüberwinders

1. Das ewige Zündholz und die »geplante Kurzlebigkeit«

Im Jahre 1928 hatte *Ferdinand Ringer* in Wien beim österreichischen Patentamt einen »Zündstab« angemeldet, für den er 1930 das Patent erhielt. Es handelte sich dabei um einen Zelluloidstreifen, den man mehrmals zum Feuergeben anreißen konnte. Allerdings verbrauchte er sich auch, und ein Anriß kostete beträchtlich mehr als ein Streichholz. Der geschäftstüchtige Erfinder sorgte für tendenziöse Berichte. So erschien in der Presse die Behauptung, *Ivar Kreuger* habe 10 Mill. Dollar für die Erfindung geboten, aber er, der bescheidene Wissenschaftler, wolle nicht, daß seine Erfindung im Safe verschwinde und der Menschheit vorenthalten werde. Später hieß es, Ringers Erfindung werde ohne dessen Wissen schon lange in der Sowjetunion genützt.

Solche Nachrichten hatten den beabsichtigten Erfolg. Es fanden sich Geldgeber. Die Ringer Zündstab GmbH wurde 1932 in Wien gegründet. Zur Produktion kam es allerdings nicht.

Auch andere Erfinder haben sich an solchen »Ewigen Zündhölzern« versucht. Weitere Patente liegen vor. Diese Zündstäbe sind aber teuer herzustellen, reichen nur für wenige Zündungen und verschmutzen leicht, was nachfolgende Zündungen erschwert.

Unbeschadet der Fakten geistert aber der Evergreen der Pseudo-Wissenschaft »Ewiges Zündholz« weiter durch die Literatur als angebliches Beispiel für die Macht großer

116

Konzerne, Neuerungen zu unterdrücken, wobei einer vom anderen abschreibt.

Nach Dr. Hans Hartig, »Zündwaren«, 1971 (DDR)

2. Die »ewige Glühlampe« und die »Ausbeutung« der Verbraucher

Glühlampen könne man mit unbegrenzter Lebensdauer herstellen, heißt es immer wieder. Osram und Philips hätten aber in dem 1923 gegründeten Glühlampen-Kartell »Phoebus« die Brenndauer begrenzt.

Tatsächlich wurde das genannte Kartell mit Beginn des Zweiten Weltkrieges aufgelöst und nicht mehr fortgesetzt. Die Importe anderer Glühlampenhersteller in die BRD erhöhten sich beträchtlich. Aber auch die ausländischen Wettbewerber haben die »ewige Glühlampe« nicht angeboten. Sie können es auch nicht, weil sich beim Leuchten jeder Glühdraht erwärmt und hierbei Partikel fortgeschleudert werden; das Material »verdampft«. Dies verdünnt den Draht, bis er schließlich durchbrennt.

Wenn die Lebensdauer einer Glühbirne auf 1000 Stunden normiert wurde, handelt es sich um einen optimalen Kompromiß aus Stromkosten und Lichtausbeute. Ein dickerer Glühdraht würde weniger Licht liefern, dafür länger halten und umgekehrt. Diese Norm wurde auch von der Internationalen Elektrotechnischen Kommission festgelegt und von allen großen Industriestaaten übernommen, auch von der Sowjetunion, der Tschechoslowakei, von Ungarn und Jugoslawien.

Nach Dr. Michael Günther, Mannesmann-Illustrierte Nr. 9/1972

3. Das langlebige Auto

Die durchschnittliche Lebensdauer eines Personenkraftwagens beträgt zur Zeit 9,5 Jahre. Dieser Wert blieb in den letzten 20 Jahren praktisch unverändert. Ein Auto enthält jedoch heute beträchtlich mehr Einzelteile, die dem Komfort und der Sicherheit dienen. Ferner werden pro Wagen mehr kurze Strecken gefahren, wobei die sog. »Kaltstarts« den Motor schneller verschleißen. Die Höchstgeschwindigkeiten sind erheblich gestiegen. Aus Sicherheitsgründen streut man heute im Winter Tausende Tonnen Salze, die Bodenbleche und Lacke angreifen. Wenn trotz dieses erhöhten »Stresses« die Wagen ebenso lange gefahren werden wie früher, müssen sie durch verbesserte Produktionsmethoden und bessere Materialien widerstandsfähiger gegen Verschleiß sein.

Allerdings gibt es auch hier, wie bei allen anderen Produkten, Grenzen für eine größere Langlebigkeit. Man könnte zwar ein noch länger haltbares Auto bauen, mit dicken Blechen, aus rostfreiem Stahl usw.; aber das Publikum würde diesen »Langleber« vermutlich wenig schätzen. Einmal wäre er beträchtlich teurer und schwerer als die jetzigen Wagen; er kostete auch im laufenden Betrieb mehr, weil er mehr Benzin schluckte, Geschwindigkeit wie Beschleunigung sänken. Zudem ist ein zehn Jahre altes Automobil, selbst wenn es noch intakt wäre, technisch überholt. Die Kunden erwarten von Jahr zu Jahr mehr PS, mehr Sicherheit und mehr Fahrkomfort, eine bessere Straßenlage und Federung, wirksamere Bremsen als früher. Viele meinen, ihr Prestige stiege, wenn sie stets das neueste Modell fahren. Deshalb wechseln einige Autohersteller ihre Modelle verhältnismäßig rasch. Allerdings sinkt beim Modellwechsel der Wiederverkaufswert der älteren Typen, was manche Kunden von dem Ersterwerb solcher Wagen abschreckt. Deshalb halten andere Unternehmen an bewährten Modellen lange fest. Im allgemeinen werden in Europa gleiche Modelle länger produziert als in den USA.

Nach Dr. Michael Günther,
Mannesmann-Illustrierte Nr. 9/1972

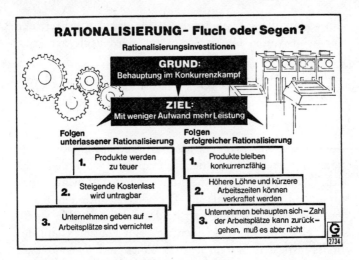

RATIONALISIERUNG – Fluch oder Segen?

Rationalisierungsinvestitionen

GRUND:
Behauptung im Konkurrenzkampf

ZIEL:
Mit weniger Aufwand mehr Leistung

Folgen unterlassener Rationalisierung	Folgen erfolgreicher Rationalisierung
1. Produkte werden zu teuer	**1.** Produkte bleiben konkurrenzfähig
2. Steigende Kostenlast wird untragbar	**2.** Höhere Löhne und kürzere Arbeitszeiten können verkraftet werden
3. Unternehmen geben auf – Arbeitsplätze sind vernichtet	**3.** Unternehmen behaupten sich – Zahl der Arbeitsplätze kann zurückgehen, muß es aber nicht

Fortschritte der Technik

1950 kam der erste *Reynolds-Kugelschreiber* vom Typ »Baby« auf den deutschen Markt. Die Aluminium-Mine, die manchmal gar nichts abgab oder Tintenklümpchen absonderte, kostete seinerzeit 12,50 DM. Die ersten Druckkugelschreiber mit einziehbarer Mine wurden damals für 19,50 DM angeboten. Heute gibt es einfache, dennoch qualitativ viel bessere Kugelschreiber schon ab 50 Pfennige.

Vor 20 Jahren wurde eine handbetriebene, ratternde *Rechenmaschine,* die nur die vier Grundrechenarten beherrschte, für 800 Mark angeboten. Heute kostet ein elektronischer Tischrechner mit 12stelliger Kapazität 400 Mark.

Ein 92-Liter-*Kühlschrank* war 1955 ein Monstrum, jede Hausfrau weiß es. Mit Müh und Not erzeugte er in einem winzigen Fach ausreichend Kälte für Eiswürfel. Im Versandhandel kostete er 498 DM. Heute bekommt man einen 140-Liter-Kühlschrank bereits ab 180 DM. Er läßt sich z. B. unter der Arbeitsplatte einbauen und hat dank besserer Isolierung seine Unförmigkeit verloren.

119

Ein schlauchloser *Diagonalreifen* für den VW-Käfer, der vor zehn Jahren 69 Mark kostete, wird heute für etwa 32 Mark gehandelt.

> Hagen Hartmann, in: »Der Report« Nr. 10 vom 9. 3. 1978

Das mausgraue Wesen

Man hat, wenn man gewisse verbraucherpolitische Zielvorstellungen zu Ende denkt, manchmal eher den Eindruck, daß der Verbraucherschutz den Konsumenten manipulieren möchte, daß als Leitbild letztlich ein mausgraues Wesen vor Augen steht, das sich in durable Stoffe von zeitlosem Schnitt kleidet, sich von Hausbrot und der preisgünstigsten Margarinesorte nährt und seine Freizeit dem Studium von Testberichten und Aufklärungsschriften sowie der Ausarbeitung sachdienlicher Reklamationen widmet.

> Prof. Gerhard Schricker nach »Industriemagazin«, Oktober 1977, S. 104

Gesellschaftlicher Bedarf

Du willst wissen, was gesellschaftlicher Bedarf ist. Gesellschaftlicher Bedarf ist das, was wir beschließen.

> Aus den Aufzeichnungen des SPD-Langzeitkommissars Rudolf Binding während der Kommunikationssitzungen, 1975

Bedarf erstehen

Wenn der Markt zum Erliegen kommt, muß der Verbraucher seinen Bedarf erstehen.

> Ron Kritzfeld

Der Kollektivmensch

hat die Wünsche derer, die ihn beherrschen.

> Hans Lohberger

Der Unterschied

In der Marktwirtschaft läuft die Ware dem Käufer, in der Planwirtschaft der Käufer der Ware nach.

Ideale Demokratie:

Tägliche freie Wahl von Konsumwaren durch den Käufer.

Gastarbeiter

wissen recht gut, daß es besser ist, in Westdeutschland ohne Arbeit zu sein, als in Anatolien zu arbeiten.

> Der damalige Bundesfinanzminister Hans Apel in »Time«, 1975

Übermut der Satten

Nur wer im Wohlstand lebt, schimpft auf ihn.

> Ludwig Marcuse, Literaturkritiker, Philosoph und Journalist

Mißmut trotz Wohlstand

Während die schweigende Mehrheit den Wohlstand produziert, produziert eine lautstarke Minderheit den Mißmut.

> Prof. Karl Steinbuch

Überfluß macht Überdruß

Es geht uns immer schlechter, weil es uns immer besser geht.

Der deutsche Weltkonsumbürger

ißt, trinkt oder genießt auf sonstige Weise viele hunderttausend Erzeugnisse und sonstige Leistungen aus etwa 150 Ländern unseres Erdballes, darunter aus:

Argentinien:	Corned beef
Brasilien:	Kaffee

China:	Ingwer
Dänemark:	Schinken
England:	Whisky
Frankreich:	Wein
Griechenland:	Rosinen
Holland:	Tulpenzwiebeln
Israel:	Pampelmusen
Japan:	Kameras
Kolumbien:	Bananen
Luxemburg:	Milchprodukte
Marokko:	Apfelsinen
Norwegen:	Märchenfjorde
Obervolta:	Erdnüsse
Peru:	Zucker
Queen Elisabeth Islands:	Lachskonserven
Rußland:	Wodka
Spanien:	Sonnenbräune
Taiwan:	Champignonkonserven
Ungarn:	Paprika
Venezuela:	Benzin
Westindien:	Gewürze
Xhosa/Südafrika:	Photosafaris
Yola/Nigeria:	Kakao
Zaire:	Diamanten

Diese geradezu paradiesischen Genüsse, die dem bundes-
republikanischen Konsumbürger aus aller Herren Länder
zuteil werden, fließen aber leider nicht gratis und franko
für pure DM in seinen Schoß! Sie müssen vielmehr mit
harten (und von Jahr zu Jahr härteren) Exportanstren-
gungen der deutschen Industrie und ihrer Exportkaufleute
erarbeitet werden. Nur die freie unternehmerische Marktwirtschaft schafft dieses Weltkonsumwunder. Der deutsche
Konsument östlich des Eisernen Vorhangs kann dagegen
von den meisten Segnungen dieser Welt nur träumen —
und dies obwohl er länger und härter arbeitet und weniger

Urlaub machen kann als die Westdeutschen. Planwirtschaft schafft eben die Realisierung ganz natürlicher moderner menschlicherTräume nicht!

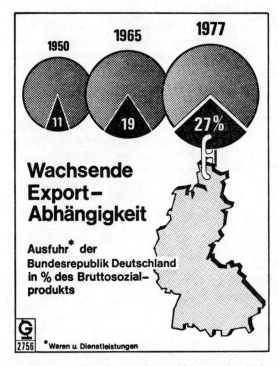

Wie kaum ein anderes Land ist die Bundesrepublik von der Weltwirtschaft abhängig. Seit 1950 stieg der Anteil der Ausfuhr am Bruttosozialprodukt von elf über 19 Prozent (1965) auf 27 Prozent im vergangenen Jahr.   Quelle: GLOBUS

Schutz vor Verbraucherschützern

Wer schützt demnächst den Verbraucher vor den Verbraucherschützern?

> Arno Paul Bäumer, Präsident des Gesamtverbandes der deutschen Versicherungswirtschaft, auf einem Pressekolloquium in Baden-Baden, 1978

123

Heroinschuß überflüssig

Ich will mich kaputtmachen. Hier in dieses kapitalistische
Scheißsystem passe ich nicht. Was macht es denn, ob ich
saufe oder Heroin schieße.

> Ein 22jähriges Mädchen im Gespräch mit einem So-
> zialwissenschaftler, der die »Drogenszene« zu erfor-
> schen suchte. (Nach »Kölner Stadtanzeiger« Nr. 108
> v. 20./21. 5. 1978.) — Kommentar des Verf.: Das
> kapitalistische Sch ... system zeichnet sich u. a da-
> durch aus, daß niemand gezwungen wird, mit ihm
> gebend oder nehmend, fördernd oder hemmend in
> Berührung zu kommen. Das besagte Mädchen
> brauchte sich also keineswegs wegen dieses Systems
> kaputt zu machen, sondern könnte sich, wie z. B.
> Diogenes von Sinope, in einer Tonne, etwa auf
> einem Wohnwagengelände, ansiedeln und dort sein
> Leben ohne jeden Arbeits- oder Konsumzwang
> nach seiner höchst persönlichen Façon in vorkapita-
> listischer Weise gestalten.

Zur Klarstellung!

Konsum ist nicht alles, aber ohne Konsum ist alles nichts!

> Konsum bzw. materieller Wohlstand ist natürlich
> nur eine der Voraussetzungen für Wohlbefinden
> und Wohlergehen (zu neudeutsch: »Lebensquali-
> tät«) des Menschen. Begriffe wie Familie und Va-
> terland, Kunst und Kultur, Solidität und Solidariät,
> Transzendenz und Tradition sind nach der persön-
> lichen Auffassung des Verf. weit wichtiger als das
> reine Konsumglück. Als realistisches Erdenkind
> kann man jedoch nicht umhin einzugestehen, daß
> für die Masse der Mitmenschen ihre etwaigen gei-
> stigen und seelischen Freuden die rechte Weihe
> erst durch die Konsumfreuden erfahren — wie das
> freudlose Dasein der Menschen jenseits des eisernen
> Vorhangs beweist (s. S. 259 ff.).

DIE GEWERKSCHAFTEN
BENÖTIGEN DEN KAPITALISMUS
WIE DER FISCH DAS WASSER

... wie der Fisch das Wasser

Die Gewerkschaften benötigen den Kapitalismus wie der Fisch das Wasser.

Der amerikanische Gewerkschaftsführer David Dubinski

Auf dem Arbeitsmarkt

ist der Verteilungskampf der beste Nährboden für einen Rückfall in Klassenkampfdenken und in eine Radikalisierung vor allem unter den jüngeren Gewerkschaftlern. Damit wird einer Tendenz Vorschub geleistet, die nicht nur die Position der etablierten Gewerkschaftsführung bedroht, sondern auch der Gewerkschaftsorganisation und damit letztlich unserer gesamten Arbeitsverfassung.

Der damalige Vorsitzende der Sachverständigenkommission Prof. Norbert Kloten, 1977

Ausbeutung durch Unternehmer oder »Ausbeutung« durch Arbeitnehmer?

Die Wertschöpfung von Siemens (Welt) betrug 1975/76 11,7 Milliarden DM, was 38 500 DM je Mitarbeiter bedeutet. Die »Verteilung« erfolgte so:

		Analoge Zahlen für den »Kaufhof« (1977):
Mitarbeiter (Löhne u. Gehälter, Sozialabgaben, Alterssicherung)	83,9 %	86 %
Staat (Steuern)	6,9 %	5 %
Fremde Kapitalgeber (Zinsen)	4,0 %	5 %
Eigentümer (Aktionäre)	2,2 %	3 %
Im Unternehmen verbleiben (Rücklagen)	3,0 %	1 %
	100,0 %	100 %

(Frage an die Neo-Marxisten: Wer heimst hier den »Mehrwert« ein?)

Blanke Demagogie

In einem Flugblatt der IG Metall heißt es: »Sie (die Unternehmer) zahlen 15 oder 17 Prozent Dividende und die (Arbeiter) sollen nur drei Prozent kriegen.«

Diese Behauptung ist natürlich blanke Demagogie, das hat mit den Realitäten nichts mehr zu tun. Wenn z. B. auf das nominell 50-DM-Stück einer Aktie eine Stammdividende von 8,— DM gezahlt wird, dieses Stück an der Börse aber mit 288 gehandelt wird, dann kommt man auf eine Effektivverzinsung von unter 3 %.

> Hans L. Ewaldsen, Vorsitzender des Vorstandes der Deutschen Babcock (Blick durch die Wirtschaft Nr. 83 vom 24. 4. 1978)

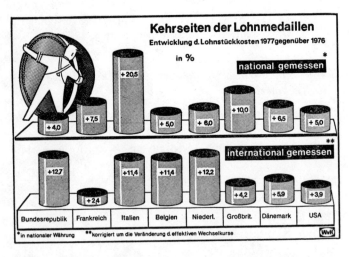

Kehrseiten der Lohnmedaillen
Entwicklung d. Lohnstückkosten 1977 gegenüber 1976
in %

national gemessen *

	Bundesrepublik	Frankreich	Italien	Belgien	Niederl.	Großbrit.	Dänemark	USA
national gemessen	+4,0	+7,5	+20,5	+5,0	+6,0	+10,0	+6,5	+5,0
international gemessen	+12,7	+2,4	+11,4	+11,4	+12,2	+4,2	+5,9	+3,9

international gemessen **

*in nationaler Währung   **korrigiert um die Veränderung d. effektiven Wechselkurse   WvH

Wegen der Wechselkursentwicklung zeigen die dem Weltmarkt zugewandten Kehrseiten der Lohnmedaillen überall ganz andere Werte an als auf ihren nationalen Vorderseiten. Bei abgeschwächtem Produktivitätszuwachs schlug der Lohnanstieg 1977 ohnehin verstärkt auf die Lohnstückkosten durch. Der Kursverfall des Dollars zu Beginn des Jahres 1978 hat die Wettbewerbsposition der Bundesrepublik und anderer EG-Partner auf dem Weltmarkt weiter verschlechtert.   Quelle: EG-Kommission

Nicht den zwanzigsten Teil!

Bei uns arbeiten 108 000 Menschen, die im letzten Jahr insgesamt 3,6 Milliarden Mark Lohn, Gehalt und Sozialbeiträge erhalten haben. Die 185 000 Aktionäre haben 131 Millionen Mark bekommen, also nicht einmal den zwanzigsten Teil.

> Dr. Egon Overbeck, Vorstandsvorsitzender der Mannesmann AG, Düsseldorf, in einem »Spiegel«-Gespräch, 1977

*

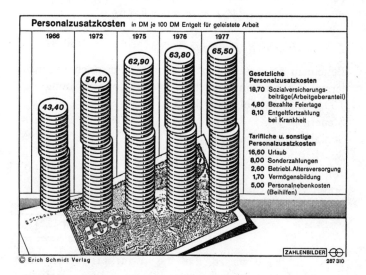

Personalzusatzkosten in DM je 100 DM Entgelt für geleistete Arbeit

1966	1972	1975	1976	1977
43,40	54,60	62,90	63,80	65,50

Gesetzliche Personalzusatzkosten
18,70 Sozialversicherungsbeiträge (Arbeitgeberanteil)
4,80 Bezahlte Feiertage
8,10 Entgeltfortzahlung bei Krankheit

Tarifliche u. sonstige Personalzusatzkosten
16,60 Urlaub
8,00 Sonderzahlungen
2,60 Betriebl. Altersversorgung
1,70 Vermögensbildung
5,00 Personalnebenkosten (Beihilfen)

© Erich Schmidt Verlag   ZAHLENBILDER   287 310

Neben den Lohn- und Gehaltszahlungen für geleistete Arbeit erwachsen den Unternehmen noch Personalzusatzkosten, die von Jahr zu Jahr eine steigende Tendenz aufweisen. Nach Angaben des Instituts der deutschen Wirtschaft fielen 1977 pro 100 DM Lohn und Gehalt, die an Arbeitnehmer in Industrie und Handwerk gezahlt wurden, nebenher 65,5 % Personalzusatzkosten an. Davon kamen 31,6 % auf gesetzliche und 33,9 % auf tarifliche und sonstige Zusatzkosten.

Wer soll das bezahlen?

Bei 7 % jährlicher Lohnsteigerung verdoppelt sich das Einkommen bereits alle zehn Jahre; bei 9 % alle 8 Jahre; bei 12 % gar in jeweils knapp sechs Jahren. Glaubt jemand ernstlich, daß die Güterproduktion und das Dienstleistungsangebot auch nur annähernd mit dieser Aufblähung der Geldeinkommen Schritt halten könnten?

> Das Direktionsmitglied der Bundesbank, Dr. Heinrich Irmler, in der FAZ vom 27. 1. 1977

Der Nobelpreis für Mathematik

soll den deutschen Gewerkschaften für die Widerlegung der Behauptung von *Adam Riese* zuerkannt werden, daß man nicht mehr als 100 % verteilen kann.

Die durchlöcherte Lohntüte

Bei einem Arbeitnehmerhaushalt mit 4 Personen und mittlerem Einkommen verteilt sich eine Lohnerhöhung von 100,— DM auf folgende Beträge:

Steuern	22,— DM
Sozialabgaben	17,— DM
Sparbetrag (normalerweise)	10,— DM
Importgüter	10,— DM
Somit zusätzliche innerdeutsche Nachfrage durch den Lohnempfänger	41,— DM
	100,— DM

Diese Zahlen beweisen, daß die »Kaufkrafttheorie« der Gewerkschaften höchst fragwürdig ist, denn eine Lohnerhöhung schlägt als Kostenbestandteil voll zu Buche, während nur 41 % zusätzliche Nachfrage entsteht, die noch dazu in vielen Bedarfsbereichen, aber kaum beim Angebot des mit der Lohnerhöhung belasteten Unternehmens wirksam wird.

Inkonsequenz

Wenn die Bundesregierung Kartellpreiserhöhungen auf dem Arbeitsmarkt von 8 % für volkswirtschaftlich unverkraftbar und daher unvertretbar hält, erntet sie Mißachtung und muß sich der Kartellmacht beugen. Wenn entsprechend den Lohnkostenerhöhungen Preiserhöhungen unabwendbar sind, wird den Unternehmern kriminelle Marktausbeutung und Lohnraub vorgeworfen.

Der mündige Bürger

Mündig ist der Bürger erst dann, wenn er sich über Lohnerhöhungen freut, ohne sich über Preiserhöhungen zu ärgern.

Lohn und Leistung

Die Leistung gerecht zu entlohnen, ist die vernünftige Grundforderung der Sozialpolitik. Phänomen dieser Debatte: Nur eine der beiden Vokabeln ist im Gespräch — der Lohn, nie die Leistung.

Hans Kasper, 1965

Schizophren

ist die Lage am Arbeitsmarkt, auf dem trotz einer statistischen Millionen-Arbeitslosenzahl Facharbeiter kaum zu finden sind.

> Schizophren ist diese Lage nur scheinbar! In Wirklichkeit ist sie ein Beweis dafür, daß das Marktwirtschaftsprinzip auf dem Arbeitsmarkt außer Kraft gesetzt worden ist. Wenn wegen der nivellierenden Tendenz der Kartellöhne und Steuern der Anreiz zu höherer Qualifikation geschwächt wird, fehlen Facharbeiter.

Zu guter Letzt

Der letzte Tarifvertrag mit den Gewerkschaften wird die Arbeitswoche derart verkürzen, daß ein Mann drei Jobs und dennoch freie Wochenenden haben kann.

Bob Talbert (Detroit), 1973

Arbeitgeberverbände: ursprünglich noch Gegengewichte

Die heutigen Arbeitskartelle (Kartelle der Nachfrager auf dem Arbeitsmarkt; nach heutigem Sprachgebrauch: Arbeitgeberverbände; der Verf.) verdanken ihre Existenz der jahrelangen Tätigkeit, zuweilen den Übergriffen der einzelnen Arbeiterorganisationen, nachdem nicht bloß Forderungen nach Lohnverbesserung und Verkürzung der Arbeitszeit, sondern auch wirtschaftlich irrelevante Forderungen, wie die nach Freigabe des 1. Mai, nach Entlassung mißliebiger Beamter, der Organisation nicht angehöriger Arbeiter usw. langwierige Kämpfe und Ausstände zur Folge hatten. Dem wohlorganisierten Streik gegenüber war das einzelne Unternehmen machtlos, und erst unter dem Drucke dieser Verhältnisse sehen wir ungefähr seit dem Jahre 1890 namentlich in Deutschland und teilweise auch in Österreich Arbeitskartelle entstehen.

Dr. Josef Grunzel: Über Kartelle, Leipzig 1902, S. 102

Gewerkschaftliche Tarifpolitik

darf sich niemals der formalen Logik volks- und betriebswirtschaftlicher Gesamtrechnungen unterordnen. Die Ergebnisse von Tarifverhandlungen sind das Resultat sozialer Auseinandersetzungen.

IG-Druck- u. Papier-Vorsitzender Mahlein, 1978

Organisierte Besitzstände

Wenn Herr Loderer (Chef der IG Metall; der Verf.) zum Kampf der Millionen gegen die Millionäre aufruft, verfehlt er die Menschen, die er zu vertreten vorgibt. Unser

132

Problem sind nicht die Millionäre, unser Problem sind die organisierten Besitzstände, die längst an die Stelle der Millionäre getreten sind.

Prof. Kurt Biedenkopf vor dem Wirtschaftstag '77 der CDU/CSU

Organisationsquote

ist das Verhältnis der in einem Verband organisierten Menschen, Berufsangehörigen, Unternehmen usw. im Verhältnis zur Gesamtzahl der in der betreffenden Berufsgruppe Tätigen. In der deutschen Industrie liegt die Organisationsquote durchschnittlich bei etwa 70 %, bei den Gewerkschaften bei etwa 40 %. Der Vertretungs a n - s p r u c h beider Interessengruppen steht jedoch im kraß umgekehrten Verhältnis. In der Industrie beschränkt man sich darauf, für die Belange der eigenen Mitglieder zu sprechen; die Gewerkschaften meinen dagegen, nicht nur für ihre 40 % Mitglieder, sondern ganz allgemein für den nicht selbständigen Menschen, ja sogar für den Menschen schlechthin sprechen zu sollen.

Alle Räder stillstehen lassen

Nirgends ist — außerhalb des Staates — mehr Macht angehäuft als bei den Gewerkschaften. Auf dem Arbeitsmarkt spielen sie die Rolle eines Monopolisten. Sie können als einzige Gruppe in unserer Gesellschaft wirklich »alle Räder stillstehen« lassen, wenn sie das wollen. In allen wichtigen Organisationen und Institutionen einschließlich der Parlamente sind sie vertreten, und sie fühlen sich stark genug, konjunkturpolitische Empfehlungen einer ihnen nahestehenden Regierung als eine Zumutung abzutun. Wer das Problem der Macht studieren wollte, fände hier einen mindestens ebenso dankbaren Gegenstand wie bei der wirtschaftlichen Macht.

Dr. Hans Otto Wesemann, 1971

Moderne Definition des Streikbrechers

Nachdem Gott die Klapperschlange, die Kröte und den Vampir geschaffen hatte, blieb ihm noch etwas abscheuliche Substanz übrig, und daraus machte er einen Streikbrecher. Ein Streikbrecher ist ein aufrecht gehender Zweibeiner mit einer Korkenzieherseele, einem Sumpfhirn und einer Rückgratkombination aus Kleister und Gallert. Wo andere ein Herz haben, trägt er eine Geschwulst räudiger Prinzipien. Wenn ein Streikbrecher die Straße entlang geht, wenden die Menschen ihm den Rücken, die Engel weinen im Himmel, und selbst der Teufel schließt die Höllenpforte, um ihn nicht hereinzulassen. Kein Mensch hat das Recht, Streikbrecher zu sein, solange es einen Tümpel gibt, der tief genug ist, daß er sich ertränken kann, oder solange es einen Strick gibt, der lang genug ist, um sein Gerippe daran aufzuhängen. Im Vergleich zu einem Streikbecher war Judas Ischariot ein Gentleman.

> Aus einer »Notzeitung Mainz-Wiesbaden«, hergestellt von der Gewerkschaft Druck und Papier (Nach: Die Welt, Nr. 61 vom 13. 3. 1978)

Rechtsstaatsdefinition des Streikbrechers:

von der Verfassung geschützter Außenseiter bei einem Angriffs- oder Abwehrstreik der Gewerkschaften.

Opposition

ist nicht gruppenfeindliche Haltung, sondern das in einer freiheitlichen Ordnung unerläßliche Korrektiv zu den jeweiligen Machtträgern.

Solidarität:

Angriffsstreik von Arbeitnehmern.

Handelsblatt: Bensch

Sollbruchstelle

Kumpanei:

(Daraufhin erfolgende) Abwehraussperrung durch Arbeitgeber.

Nach dem Stuttgarter IG-Metallchef Franz Stein-
kühler (»Der Spiegel« Nr. 10 v. 6. 3. 1978, S. 33)

Außenseiter:

eine Gesellschaft, die keine Außenseiter duldet, hat eine
schlechte Innenseite.

Thornton Wilder

Solidarität:

nicht selten ein Tarnwort für rücksichtslose Verfechtung
gruppenegoistischer Interessen.

Der wahre Streikadressat

Als ein ein- und weitsichtiger Gewerkschaftsfunktionär
verblüfft die Tatsache vernahm, daß der Staat, den er
bisher als Freund und Helfer der Arbeitnehmer wähnte,
40 % der von seiner Organisation erkämpften Lohnerhöhungen kassiert, daß 1970 23,3 Millionen Beschäftigte
35 Milliarden DM und 1978 22,3 Millionen Beschäftigte
(voraussichtlich über) 100 Milliarden DM Lohnsteuer
zahlen mußten bzw. zu zahlen haben, und daß die »Per-
fidie unseres Lohnsteuerstaates« *(Paul C. Martin)* so weit
geht, daß er im Jahre 1976 12,6 % und im Jahre 1977
11,2 % an Mehreinnahmen im Steuersäckel verbuchte,
beschloß besagter Gewerkschaftler, mit der bisherigen
Streikphilosophie zu brechen. Anstatt die wertvollen eigenen Arbeitsplätze zu bestreiken und damit die Arbeiter
in ihr eigenes Fleisch zu schneiden, setzte er durch, daß
Streikmaßnahmen von nun an allein gegen den neuen
Profitgiganten Staat zu richten seien.

»Wegrationalisierung« *) *von Arbeitsplätzen*

Ein VW-Käfer wurde durch Rationalisierungsmaßnahmen
so billig, daß 1976 rund 15 Wochenlöhne eines Industrie-
arbeiters zum Kauf ausreichten; 1950 waren noch 60 Wochenlöhne notwendig.

Für den Gegenwert eines Liters Milch mußte ein Arbeitnehmer vor 50 Jahren 20 Minuten arbeiten – heute
»kostet« ihn der Milchpreis einen Arbeitsaufwand von
sieben Minuten. Im gleichen Zeitraum sanken die Arbeits-
zeiten für ein Kilo Brot von 24 Minuten auf neun Minuten und für ein Ei von acht auf zwei Minuten.

*) Dieser Begriff wurde in der Debatte um die Arbeitsplatzsicherung
vollkommen denaturiert. Der ganze Fortschritt unseres Industrie-
zeitalters hat im »Wegrationalisieren« von Arbeitsplätzen be-
standen. Eine vernünftige Wirtschafts- und Lohnpolitik sorgte
dafür, daß – angesichts der Unendlichkeit des Bedarfs – immer
wieder neue Arbeitsplätze geschaffen werden konnten.

Vernichtung von Arbeitsplätzen anno 1836

Wenn auf Eisenbahnen 150 Zentner Güter täglich mit
einem Dampfwagen 25 Postmeilen zurücklegen können,
wozu man auf den jetzigen Landstraßen täglich 90 An-
spannpferde und zu deren Leitung 45 Menschen nötig hat,
so ist es unverkennbar, daß durch diese bedeutende Er-
sparnis Fuhrleute, Kutscher, Schmiede, Wagner, Sattler,
Seiler etc. der Vernichtung ihrer Gewerbe entgegen gehen.
Gastwirte und Brauer, Bäcker, Metzger, Müller p.p. werden durch die verminderte Consumtion der Lebensmittel
bedeutend verlieren, bis zuletzt der Landmann diesen
ganzen Verlust tragen muß, da er seine Landerzeugnisse
an jenen verödeten Landstraßen nicht mehr absetzen kann.

> Aus der im Jahre 1836 in Erlangen erschienenen
> Schrift »Ideen über die Eisenbahnen in Bayern
> und deren Gefahren für das Bayerische Vaterland
> und für ganz Teutschland«.

Vom Hauer zum Techniker

In den letzten 20 Jahren konnte die Kohleförderung durch Einsatz moderner Techniken drastisch rationalisiert werden. Der Abbau wurde immer stärker mechanisiert und konzentriert. Das Ergebnis: Mit einem Drittel der Belegschaft von 1957 wird heute pro Schicht und Mann mehr als die vierfache Menge Kohle im Streb gewonnen.

Jahr	Beschäftigte	Förderung je Mann und Schicht im Streb (kg)
1957	607 300	4 575
1960	490 200	5 949
1965	377 000	7 751
1966	333 800	8 447
1967	287 300	9 649
1968	264 000	10 916
1969	254 100	11 751
1970	252 700	12 493
1971	244 400	12 898
1972	220 600	14 035
1973	204 500	15 030
1974	204 900	15 164
1975	202 300	15 756
1976	196 400	16 961
1977	192 000 (Schätzung:)	18 000

Während der Kumpel früher schweißtriefend mit dem Preßlufthammer die Kohle aus den Flözen brechen mußte, ist er heute Maschinist, Techniker und Mechaniker, der den weitgehend ferngesteuerten Abbauprozeß nur überwacht.

Die Kehrseite: Allein die Errichtung eines Schachtes kostet 100 Mill. DM Kapital. Die Aushebung eines Bergwerks sogar 1 Mrd. DM Kapital. Frage an Antikapitalisten: Dient das Kapital den Kapitalisten zwecks Ausbeutung der Arbeiter oder zur Ausbeutung des »deutschen Goldes« ohne Knochen- und Schweißarbeit?

Innovation schafft Arbeitsplätze

70 Prozent aller Industriearbeiter arbeiten heute an Erzeugnissen, die es vor siebzig Jahren noch nicht gegeben hat. Die neuen Erzeugnisse haben somit Millionen neuer Arbeitsplätze geschaffen. Daher gilt die Mahnung: Wer Innovationen bremst, konserviert zwar vorübergehend Arbeitsplätze, gefährdet sie aber auf die Dauer. Denn mit veralteten Erzeugnissen und Verfahren kann man die Weltmärkte nicht halten, geschweige denn ausweiten.

Arbeitslosigkeit

läßt sich nicht kleinkriegen durch unterlassene Rationalisierungen, sondern nur durch neue Fabrikate.

Dr. Bernhard Plettner, Vorsitzender des Vorstandes der Siemens AG, 1978

Die Quittung

Wer Arbeitsplätze erhalten will, indem er Rationalisierung verbietet oder verlangsamt, der überläßt den Markt jenen Produzenten und Ländern, die sich an diese Regel nicht halten.

Walther A. Bösenberg, Vorsitzender der Geschäftsführung der IBM Deutschland GmbH, 1978

Selbstvernichtung

Falls ein Land versuchen wollte, aus dem Wettlauf der Rationalisierungen, der Produktionssteigerungen, des Wachstums auszusteigen, ohne sich zu versichern, daß seine Konkurrenten dasselbe tun, begeht es wirtschaftlichen Selbstmord und vernichtet damit auch die Grundlagen der Freiheit des einzelnen.

Peter Pawlowsky, Institut für Sozialwissenschaften, Basel (Mitteilungen der List-Gesellschaft 1967/68, S. 359)

139

Maschinenstürmerei

Der britische Gewerkschaftsfunktionär Charles Smith forderte mit der ganzen Wucht seiner Persönlichkeit und der Omnipotenz seiner Position öffentlich ein Gesetz zum Verbot von Rationalisierungs- und Innovationsinvestitionen, die Arbeitsplätze zu vernichten geeignet sind.

Entrüstet über diesen Maschinenstürmergeist entsandte der Chef der Gewerkschaft »Rationalisierungs- und Automationsindustrien« eine fauststarke Abordnung aus seinem Mitgliederkreis in die Privatwohnung des Fortschrittsmuffels Smith mit dem Auftrag, seinen Ölofen, seine Brotschneidemaschine, seine elektrische Kaffeemaschine, seine automatische Waschmaschine, seine Rasenmähmaschine und einige andere Geräte, die im Laufe der Jahre zur Erleichterung der Haushaltsfron der Frau des Gewerkschaftsfunktionärs angeschafft worden waren, zu zertrümmern.

Als Charles Smith den Erfolg dieser ruchlosen Tat vor sich sah, war er so erzürnt, daß er unter Bezugnahme auf das englische Gesetz aus dem Jahre 1812 *), das die Maschinenstürmerei (machine-breaking) mit dem Tode bedroht, die Aburteilung der Maschinenstürmer beantragte.

---

*) An Act for the more exemplary punishment of persons destroying or injuring any stocking or lace frames, or other machines or engines used in the framework knitted manufactory, or any articles or goods in such frames or machines (52 Geo III Cap. XVI) v. 20. 3. 1812. — Dieses Gesetz sah vor, daß jeder Täter, der gerichtlich überführt worden war, Spinnmaschinen oder mit Spinnmaschinen hergestellte Erzeugnisse zerstört bzw. zerschnitten zu haben, des schweren Verbrechens für schuldig befunden und zum Tode verurteilt wurde. — Anm. des Verf.: Obwohl dieses Gesetz nach den historischen Forschungen des Verf. nie angewandt und bereits zwei Jahre nach seinem Inkrafttreten außer Kraft gesetzt wurde, waren doch Geist und Motive, aus denen heraus es erlassen werden konnte, von schlimmer, sehr schlimmer Qualität. Gottlob haben die Arbeiter inzwischen erkannt, daß Maschinen die Grundlage ihres Wohlstandes sind und daß die Schumpeter'sche »Schöpferische Zerstörung« sowie die staatliche Sozialpolitik im allgemeinen wie die betriebliche Sozialpolitik im Speziellen den Gedanken an Maschinenstürmerei nicht mehr aufkommen zu lassen braucht.

Gewerkschaftsstürmerei

Die Gewerkschaftszentrale des Landes Syndicatia wurde von wütenden arbeitslosen Arbeitern gestürmt und zerstört, nachdem die Gewerkschaftsfunktionäre nach ihrer erfolgreichen Durchsetzung stark überzogener Lohn- und Arbeitsbedingungen, Streiks, Rationalisierungsschutzabkommen, Abstufungsbeschränkungen u. a. die Unternehmer in die Zwangslage versetzt hatten, ihre Betriebe durch Aufstellung von Robotern und sonstigen jobkillenden »Eisernen Gesellen« total zu automatisieren, um dem harten Wettbewerb weiterhin gewachsen zu sein. Als Folge der gewerkschaftlichen Fürsorge hatten die Arbeiter zwar die höchsten Tariflöhne der Welt und keine menschenunwürdige Arbeit mehr — mußten aber das unwürdige Dasein der Arbeitslosigkeit infolge gewerkschaftlicher Arbeitsplatzvernichtung erleiden.

Die Gewerkschaften

haben viel für ihre Mitglieder getan. Am meisten aber für die Automation.

Oliver Hassencamp

Post-gewerkschaftliche Gesellschaft:

ein Industriestaat, in dem die Gewerkschaften wegen totaler Automation des Produktions- und Verteilungsprozesses funktionslos geworden sind.

Was ist Ch'uzpe?

Wenn deutsche Arbeitnehmer der Kautschukindustrie auf Billig-Import-Reifen zu einer Demonstrationsveranstaltung für Arbeitsplatzsicherung und höhere Lohnforderungen rollen.

Hubert Pepsin

Billigimporte

— zum Beispiel aus Fernost — können dem Verbraucher Preisvorteile bieten. Sie können aber auch seinen Arbeitsplatz gefährden, wenn die Kalkulationen auf unvergleichbaren Grundlagen beruhen.

Josef Stoffels, Vorstandsmitglied Gesamtvertrieb der Grundig AG, Fürth

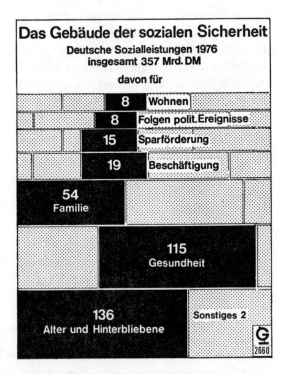

Das Gebäude der sozialen Sicherheit in der Bundesrepublik ist aus vielen Steinen gemauert. Der mächtigste und gleichsam das Fundament ist die finanzielle Sicherung der Erwerbstätigen im Alter und ihrer Hinterbliebenen. Insgesamt 136 Milliarden Mark waren dafür 1976 vorgesehen. Quelle: GLOBUS

142

Klippschüler-Kolleg

Wenn unsere Produkte nicht teurer sein dürfen als die der anderen, dann dürfen sie auch nicht mit höheren Kosten belastet werden.

> Bundeskanzler Helmut Schmidt zum Thema Wettbewerbsfähigkeit der deutschen Industrie auf einer Betriebsräte- und Personalrätekonferenz der SPD in der Dortmunder Westfalenhalle, 1977

Da stimmt was nicht!

Irgend etwas stimmt nicht, wenn in unserem System der Lohnfindung die Verhandlungspartner die Folgen ihrer Abmachungen für diejenigen, die als Arbeitslose draußen vor der Tür stehen, überhaupt nicht in ihr Kalkül zu ziehen brauchen.

> Dr. O. Emminger, Präs. d. Deutschen Bundesbank

Gewerkschaft:

Organisation, die dafür kämpft, daß immer mehr Menschen für immer mehr Geld immer weniger leisten.

> Michael Schiff

. . . nur eine Tagesreise vom Paradies entfernt!

»Hast Du schon gehört? Im Jahr 2000 soll nur noch mittwochs gearbeitet werden!«
»Was, den ganzen Tag?«

Doppelstrategie

In einem Kongreßhaus fanden gleichzeitig zwei Gewerkschaftsveranstaltungen statt. Die eine stand unter dem Motto »Arbeitsplatzvernichtung durch moderne Techniken«, die andere befaßte sich mit dem »müden« Unternehmer unter dem Leitwort »Die Unternehmer verschlafen neue technische Entwicklungen«.

143

Lohnrealitäten

In unserer Firma kostet eine Lohnminute hier in Fürth
40 Pfennige, in unserer Wiener Fabrik 33 Pfennige, in
England 28 Pfennige, in Portugal 18 Pfennige und in
Taiwan 6 Pfennige. Das sind die Realitäten.

> Max Grundig in einem Interview mit dem »Spie-
> gel« (Nr. 20 v. 15. 5. 1978) anläßlich seines 70.
> Geburtstages. — Kommentar des Verf.: Niemand
> wird dem deutschen Arbeiter seinen hohen Lohn
> mißgönnen, im Gegenteil, alle Bürger, die Unter-
> nehmer eingeschlossen, sind stolz auf die Tatsache,
> daß der Arbeiter bei uns fast 7mal soviel verdient,
> wie sein Kollege in Taiwan. Man muß aber an die
> deutschen Arbeiter, vor allem aber an ihre Ge-
> werkschaften die Frage richten dürfen, ob in
> Deutschland auch 7mal so lange und/oder so schnell
> und/oder so gut gearbeitet wird wie in Taiwan.
> Das kann bei gleichartigen Arbeitsverrichtungen
> schon aus der Natur der Sache heraus nicht der
> Fall sein. Da die spektakuläre Lohndifferenz nicht
> vom Himmel fällt, muß sie zwangsläufig die
> Kosten der deutschen Produktion belasten. Wenn
> die deutsche Produktion dennoch wettbewerbsfähig
> ist, so liegt das an den konstanten unternehmeri-
> schen Bemühungen, gemeinsam mit den heimischen
> Arbeitern durch Einsatz von Fachwissen und
> -können, Ideenreichtum, Fleiß und Dynamik die
> Kosten ständig zu senken und stets neue, »intelli-
> gentere« Produkte auf den Markt zu bringen. Das
> unerläßliche »Schmieröl« für den konstanten Inno-
> vationsprozeß ist aber der Gewinn! Erst wenn
> Arbeiter und Gewerkschaften bei uns diesen Zu-
> sammenhang voll erkannt bzw. anerkannt haben,
> werden sie dem Unternehmer weder seine Funk-
> tion noch seinen Gewinn mißgönnen, sondern im
> ureigenen Interesse für möglichst weitgehende
> Unternehmer- und Marktfreiheit eintreten.

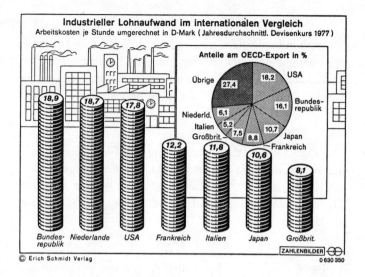

Industrieller Lohnaufwand im internationalen Vergleich
Arbeitskosten je Stunde umgerechnet in D-Mark (Jahresdurchschnittl. Devisenkurs 1977)

Anteile am OECD-Export in %

Übrige 27,4 — USA 18,2 — Bundesrepublik 16,1 — Japan 10,7 — Frankreich 8,8 — Großbrit. 7,5 — Italien 5,2 — Niederld. 6,1

| Bundesrepublik | Niederlande | USA | Frankreich | Italien | Japan | Großbrit. |
| 18,9 | 18,7 | 17,8 | 12,2 | 11,8 | 10,6 | 8,1 |

© Erich Schmidt Verlag

ZAHLENBILDER

0 630 350

Die Wettbewerbsfähigkeit der deutschen Wirtschaft ist gefährdet, denn sie produziert im Vergleich zu den Hauptkonkurrentenländern mit den höchsten Arbeitskosten. Zu diesem Ergebnis kommt das Institut der deutschen Wirtschaft (IW) aufgrund einer Hochrechnung der Stundenverdienste und der Personalzusatzkosten in der verarbeitenden Industrie. In der Bundesrepublik beliefen sich 1977 die Arbeitskosten je Stunde auf 18,92 DM. Zu Devisenkursen von 1977 umgerechnet und auf DM bezogen lagen die entsprechenden Werte in den USA bei 17,76 DM, in Japan bei 10,57 DM und in Großbritannien bei 8,09 DM. Damit ist insbesondere die japanische Konkurrenz preislich nach wie vor drückend, während Großbritannien seine niedrigen Arbeitskosten infolge schlechter Arbeitsdisziplin (Streiks) und wegen Qualitäts- und Serviceproblemen nicht entsprechend in die Waagschale werfen kann.

Lohnerhöhungen

über den Produktivitätszuwachs hinaus sind eine soziale Fehlkalkulation der Gewerkschaften, denn sie bewirken eine bessere Beteiligung der Arbeiter an einem schlechteren Unternehmen.

145

»Meine Kinder fordern von mir Süßigkeiten«

Meine Kinder fordern von mir jeden Tag schon frühmorgens Süßigkeiten, am liebsten fünf Eis, wenn es warm ist, und abends auch noch ein sechstes. Wer hat denn da die Schuld? Die Kinder, weil sie die Forderung stellen, oder ich, wenn ich den Weg des geringsten Widerstands gehe, weil ich meine Ruhe haben will . . .

Die Gewerkschaftsfunktionäre der IG Chemie sind doch heute fast so etwas wie unvernünftige Kinder geworden. Ich kann mir überhaupt nicht vorstellen, wie ein normaler Mann aus der Branche solche Forderungen überhaupt noch stellen kann.

(Lebhafter Beifall)

Es kommt nicht auf Ihre (gemeint sind die Vorstandsmitglieder) schönen Willensbekundungen an, sondern letztlich darauf, was Sie unterschreiben. Wenn Sie weiterhin den Weg des geringsten Widerstands gehen wollen und diese Lohnforderungen akzeptieren, dann, so prophezeie ich Ihnen, verspielen Sie Ihre Zukunft, dann verspielen Sie in der Zukunft die gesunde Basis, welche die Techniker, die Arbeiter und die Angestellten mit diesen sehr guten Reifen und auch mit den sehr guten sonstigen Artikeln geschaffen haben.

> Der Aktionärsvertreter Anschütz auf der Hauptversammlung 1978 der Continental Gummi-Werke AG, Hannover

Ich bin ein Freund der Gewerkschaften,

nicht zuletzt deswegen, weil ich selbst Lohnabhängiger bin. Dank meiner spezifischen Tätigkeit sehe ich aber die unabdingbaren Grenzen der Gewerkschaftsfunktion in einer freien Wirtschaft.

> Verf. im „Handelsblatt" Nr. 105 vom 5. 6. 1975

DIE IM GLASHAUS
DER SUPERMACHT SITZEN:
DAS GESPENST DES
GEWERKSCHAFTSSTAATES

Ein persönliches Bekenntnis

Aufgrund meiner Herkunft und meiner Jugenderlebnisse in und um einen größeren, in ländlicher Gegend angesiedelten Industriebetrieb und meiner späteren jahrzehntelangen Erfahrungen in der Wirtschaft steht mir der letzte Hoffeger menschlich näher als der »topeste« Manager. Das schließt nicht aus, daß es nach meiner Überzeugung in allererster Linie dieser ist, der die Dinge vorantreibt, der Technik und Wirtschaft ganz wesentlich gestaltet, kurzum, der die unentbehrliche, zentrale Gestalt der Marktwirtschaft ist. Insoweit schätze ich auch ihn und trete leidenschaftlich dafür ein, daß sein Freiheitsraum möglichst groß bleibt.

Was nun meinen Freund, den Hoffeger, anbelangt, so trete ich ebenfalls nachdrücklich dafür ein, daß er, wenn er die Fähigkeit und den Willen dazu hat, möglichst bald selbst Topmanager wird! Die Kosten seiner Ausbildung sollte er entweder mit seinen eigenen Mitteln, denen seines Unternehmens oder seiner Gewerkschaft oder des Staates bestreiten. Was ich aber strikt ablehne, ist eine Solidarisierung von Hoffegern mit dem Ziel, jemand aus ihren Reihen, gar unter Hinzuziehung externer Hoffeger oder ihrer akademischen »Betreuer«, sprich: Gewerkschaftsfunktionäre, ohne die entsprechende Ausbildung und Qualifikation in den Aufsichtsrat oder in den Vorstand zu bugsieren und Unternehmer zu spielen!

Mitbestimmen kann nur der, der »mitweiß« und »mitkann«. Da aber unser Leben immer komplizierter und die Ansprüche an die Führung immer größer werden, kann unmöglich jeder x-beliebige Fremdbestimmer die sachlichen Voraussetzungen zur Mitbestimmung in internen Unternehmensentscheidungen mitbringen. Wenn jemand mitreden will, ohne mitleisten zu müssen und Mitverantwortung zu tragen, erweckt das in mir größte Skepsis.

Eines setzt mein Standpunkt allerdings voraus: die Führungshierarchie im Unternehmen muß voll »durchlässig« sein. Der Aufbau der Entscheidungspyramide darf sich also immer weniger auf Tradition, Vererbung, »Beziehungen« oder Anciennität stützen, sondern er muß auf Können, Leistung und Führungsqualifikation fußen.

> Aus: »Unternehmerwirtschaft in der Krise? Statt ›Systemüberwindung‹ Herausforderung an die Unternehmerschaft zur Krisenüberwindung und zur Mitgestaltung einer ›Humanwirtschaft‹.« Als Denkschrift für die Gratulanten zum 60. Geburtstag des Verf. erweitertes Referat vor dem Handelsverein Leer e.V. am 27. 9. 1971

Das Gespenst

Auf den Geisterbahnen der politischen Kirmesplätze unserer Tage wird immer ein Gespenst herausgeputzt: das Gespenst des Gewerkschaftsstaates.

> Der DGB-Chef Heinz Oskar Vetter (»status«, 3/78, S. 30)

Das Monopol der zentralistischen Gewerkschaften

überragt alle anderen an Gefährlichkeit durch seine alles durchdringenden Wirkungen, als deren verhängnisvollste der Inflationsdruck unserer Zeit hervorzuheben ist.

> Prof. Wilhelm Röpke, einer der geistigen Mitschöpfer der Sozialen Marktwirtschaft, (bereits!) 1958

Verlegung des Vatikans

Die Unfehlbarkeit des Papstes scheint von Rom nach Düsseldorf*) ausgewandert zu sein.

> Der CDU-Abg. Dr. Norbert Blüm, 1978

---

*) Sitz des Deutschen Gewerkschaftsbundes

Gewerkschaftsstaat?

Ich bedaure, daß die Gewerkschaften so viel ihres Rufes auf die Mitbestimmung gesetzt haben. Es ist nicht mehr zu ändern. Kompromisse sind auszuhandeln. Wie immer sie ausfallen: sie werden dazu führen, daß die Wirtschaft eines Tages von den Gewerkschaften geführt wird. Parlament und Parteien werden machtlos sein. Nur Selbstbeschränkung der Gewerkschaften könnte das abwenden. Wann aber hätte je eine Macht, gar eine solche fast absolute wie die der Gewerkschaft, sich selbst beschränkt?

Gerd Bucerius in »Die Zeit« Nr. 19 v. 4. Mai 1973

Gewerkschaftsstaat

Der Währungstheoretiker Prof. *Albert Hahn* bezeichnete die Gewerkschaftsverbände wegen ihrer überzogenen Lohnforderungen und der dadurch ausgelösten Inflationierung als »Herren der Herren der Währung«. Mit ihren Forderungen zur paritätischen und schließlich zur überparitätischen Mitbestimmung werden die Gewerkschaften zu »Herren der Herren der Wirtschaftsordnung«. Beides zusammen macht die Gewerkschaftsverbände nicht nur zu einem »Staat im Staate«, sondern zu einem »Staat über dem Staate« (so die Balkenüberschrift einer Pressenotiz anläßlich eines ÖTV-Streiks im Februar 1974).

Durchgangsphase zum Gewerkschaftsstaat?

Notwendig ist (für die Sozialpartnerschaft) die gegenseitige Anerkennung als Partner. Das impliziert, sich selbst als Teil und nicht als das Ganze zu sehen ...
Tarifverträge sind Verträge zu Lasten Dritter . . . Das Problem der Gemeinwohlbindung der Tarifautonomie ist ungelöst ...
... die Macht der Arbeitgeber nimmt seit Jahrzehnten ab, ... die Macht der Gewerkschaften wächst seit Jahr-

zehnten. Vielleicht ist daher der Sozialpartnerstaat von heute nur Durchgangsphase zwischen dem Unternehmerstaat von gestern (»ein Traum der Vergangenheit«) und dem Gewerkschaftsstaat von morgen.

> Prof. Horst Sanmann, im Artikel »Sozialpartner«, Handwörterbuch der Wirtschaftswissenschaft (HdWW), S. 55/58

Ein Gewerkschaftsstaat

ist vollkommen, wenn die Gewerkschaften mit Glacéhandschuhen und die Unternehmer mit der Axt behandelt werden.

Der Besitz

interessiert mich überhaupt nicht. Was mich interessiert, ist das Verfügungsrecht über den Besitz.

> Heinz Oskar Vetter

Der neue Papst

Niemand braucht mehr den Papst zum Vetter,
seit man den Vetter zum Papst machte.

> Ron Kritzfeld

Nicht kleckern — klunckern!

Wir können die gesamte Energiezufuhr abschalten.

> Der ÖTV-Vorsitzende Heinz Kluncker, 1974

Umweltverschmutzung, eine sehr wirkungsvolle Maßnahme.

> Der ÖTV-Vorsitzende Heinz Kluncker über einen Streik der Müllabfahrer, 1974

Dann gehen aber in Deutschland die Lichter aus.

> ÖTV-Vorsitzender Heinz Kluncker zur Diskussion um die Beschneidung des Streikrechts im Öffentlichen Dienst

Das organisierte Chaos.

> Titel eines Fernsehberichts (13. 2. 1974), in dem die straff organisierten Streiks im Öffentlichen Dienst zwecks Lahmlegung des öffentlichen Lebens behandelt wurden

Mitbestimmung als Anfang

Genau gesehen, liegt's am System,
laßt uns den Kampf beginnen,
wenn wir die Herren heißen geh'n,
erst dann wird unser Leben schön.
Der Anfang: Mitbestimmen.

> Aus dem in Gymnasien verwendeten Textheft »Arbeitswelt und Literatur« von Harald Riebe (»Die Welt«, Nr. 14 vom 17. 1. 1978)

Mitbestimmung — Verleugnung der Gewerkschaftsaufgabe

Die zentrale Aufgabe der Gewerkschaften ist, die Interessen der Arbeitnehmer zu vertreten. Wenn sie die Kontrolle der Wirtschaft übernehmen wollten, dann würden sie an den Punkt kommen, wo sie sich überlegen müßten, ob sie nicht ihre eigene Aufgabe verleugnen oder aufgeben. Wer den Gewerkschaften, den Arbeitnehmerorganisationen, die Kontrolle der Wirtschaft geben will, der macht sie zu einem öffentlichen Organ. Das führt zu einem Gewerkschaftsstaat, der mit echter, freier Demokratie, zu der wir uns bekennen, nichts mehr zu tun hat.

> Der damalige Wirtschaftssprecher der SPD, Dr. Heinrich Deist, auf dem SPD-Parteitag in Stuttgart am 21. Mai 1958.

Mitbestimmung oder Fremdbestimmung?

Wer über mehr als über seine eigene Leistung und sein eigenes Geld bestimmen will, fordert nicht Mitbestimmung, sondern Fremdbestimmung.

153

Nicht vorstellbar

Ich kann mir nicht vorstellen, daß der wirtschaftliche Erfolg eines Unternehmens dadurch größer wird, daß Gewerkschaftler dem Management dreinreden.

Benjamin A. Sharman, führender Vertreter der amerikanischen Gewerkschaften AFC-CIO, 1977

Mitbestimmung — völlig nachrangig!

Eine Umfrage im Sommer 1977 ergab, daß die Mitbestimmung bei der Bevölkerung und auch bei den Gewerkschaftsmitgliedern mit 9 % als völlig nachrangiges Ziel gewerkschaftlichen Strebens aufgefaßt wird. (An der Spitze stand mit 51 % die Beseitigung der Arbeitslosigkeit.)

Natürliche Mitbestimmung

Wenn nur knapp 500 Menschen einen vollautomatisierten Betrieb »fahren«, der 500 Millionen DM gekostet hat, dann beträgt die Investition pro Mitarbeiter eine runde Million DM. In einer solchen Struktur wäre das herkömmliche hierarchische Schema von Befehl und Gehorsam, Anweisung und Ausführung nicht nur undemokratisch — es würde nicht funktionieren. Deshalb wird von Dow-Mitarbeitern gefordert: mitdenken, selbst entscheiden, Verantwortung tragen, Teamgeist zeigen, sich ständig weiterbilden.

Aus: Thilo Koch, Bemerkungen zur offiziellen Inbetriebnahme des Werkes Stade der Dow Chemical GmbH, 17. Mai 1973

Die paritätische Mitbestimmung

ist heute das Vehikel zur Eroberung der Macht über die Wirtschaft. Sie würde zur Vormacht der Sozialisten führen.

W. Hertz-Eichenrode, 1973

Mitbestimmung

ermöglicht, daß jeder die Schuld auf die anderen schieben kann.

Ein Unternehmen

sieht sich von unten ganz anders an als von oben.

> Ein Unternehmer, der ganz unten angefangen hat

Opportunistischer Vater zu seinem Sohn:

Studiere irgend etwas — möglichst etwas Wirtschaftliches —, dann gehe zur Gewerkschaft und heule mit den Mitbestimmungs-Wölfen, und Du hast ausgesorgt.

> Blick durch die Wirtschaft vom 22. 5. 1974

Demokratie im Betrieb

In Großbritannien sind im letzten Jahr weniger Arbeitsstunden durch Streiks verlorengegangen als in der Bundesrepublik durch Betriebsversammlungen im Zusammenhang mit dem neuen Mitbestimmungsgesetz.

> Dr. Johann Heinrich von Brunn, (seinerzeit) Präsident des Verbandes der Automobilindustrie, Febr. 1978

Die wesentliche Aufgabe

der Gewerkschaften ist ihr Einsatz für eine größere Arbeitsdisziplin.

> Wer das gesagt hat? Kein Großkapitalist, kein Unternehmer-Verbandssprecher — sondern ein »Held der Arbeit«: der Chef der KPdSU, Leonid Breschnew

Mitbestimmung,

in short, is a very German way of doing things.

> Financial Times

Vernichtungswettbewerb:

gezielter Wettbewerb marktstarker Unternehmen gegen einzelne marktschwache Unternehmen, mit der Absicht, unter Schonung der eigenen finanziellen Mittel diese zu vernichten, um hernach den Markt insgesamt zu beherrschen. (Nach dem deutschen Kartellgesetz verboten!)

Vernichtungsstreik:

gezielte Schwerpunktstreiks monopolistischer Gewerkschaften gegen einzelne Unternehmen mit der Absicht, unter Schonung der eigenen finanziellen Mittel die Unternehmer am Arbeitsmarkt insgesamt in die Knie zu zwingen. (Nach der deutschen Tarifautonomie zulässig!)

Rohrbruch im Keller

Es ist tatsächlich so, daß wir nach dem Klempner rufen, weil der Wasserhahn tröpfelt, aber den Rohrbruch im Keller übersehen. In der Bundesrepublik kontrollieren wir auf den Waren- und Dienstleistungsmärkten nach dem wettbewerbswirtschaftlichen Grundsatz der Auflösung und Kontrolle der Macht nahezu alles. Die Kartellnovelle wird diese Kontrolle sogar noch verschärfen. Es gibt indessen Machtzusammenballungen, die dem Gesetz gegen Wettbewerbsbeschränkungen nicht unterliegen.

> Der frühere Präsident des BKartA Prof. E. Günther im »Handelsblatt« vom 1. März 1972

Unredliche Wettbewerbspolitik

Jedermann weiß, wen *Günther* meint, wenn auch er sich scheuen muß, Namen zu nennen. Dieses Problem nicht anzusprechen, ist auch eine der großen Unredlichkeiten unserer Wettbewerbspolitik.

> Hans Mundorf in einem Kommentar zur vorbezeichneten Äußerung im »Handelsblatt«

156

Kartellkontrolle für die Gewerkschaften

Ich schätze die Gewerkschaft als Ordnungsfaktor, aber ihr Einfluß hat überhand genommen und wird sich auf lange Sicht auch kontraproduktiv für die Arbeitnehmer auswirken. Es wäre nicht mehr als fair, die Machtzusammenballung der Gewerkschaft der Kartellamtskontrolle zu unterziehen, wie das auch bei der Wirtschaft gehandhabt wird.

> Der Schweizer Unternehmer Dr. h. c. Dipl.-Ing. E. h. Max Schmidheiny (»Die Welt« Nr. 116 vom 22. 5. 1978)

Asymmetrische Ordnungspolitik

Die beiden Friseure eines Dorfes wurden kürzlich bestraft, weil sie im Anschluß an gestiegene Lohnkosten abgesprochen hatten, ihre Preise für das Haarschneiden zu erhöhen. — Ein führender Gewerkschaftler im Jahre 1970 vor Kartellverhandlungen betr. den Arbeitsmarkt (Tarifverhandlungen): Ich orientiere mich jederzeit nur nach den augenblicklichen Wünschen der Mitglieder, und alle Bemühungen der Regierung und anderer Stellen sind für mich kein Datum.

Herrschaft der Funktionäre durchleuchten

Die »Herrschaft der Bosse« (Unternehmer) zu kritisieren, ist bei uns längst zur ermüdenden Routine geworden. Um sie denunzieren zu können, folgt man ihnen ohne Scheu — auch unter falschem Namen — in ihre intimsten Bereiche. Wo aber ist die kritische Instanz, welche die Herrschaft der Funktionäre durchleuchtet? Eine solche Kritik wäre mal was Neues, hiermit könnte sich die räsonierende Intelligenz um Gemeinwohl und Demokratie in unserem Lande verdient machen.

> Prof. Karl Steinbuch in: »Die Bürokratie und der selbständige Mensch«, »Welt«, Nr. 181 vom 6. 8. 1977

Ein Gewerkschaftsstaat

ist ein Staat, in dem die Gewerkschaften die Richtlinien der Politik bestimmen, die der Regierungschef als Richtlinien der Politik bestimmt.

Die Entwicklung zum Gewerkschaftsstaat

vollzieht sich um so schneller, je mehr die Anpassungselastizität der Unternehmer den Machthunger der Gewerkschaften überrundet.

Ordnungspolitischer Eiertanz

Bundeswirtschaftsminister *Otto Graf Lambsdorff* in einem »Welt«-Interview (Nr. 300 v. 24. 12. 1977) zum Arbeitsmarkt:

Die Tarifparteien sind souverän. Wir können sie mit unseren eigenen Überlegungen bekanntmachen. Das geschieht spätestens im Jahreswirtschaftsbericht. Sie können sich an diese Überlegungen halten, und sehr oft haben sie es getan. Aber wir können und wollen sie nicht dazu zwingen, und wer etwas von politischer Psychologie weiß, der wird ihnen auch keine barschen öffentlichen Ermahnungen zurufen, die nur zu leicht Abwehrreaktionen herausfordern. Auch die Tarifvertragsparteien können rechnen — sogar sehr genau. Sie wissen mit der Vorlage der Zielproduktion der Bundesregierung, was wir für vertretbar halten und was nicht. Aber es verträgt sich mit der Tarifautonomie wohl nicht, wenn wir ihnen öffentlich eine Meßlatte präsentieren, die fast zwangsläufig als Untergrenze für Abschlüsse angesehen wird. Ich halte es für deutlich genug, wenn wir den Tarifparteien sagen, daß es nach Ansicht der Bundesregierung darauf ankommt, den sehr engen Pfad zu finden, der die konjunkturpolitisch erwünschte Nachfragestärkung erlaubt, ohne zu beschäftigungs- und stabilitätspolitisch unerwünschten Folgen für Kosten- und Wettbewerbsfähigkeit der deutschen Wirtschaft zu führen.

> Verehrter Leser! Könnten Sie sich eine Antwort etwa folgenden Inhalts des Bundeswirtschaftsministers vorstellen?: Der Krebsschaden unserer marktwirtschaftlichen Ordnung liegt darin, daß nicht alle Märkte konsequent dem gleichen Ordnungsprinzip unterworfen sind. Freiheit — und damit auch Marktfreiheit — ist aber unteilbar! Und so habe ich mich als der für die Ordnungspolitik verantwortliche Bundesminister entschlossen, im Bundestag dafür einzutreten, daß die gewerblichen Märkte ordnungspolitisch den Arbeitsmärkten (auf denen die Marktbedingungen »souverän« — s. oben — ausgehandelt werden) gleichgestellt werden. Kartelle, Kooperationen, Vertikalabsprachen, marktbeherrschende Unternehmen usw. brauchen sich somit in ihrem Marktverhalten nur noch an unseren Zielprojektionen zu orientieren — oder aber auch nicht, wenn sie es nicht wollen.

Der Weg in die Knechtschaft

Hat eine Reform unseres Arbeitsrechts in dem hier vorgetragenen Sinn (staatliches Schiedsverfahren im Falle potentieller Durchsetzung von Löhnen, welche die Produktivität überschreiten; der Verf.) politisch Aussicht auf Verwirklichung? Diese Frage muß, darüber darf man sich keiner Täuschung hingeben, heute eindeutig verneint werden. Der Zustand unserer politischen Institutionen (Parteien, Bundestag, Bundesregierung), ihre Abhängigkeit von den großen Machtgruppen der pluralistischen Gesellschaft, macht die Durchsetzung neuer, langfristig am Gemeinwohl orientierter Konzeptionen nahezu unmöglich. Hinter einer Flut immer umfangreicherer Gesetze, die jeweils ein Loch stopfen sollen und zwei neue aufreißen, hinter einer immer größeren Aufblähung des staatlichen Apparats und der öffentlichen Ausgaben verbirgt sich eine immer schwächer werdende Kraft der Gemeinschaft. Hier liefert eine mißverstandene »Tarifautonomie« den Politikern einen nur allzu willkommenen Vorwand, sich jeder Verantwortung für unbequeme Entscheidungen zu entziehen. Am Ende dieser Entwicklung mag dann ein Staat stehen, in dem es weder Wettbewerb noch Monopolkampf, weder Gewerkschaften noch Arbeitgeberverbände, weder Streik noch Aussperrung gibt. Aber das wird kein freiheitlich-demokratischer Rechtsstaat mehr sein. Hoffen wir, daß es noch nicht zu spät ist, den »Weg in die Knechtschaft« (F. A. von Hayek) zu verlassen.

> Prof. Harold Rasch, in »Wirtschaft und Wettbewerb«, 1978, S. 264. — Kommentar des Verf.: Während also einerseits die Fortführung der derzeitigen »Politik« den »Weg in die Knechtschaft« bedeutet, muß andererseits die Chance einer Reform unseres Arbeitsrechts »heute eindeutig verneint werden«. Womit wohl logischerweise der Beweis für die »Unregierbarkeit« unseres demokratischen Gemeinwesens erbracht wäre . . . ?

Mitbestimmung zum Nulltarif

1. **Aus der Sicht des Kapitaleigners:**

   wenn Gewerkschaftler als Aufsichtsratsmitglieder über die Verwendung von Kapital (= »geronnener Arbeit«) Mitbestimmung ohne gleichzeitig Mitverantwortung bzw. Risiko-Übernahme ausüben.

2. **Aus der Sicht des Gewerkschaftlers:**

   wenn Gewerkschaftsvertreter, die als Arbeitnehmervertreter in den Aufsichtsrat von Unternehmen berufen worden sind, ihre Aufsichtsratsbezüge auf Heller und Pfennig an die Gewerkschaft abführen müssen.

160

Hör zu, mein Junge: Du machst Dir bei niederer Arbeit erst gar nicht die Hände schmutzig, sondern steigst sogleich zielstrebig in die höhere Arbeit der Mitbestimmung bei der niederen und höheren Arbeit auf.

Gewerkschaftsstaat — oder nicht?

Helmut Schmidt, Bundeskanzler	ÖTV
Hans Apel, Verteidigungsminister	IG Metall
Herbert Ehrenberg, Arbeitsminister	IG Bau-Steine-Erden
Egon Franke, Innerdeutsche Beziehungen	Holz und Kunststoff
Kurt Gscheidle, Bundespost und Verkehr	Deutsche Postgewerkschaft
Dieter Haack, Bauminister	ÖTV
Volker Hauff, Forschungsminister	Handel, Banken, Versicherungen
Antje Huber, Gesundheitsminister	Erziehung und Wissenschaft
Hans Matthöfer, Finanzminister	IG Metall
Rainer Offergeld, Entwicklungsminister	ÖTV
Jürgen Schmude, Bildungsminister	ÖTV
Hans-Jochen Vogel, Justizminister	ÖTV

Übrig bleiben nur noch 4 FDP-Ministerien, die nicht in DGB-Hand sind! Gewerkschaftsstaat oder nicht? Die Antwort dürfte nicht schwerfallen*).
(Nach: Mittelstands-Magazin 7/8, 1978, S. 5)

---

*) Anmerkung des Verf.: Nicht so sehr die Tatsache, daß das Gros der Bundesminister irgendeiner Gewerkschaft angehört, könnte darauf schließen lassen, daß wir bereits in einem »Gewerkschaftsstaat« leben, sondern die Vorstellung, daß ein wütender Sturm gewerkschaftlicher, politischer und medienpublizistischer Entrüstung gegen den »Unternehmerstaat« losbrechen würde, wenn eine ähnlich gleiche Anzahl Bundesminister Unternehmer oder Unternehmensvertreter wären.

KONJUNKTURFORSCHER:
MODERNE HOFASTROLOGEN

Prophezeiungen

sind eitel doch, ich seh' es, und der Lügen voll.

Euripides (um 480—406 v. Chr.)

Das Dilemma

Die alten Propheten sind tot und die neuen verstehen nichts.

Volksmund

Ein moderner Prophet

ist ein Mann, der in lichten Momenten dunkle Ahnungen hat.

Tennessee Williams

Heilsamer Mangel

Aus Mangel an Instrumenten ist die schweizerische Konjunkturpolitik gekennzeichnet gewesen durch ein hohes Maß an Stetigkeit. Insofern kann man heute fast sagen: Gott sei Dank, daß es nicht so viele Instrumente gibt.

> Dr. Peter G. Rogge, Verwaltungsratspräsident der Prognos AG, Basel (»bilanz«, Schweizerische Wirtschaftsrevue Nr. 2/78, S. 14)

Die Wirtschaftswissenschaft

hat immer ganz genau gewußt, wie man die letzte Krise hätte bekämpfen sollen.

Prof. Wolfram Engels, 1977

Die Zukunft
ist auch nicht mehr das, was sie einmal war.

> Ein Konjunkturforscher, der geglaubt hatte, daß man die jährlichen Zuwachsraten der Wirtschaftswunderzeit arithmetisch bis zum Jahre 2000 fortschreiben könnte — und der bereits im Jahre 1974 mit seinem Latein am Ende war.

Seltsam

ist Prophetenlied,
doppelt seltsam,
was geschieht.
                                                    Goethe

Nichts Wahres

läßt sich von der Zukunft wissen.

Friedrich Schiller: Braut von Messina

Zukunftsforschung

das ist die Kunst, sich zu kratzen, bevor es einen juckt.

Der britische Schauspieler Peter Sellers, 1970

Wirtschaftsprognosen

sind wie Wetterprognosen: Alle halten sich daran, nur das
Wetter nicht.

Prophetenverbrennung

Ein englisches Gesetz aus dem Jahre 1667, wonach Wetter-
propheten bei Falschdiagnosen öffentlich verbrannt werden, wurde im Jahre 1978 aufgehoben.

> (Ganz England ist der Meinung, daß nicht der ge-
> ringste Grund für die Abschaffung dieses Gesetzes
> bestand)

Fiktionen

Gigantische statistische Fiktionen unserer Zeit.

> Dr. Volkmar Muthesius über die Zahlengebäude
> der Konjunkturpolitiker und Globalsteuerer

Der Weitblick

mancher Leute besteht darin, die nächsten Probleme zu
übersehen.

Wolfgang Eschker

50prozentige Genauigkeit

Konjunktur ist bekanntlich zu 50 Prozent Mathematik und zu 50 Prozent Psychologie. Da Ökonometriker zwar gute Mathematiker, aber schlechte Psychologen sind, stimmen ihre Prognosen höchstens zur Hälfte.

Nullwachstum

ist immer noch besser als gar keins.

> Ein angesehener Bonner Konjunkturpolitiker mit Würde erheischender und Zuversicht ausstrahlender Miene bei der Kommentierung eines neuen Konjunkturberichtes

Vorzüglich treffsicher

Rückblickend ist man klüger, sagte der Konjunkturökonometriker und erhielt tosenden Beifall für diese seine erste treffsichere Aussage.

Ökonomische Qualifikation

Ein Ökonometriker erhielt lebhaften Beifall für seine ökonomische Qualifikation, als er sich gegen den Vorwurf, er habe sich bei seiner Prognose total geirrt, mit dem Argument verteidigte, seine Prognose stimme sehr wohl, nur die Verhältnisse hätten sich verändert.

»Ich weiß, daß ich nichts weiß!«

bekannte ein ehrlicher Wirtschaftswissenschaftler angesichts seiner intellektuellen Rat- und Hilflosigkeit gegenüber denjenigen Phänomenen, welche die Quintessenz seines beruflichen Wirkens ausmachen sollten: Weltinflation, Lohnexplosion und Staatserosion.

Kraftlos — daher zeitfern

Manche Futurologen vermitteln den Eindruck von Menschen, die nicht die Neigung, Fähigkeit oder Kraft verspüren, die ungeheuren Gegenwartsaufgaben zu sehen oder zu meistern, und die es daher vorziehen, sich in zeitfernen Spekulationen zu ergehen, in der Erwartung, daß sie verstorben sein werden, wenn die behaupteten oder ersehnten mit den tatsächlichen Entwicklungen konfrontiert werden können.

Kurz-, mittel- und langfristig

Einem Konjunkturprognostiker, der sich infolge des Stresses ständiger Fehlprognosen ein schweres Magenleiden zugezogen hatte, gab der Arzt den dringenden Therapierat: Machen Sie kurzfristig Urlaub, beschäftigen Sie sich mittelfristig nicht mit Zahlen und versuchen Sie langfristig, einen anderen Beruf auszuüben.

Fünf Professoren — sechs Antworten

Der britische Handelsminister *Runciman* hat anfangs der dreißiger Jahre einmal gesagt: »Wenn ich über eine bestimmte wirtschaftliche Frage Klarheit gewinnen will und wenn ich, um zu dieser Klarheit zu kommen, die fünf berühmtesten Wirtschaftswissenschaftler Großbritanniens zu mir berufe, darunter den allerberühmtesten, Lord Keynes, — und wenn ich dann diesen fünf Geistesgrößen meine präzise Frage vorlege, dann erhalte ich sechs verschiedene Antworten, darunter zwei von Prof. *Keynes*.«

> Nach Volkmar Muthesius, Geist und Geld, 1961, S. 123

Die Meinung des Weisen

Denke niemals an die Zukunft, sie kommt früh genug.

> Albert Einstein

Handelsblatt: Bensch

Wissenschaftliche Assistentin

Der Kern des Problems

ist, daß wir über die Zukunft, über die Pläne der Menschen und was diese veranlaßt, ihre Pläne zu ändern, zu wenig wissen und zu wenig wissen können.

> Jahresgutachten 1977/78 des Sachverständigenrats, S. III

Wie die sieben blinden Zwerge

Unter uns Innovationsforschern geht das Bonmot um, daß wir den sieben blinden Zwergen gleichen, deren Aufgabe es ist, die Gestalt eines schlafenden Elefanten zu ertasten. Der Zwerg am Rüssel sagt, der Elefant ist eine Art Schlange; der am Fuße sagt, es sei wohl eher ein Baumstamm; und der an den Ohren tastet, behauptet, es sei wohl eher eine Kreuzung von Adler und Fledermaus.

> Prof. Gerhard Mensch in: »Das technologische Patt«, Frankfurt a. M. 1975, S. 131

Propheten

wimmeln stets in trüber Zeit hervor.

> Johann Peter Uz (1768)

Prognose-Narreteien

Der Dummkopf beschäftigt sich mit der Vergangenheit,
der Narr mit der Zukunft,
der Weise aber beschäftigt sich mit der Gegenwart.

> Der französische Moralist Chamfort (1741—1794)

Gedankenlose Schreiberlinge

Der schlechte Schüler schreibt ab, die Statistik schreibt nach, der Prognostiker schreibt fort — und alle schreiben, ohne zu denken.

Die Zukunft

ist die Ausrede aller jener, die in der Gegenwart nichts tun wollen.

Harold Pinter

Die Geschichte

ist die uns überlieferte Information über frühere Versuche, die Zukunft zu gestalten.

Prof. Karl Steinbuch, »die informierte Gesellschaft«, 1968

Unbeschwerte Prognostiker

Ich bin jetzt 40 Jahre Fabrikant, aber ich habe es noch nicht fertig gebracht, Prognosen für vier Monate zu machen. Andere, die nichts von der Industrie verstehen, machen Voraussagen für fünf Jahre.

Fritz Berg, früherer Präsident des Bundesverbandes der Deutschen Industrie, 1969

Berg und der Prophet

Wenn der Berg nicht zum Propheten kommen will, muß der Prophet zum BERG gehen.

Ein Bonner Konjunkturprophet vor einer Fahrt nach Köln, nachdem Fritz Berg es abgelehnt hatte, nach Bonn zu kommen, um »in Konjunkturprophetie zu machen«

Abteilung geschlossen!

Ein hanseatischer Unternehmer antwortete auf die Frage nach seiner Ansicht über die weitere Konjunkturentwicklung: »In meinem Unternehmen habe ich die Abteilung Prophezeiung bereits vor einigen Jahren geschlossen.«

Nach Hedemann in »Die heitere Maske im ernsten Spiel« (Freundesausgabe für Volkmar Muthesius), 1960, S. 27

171

Ohne Ökonometrie

Wir investieren nicht nach der Ökonometrie, sondern nach dem, was uns seit Generationen als unternehmerische Erbmasse gegeben wurde.

> Dr. Franz Wilhelm, Inhaber des größten österreichischen Teppichunternehmens (Karl Eyhe GmbH Krems), 1976

Dem einzigen Propheten,

dem man eine Fehlprognose zu vergeben bereit ist, ist der Meteorologe, der einen Blizzard (schweren Schneesturm) vorausgesagt hatte — der aber ausgeblieben ist.

> Bill Vaugham

Die wahre Prognose-Qualifikation

Wie hervorragend Beamte geeignet sind, Zukunftsprobleme zu lösen, beweist ihre eigene Altersversorgung.

Das berufsadäquate Hobby des Konjunkturprognostikers

Er sammelte Schneckenhäuser. Höchst gründlich und ernsthaft tat er das, war Mitglied einer malakozoologischen Gesellschaft, korrespondierte mit den anderen Mitgliedern, Professoren, Apothekern, Studenten sowie pensionierten Beamten und tauschte mit ihnen Schneckenhäuser und wissenschaftliche Erkenntnisse aus.

Befragt, was denn das Schneckenhaussammeln für einen Sinn habe, gab er die eines Gelehrten würdige Antwort: »Wenn ich in eine fremde Gegend komme und dort die Schnecken sehe, dann weiß ich, ob die Gegend eben oder gebirgig ist.«

> Nach: »N. O. Scarpi erzählt«, Zürich 1977, S. 47

Ein weiser, alter Prognostiker

Was ich Euch aber prophezeie, o Griechen, wird eintreffen oder aber auch nicht eintreffen.

> Der blinde thebanische Seher Teiresias (der u. a. Odysseus weissagte)

Extrapolation

M e i n u n g s u m f r a g e r : Wie geh'n die Geschäfte? U n t e r n e h m e r : Schlechter als letztes Jahr, aber besser als nächstes Jahr.

Zuverlässige Konjunkturprognose

Wenn der Hahn kräht auf dem Mist,
ändert sich die Konjunktur
oder sie bleibt,
wie sie ist.

Ideale Ehe

Ein Ökonometriker und seine Statistikerin heiraten. Wie ist es? — Ganz unterhaltsam! Er malt Formeln und Kurven, sie kocht. Dann raten sie beide, was das sein soll.

Reform der Reformen

Die Konjunkturförderungsprogramme der Bundesregierung sind zugleich ein Stück neo-progressiver Reformpolitik: Aus Leistungsstreß wurde Arbeitsplatzmangel, aus Konsumidioten wurden Konsummuffel und aus ausbeuterischen Profiten lebensnotwendige Gewinne.

Prognose-Theoretiker

haben alles erforscht, nur nicht sich selbst.

Der berühmteste Fehlprognostiker

In den Straßen einiger der größten Städte der Welt werden wir öffentliche Bedürfnisanstalten aus Gold bauen, ... wenn wir im Weltmaßstab gesiegt haben.

Wladimir Iljitsch Uljanov Lenin

Der beharrlichste Fehlprognostiker:

Der Ostberliner Wirtschaftshistoriker Prof. *Jürgen Kuczynski* (73), der seit einem halben Jahrhundert die endgültige kapitalistische Krise prophezeit und für ihr Ausbleiben immer wieder neue Erklärungen findet.

Die einzige zuverlässige Prognostikerin

Verf. verdankt seine hungerfreie frühe Kindheit seiner energie- und phantasiegeladenen Oma. Um in den Notjahren des Ersten Weltkrieges Butter, Speck und Eier erfolgreich hamstern zu können, nutzte sie ihre hervorragenden »Hellseh«-Qualitäten. Sie verwickelte die jeweils besuchten Bauersleute mit großem Geschick in Nachbarschaftsklatsch und erfuhr auf diese Weise die neuesten Ereignisse, Entwicklungen und Erwartungen bei den Familien der anschließend aufzusuchenden Bauernhöfe. Dort offenbarte sie mit geheimnisumwobener Miene ihre Prognosen, die jeweils ebenso begierig wie andächtig aufgenommen wurden.

Die Weissagungsakte vollzogen sich etwa so: »Da liegt ein böser Streit zwischen dem Bauern und der Bäuerin am Wege, er steht aber gottlob kurz vor der Schlichtung. (Erleichtertes Aufatmen der Bäuerin.) Aber hier sehe ich eine Gefahr am Horizont: das dem Schwager geliehene Geld ist in Gefahr; der Mann muß energischer an seine Verpflichtung erinnert werden. (Zustimmend-wütender Blick der Bäuerin zum Bauern.) Aber hier steht ein sehr glückliches Ereignis ins Haus: In etwa 6 Monaten wird ein gesundes Enkelkind das Licht der Welt erblicken, und wenn meine mir von Gott geschenkte Gabe mich auch jetzt richtig leitet, ist es ein Junge . . . « (Glückstrahlend wies daraufhin die Bäuerin den Bauern an, flugs Butter, Speck und Eier aus dem verborgenen Kellerverschlag zu holen — und aufgrund der Prognose eines gesunden Jungens erhielt meine liebe Oma bei dieser Quelle vier Großraum-Unterrock-Taschen voll Hamsterware sogar umsonst.)

*

Der ernste Kern der ökonomischen Prognose

Nach soviel »Flachserei« über die Ökonomie-Astrologen hier die ernste Seite des Problems:

1. »Savoir pour prévoir, prévoir pour prévenir« (*Auguste Comte*, 1798–1857).
   »Wer nie über die Zukunft nachdenkt, wird nie eine haben« (*John Galsworthy*, 1867–1933).

2. In diesem Sinne sind Wirtschaftsprognosen natürlich äußerst wichtig! Nur ein Narr stolpert gedankenlos in die Zukunft.

3. Aufgabe von Prognostikern ist es, vor Fehlentwicklungen zu warnen und Möglichkeiten zu ihrer Vermeidung aufzuzeigen. Insofern wäre Schweigen die schlechteste Prognose. Allerdings leben Prognostiker von ihrer Glaubwürdigkeit, die schnell verloren gehen kann, wenn sie sich nicht ausschließlich an fundierten Erkenntnissen und an Sachzusammenhängen orientieren würden.

4. Die Prognose-Adressaten müssen ernsthafte Prognosen respektieren. Sie dürfen sie nicht nur dann als wissenschaftlich fundiert qualifizieren, wenn sie gefallen, sie

aber als pseudowissenschaftlich disqualifizieren, wenn sie mißfallen.

5. Prognosen sind bedenklich, wenn sie
a) eine Spielwiese marktferner Ökonometriker oder illusionärer Wunschdenker sind oder gar zum Mythos erhoben werden oder wenn sie —
b) wie den früheren schwedischen Ministerpräsidenten *Olof Palme* — in sozialistischer Hybris zu der Behauptung verleiten: »Die Zukunft ist machbar!«
c) oder wenn Gewerkschaften sie (die Prognosen) im allgemeinen schätzen, im speziellen Fall des Lohnbildungsprozesses aber selbst die Nennung von Lohnleitlinien, also Prognosen in bezug auf einen zentralen Parameter der Wirtschaftsentwicklung, als groben Verstoß gegen die Tarifautonomie brandmarken.

6. Die beste Konjunktur- und Strukturpolitik ist immer noch gute wirtschafts- und sozialpolitische Gegenwartspolitik. Für diese gibt es aber einen unfehlbaren Prognose-Geheimtip: M e h r L u f t f ü r d i e U n t e r - n e h m u n g s l u s t ! S i e i s t V o r a u s s e t z u n g f ü r d e n F o r t s c h r i t t, u n d F o r t s c h r i t t b e d e u t e t Z u k u n f t s g e s t a l t u n g.

*

Prognoseweisheit

Es kommt zwar nie so gut, wie man es erhofft, aber auch nie so schlecht, wie man es befürchtet.

> Der Iserlohner Unternehmer Jochen F. Kirchhoff, eine Lebensweisheit seines 95 Jahre alt gewordenen Großvaters zitierend.

Prognosen

sind am besten, wenn sie sich überflüssig machen.

PARKINSON INTRA MUROS: UNTERNEHMERINITIATIVE ERSTICKT IM §§§-DSCHUNGEL

Parkinson

ist nicht ante portas, er ist intra muros.

Prof. Egon Tuchtfeldt, 1978

Der Trend

Mehr und mehr mißraten
der Staat und seine Bürokraten!

Berufskrankheit der Bürokraten:

alles glauben regeln zu müssen und regeln zu können.

Bürokratie

ist die Vervielfältigung von Problemen durch Einstellung
von weiteren Beamten.

Prof. Cyril Northcote Parkinson

Das schreckliche Jahr 3000

Legt man die gegenwärtigen Steigerungsraten zugrunde,
werden im Jahre 3000 alle Erwerbstätigen Staatsbedien-
stete sein.

Ein Statistiker

Bewußtseinsformung

Wenn alle für den Staat arbeiten, haben alle die Geistes-
haltung von Beamten.

Andrej Amalrik

Wir brauchen Bürokratien,

um unsere Probleme zu lösen, aber wenn wir die haben,
hindern sie uns daran, das zu tun, wofür wir sie brauchen.

Prof. Ralf Dahrendorf, 1975

Die zeitgemäße Diktatur

Unser Leben wird einem System papierner Normen unterworfen. Der Verwaltungsstaat, auf den wir zusteuern, ist die zeitgemäße Art der Diktatur.

Der ehemalige Bayerische Finanzminister Dr. Otto Schedl in einem Gespräch mit HÖR ZU

Vierzig Millionen

Gesetze gibt es etwa in der ganzen Welt — Moses kam mit nur 10 Geboten aus.

R. Preller, 1974

Die Überproduktion von Juristen

an deutschen Hochschulen ist volkswirtschaftlich deswegen gerechtfertigt, weil heute in ständig wachsendem Umfang Gesetze geschaffen werden, die mehr Rechtsprobleme aufwerfen als lösen.

Schlechte Gesetze

sind die schlechteste Form der Tyrannei.

Edmund Burke

Abgeordnetenstreik

Der Bundestag sollte einmal für zwei Jahre streiken, damit die Leute sich wieder mit ihren Firmen beschäftigen können, anstatt sich laufend mit neuen Paragraphen plagen zu müssen.

Der Unternehmensmakler Dr. Carl Zimmerer, 1977

Das Erlassen unterlassen

Wenn es nicht notwendig ist, ein Gesetz zu erlassen, dann ist es notwendig, kein Gesetz zu erlassen.

Montesquieu

Handelsblatt: Bensch

Die Flut steigt

Der Gesetzgeber

soll denken wie ein Philosoph, aber reden wie ein Bauer.

Rudolf von Ihering

Legem brevem

esse oportet, quo facilius ab imperitis teneatur.
(Ein Gesetz muß kurz sein, damit es von Unkundigen
desto leichter behalten werde.)

Seneca

Wir haben heute so viele Gesetze,

daß man fast ein Doppelleben führen müßte, um sie alle
übertreten zu können. Das sei natürlich fern von mir.

Alfons Rehkopp, 1973

Stop der Gesetzesinflation

Wie vielen Gesetzen ist das Attribut Jahrhundertgesetz
beigelegt worden. Diejenigen, die sie anzuwenden haben,
müssen nach kürzester Frist mit schwerwiegenden Mängeln, vor denen sie nicht selten gewarnt haben und die bei
weniger hektischer Prozedur zu vermeiden gewesen wären,
zurechtzukommen. Zeitdruck ist ein schädliches Instrument
bei der Rechtserzeugung. Die Zahl der Gesetze als Ausdruck einer politischen Erfolgstendenz erscheint mir eher
ein Symptom des Abstiegs des Gesetzes; maßgeblich darf
allein seine Qualität sein. Damit einher muß der Wille
gehen, der Gesetzesinflation Einhalt zu gebieten.

Prof. Klaus Stern, Ordinarius für öffentliches Recht
an der Universität Köln

Die Beamtenlaufbahn

ist die einzige Laufbahn, die sitzend zurückgelegt wird.

Gerhard Uhlenbruck

STEUERN UND ABGABEN

Handelsblatt: Bensch

Die Belastbarkeit erproben

Steuerliteraturbibliothekar: „Der Prokurist hat mich aufgefordert, ihm aus der Werksbibliothek ‚Abtlg. Steuerrechtsnovellen' den 4bändigen Kommentar zur Änderung des geänderten Formulares betr. die Änderung von Änderungsanträgen aufgrund des Gesetzes zur Steuervereinfachung zu holen."

Ziemlich hilflose Bürokratie

Ich will hier nicht die Staatsbürokratie angreifen, aber ich habe manche Regierungsdirektoren und Ministerialdirektoren im Laufe meines Lebens gesehen — ohne ihnen deswegen einen Vorwurf zu machen —, die bei der Vorbereitung mancher Gesetzgebungsarbeit ziemlich hilflos gewesen wären, wenn sie nicht Tips und Kritik aus den Reihen der Verbände bekommen hätten.

> Helmut Schmidt auf dem Herrenabend des Bundesverbandes des Deutschen Groß- und Außenhandels am 22. 10. 1975 in Bad Godesberg

Nebenwirkungen

Bald werden 90 Prozent des staatlichen Aufwandes erforderlich sein, um die schädlichen Nebenwirkungen von Gesetzen zu beseitigen.

> Prof. Wolfram Engels, 1978

Alles in Ordnung ohne Verordnungen

Weil uns so viele Anordnungen, Verordnungen, Über- und Unterordnungen verordnet wurden, deshalb haben wir sie jetzt, und wenn man alle diese An-, Ver-, Über- und Unterordnungen jetzt in Ordnung heißen könnte, wäre alles in Ordnung, und wir brauchten keine Verordnungen mehr.

> Curt Goetz

Ausführungsbestimmungen

sind Erklärungen zu den Erklärungen, mit denen man eine Erklärung erklärt.

> Abraham Lincoln

185

Formulare

Ein Amt begann sich endlich aufzuraffen,
den Wust von Formularen abzuschaffen;
doch war die gute Absicht bald zuschanden,
denn dazu war kein Formular vorhanden.

Georg Opitz: Dreimal schlug die Sonnenuhr, 1959

Formulare, Formulare ...

Bei 29 Betrieben des Kammerbereichs Koblenz wurde im
Jahre 1976 festgestellt, daß diese für das Ausfüllen von
Formularen und Statistiken jährlich 57 700 Arbeitsstunden
mit einem Kostenaufwand von 1,7 Mio. DM aufwenden,
pro Betrieb also 2000 Stunden.

12 Aktenordner — für eine neue Pille

Um ein neues pharmazeutisches Produkt verkaufen zu
dürfen, mußten an Unterlagen bei den Gesundheitsbehör-
den eingereicht werden:

> 1950 ca. 60   Schreibmaschinenseiten
> 1960 ca. 600   „
> 1970 ca. 6000   „
> und heute sind es 12 Aktenordner.

Prof. Kurt Hansen,
Vorsitzender des Aufsichtsrates der Bayer AG, 1978

*

Staatliche Wettbewerbsaufsicht — an die falsche Adresse

*Die deutschen Kartellbehörden sorgen sich um die
etwaige Wettbewerbsbeschränkung einer Kooperation
zwischen Putzlappenherstellern, um die Schreibweise
von Angaben bei der Preisempfehlung, um den*

etwaigen kartellrechtsrelevanten Charakter von Un-
ternehmergesprächen usw. usw. Sie verharren jedoch
in tiefstem Schweigen, wenn die Marktwirtschaft
durch den Staat und seine Bürokratie wirklich be-
schränkt, untergraben, ausgehöhlt und schließlich
»überwunden« wird.

Nachfolgend Beispiele, welche erstaunlicherweise nicht
von Spitzenverbänden der Unternehmerschaft, son-
dern von einer mittelgroßen Kammer, nämlich der
Industrie- und Handelskammer zu Koblenz, der ver-
dutzt-empörten Öffentlichkeit vorgelegt wurden (No-
vember 1977):

Die Seitenzahlen des Bundesgesetzblattes stiegen von 1300
im Jahre 1969 auf 3884 im Jahre 1976.

Nach einer im Bundesjustizministerium durchgeführten
Zählung waren zu Beginn des Jahres 1977 allein als Bun-
desrecht 1480 Gesetze und 2280 Rechtsverordnungen in
Kraft. (Hinzu kommen zahllose Landesgesetze, Landes-
verordnungen, Erlasse des Bundes und der Länder, Ver-
waltungsanweisungen usw. usw.)

Nicht weniger als 580 Erlasse, Verfügungen und klärende
Schreiben sind zum Mehrwertsteuergesetz ergangen, die
Regelungen der Länder und Oberfinanzdirektionen nicht
mitgerechnet.

In der Sozialversicherung gibt es 80 Meldepflichten für die
Betriebe.

Für einen einzigen Bauantrag sind 234 »Prüfungsvor-
gänge« nötig.

Jeder Lebensmittelhändler muß rd. 220 Gesetze und Verordnungen beachten.

Zu einer Gaststättenerlaubnis bedarf es der Einschaltung
von 19 Behörden.

Um eine Durchlauftrockneranlage für lackierte Blechtafeln
genehmigt zu erhalten, muß ein Unternehmer 3000 Gramm

Papier und Formulare bearbeiten und 119 Unterschriften leisten.

Usw. usw. usw. usw. usw.

(Bei der Verabschiedung der meisten Gesetze heißt es dann noch lakonisch und zur Verblüffung der Wirtschaftsbürger: »Kosten — keine!« — Wenn damit gemeint sein sollte, daß die Beamtenschaft künftig die neuen Gesetze ohne automatische Gehaltserhöhungen zu handhaben gewillt ist, so wäre das völlig unzureichend. Es sind nämlich des weiteren in Ansatz zu bringen die Kosten der Heerscharen von Beratern, wie Rechtsanwälte, Steuerberater, Finanzberater, Bauberater, Umweltschutzberater, Berufsgenossenschaften, Personalberater, Unternehmensberater, usw. usw.)

*

Wettbewerbsverzerrung

Ein amerikanischer und ein deutscher Brückenbauer wetten, wer schneller bauen könne. Nach einem Monat telegraphiert der Amerikaner: »Noch zehn Tage, und wir sind fertig!« Telegraphiert der Deutsche zurück: »Noch zehn Formulare, und wir fangen an«!

Nach »Blick durch die Wirtschaft« Nr. 129 vom 21. 6. 1978

*

Reformitis

Reform-Mist dürfte regelmäßig das Ergebnis der Reformen von Reformisten sein.

Reformen kosten Geld, nur nicht das der Reformer.

Für manchen Reformer gilt die unbegrenzte Belastbarkeit der Wirtschaft als das sicherste Datum in seinen Reformplänen.

Die wenigen besonnenen Politiker, die es heute noch wagen, Reformvorschläge durch die kritische Reformbrille

188

zu betrachten, werden kurzerhand als »Bremser« diffamiert. Dazu ein Vergleich: Ich habe meine Söhne von Kindheit an dahin belehrt, daß angesichts der Unbesonnenheit vieler unserer Landsleute die Bremse das wichtigste Instrument im Auto ist.

Wettbewerb ist der beste Reformer, der Unternehmer ist Reformer von Beruf.

Mancher Reformer weiß nicht, was er will, aber zu Reformen ist er eisern entschlossen.

Weil Neider nicht als neidisch gelten wollen, verbrämen sie ihren Neid mit dem Kampfruf: »Für gerechte Reformen!«

Viele der heutigen Reformer sind Reformisten (Lexikon: Reformist ist, wer eifrig auf Reformen um ihrer selbst willen bedacht ist).

Je geringer Notwendigkeit oder Realisierungschancen für Reformen sind, desto größer ist heute der Reformeifer.

*

Reformitis:

wenn ein Gesetz schon vor seinem Inkrafttreten novelliert wird.

Keine Rede!

Von der Aufblähung der Bürokratie kann überhaupt keine Rede sein.

> ÖTV-Chef Heinz Kluncker, 1978 — ungeachtet der Tatsache, daß die Personalkosten der Bundesrepublik Deutschland seit 1950 um mehr als 2000 Prozent gestiegen sind. Bei der Gründung der Republik war erst jeder zehnte angestellte Deutsche im öffentlichen Dienst beschäftigt, heute ist es jeder fünfte.

Staatlich verordnete Klodeckel

Wenn wir eine Schule bauen wollen, schreibt uns der Staat detailliert die Größe der Klodeckel und die Zollstärke der Rohre sowie den Abstand der Drücker von der Wand vor.

> Der Würzburger Oberbürgermeister Zeitler in der Zeitschrift »Der Steuerzahler«

Staatlich verordneter Stuhlgang

Die Abortanlagen sind durch dauerhafte Beschriftung nach Geschlechtern getrennt zu kennzeichnen . . . Für eine einwandfreie Be- und Entlüftung der Abortanlagen ist zu sorgen.

> Auflagen aus dem Auflagenregister eines Gewerbeaufsichtsamtes zu einem Bauvorhaben

Staatsnahrung

Für einzelne Erzeugnisse, beispielsweise für Fruchtsäfte, müssen bereits mehr als 50 Gesetze, Verordnungen, Richtlinien und Leitsätze beachtet werden. Für jedes Produkt werden so viele Vorschriften gemacht, daß sich das Diätprogramm zur »Staatsnahrung« entwickelte.

> Der Vorsitzende des Bundesverbandes der diätetischen Lebensmittelindustrie, Helmut Maucher, vor Journalisten in Bonn, 1978

Die Produkte

werden immer weniger so werden, wie die Industrie sie herstellen möchte, sondern immer mehr so, wie die ständig wachsende Zahl von Bürokraten, Eurokraten, Unokraten und allen möglichen anderen Kraten sie wollen, verlangen und fordern.

> Lord Stokes, Chef des Automobilkonzerns British Leyland, über Standardisierung innerhalb der EG, 1973

Gesetzesinflation im Verbraucherschutz

Verzehnfacht haben sich die Rechtsbestimmungen im Verbraucherschutz seit dem Jahr 1970

ZAW-service

262

196

104

85

62

40

25

1970   71   72   73   74   75   76   77

Rechtsbestimmungen im Verbraucherschutz

Art	1971	'72	'73	'74	'75	'76	'77	Gesamt
Gesetze	6	8	7	14	7	32	14	88
Verordnungen	18	7	15	9	12	44	37	142
Gesetzes-änderungen	1	—	—	—	—	16	15	32
Gesamt	25	15	22	23	19	92	66	262

Quelle: Bundesgesetzblätter 1971—1977

Aus: ZAW-service 63-64/78

Dringendes Staatsbedürfnis

Auch wenn die staatlichen Einnahmen noch so hoch sind, wird stets das dringende Bedürfnis vorliegen, sie voll auszugeben.

C. Northcote Parkinson

Öffentliche Hand:

Superlativ von „offene Hand".

Öffentliche Hand

Dieben wurde früher öffentlich die Hand abgeschlagen. Daher also: Öffentliche Hand.

Wolfgang Eschker

Der eigentliche Konflikt

ist heute nicht mehr der zwischen Besitzenden und Habenichtsen, sondern der zwischen der öffentlichen Hand und dem privaten Wohl.

Dr. Hubert Burda, in »Bunte« Nr. 27/78

Selbstausbeuter

ist der Mittelstand in Deutschland, weil er
unbezahlte Überstunden leistet,
zugunsten seiner Mitarbeiter auf Urlaub verzichtet,
Steuern zahlt, auch wenn er nichts verdient hat, und weil er
dem Staat viele kostenlose Hilfsdienste bereitstellt.

Leviathan 1978

Als der englische Philosoph *Thomas Hobbes (1588—1679)* im Jahre 1651 seinen »Leviathan« schrieb und auf die kommende Allmacht des Staates hinwies, beanspruchte der Staat kaum 10 Prozent vom Arbeitsergebnis seiner Bürger. Inzwischen hat der Staatsanteil in der Bundesrepublik fast 50 Prozent erreicht.

Bin ich denn noch Kapitän?

Bonner Mittelstandsarbeit

Staatsquotentrend — Indikator für Sozialismus-Trend?

Entwicklung der Staatsquote: *)

Zu Beginn dieses Jahrhunderts	weniger als	10 %
Mitte der 20er Jahre	etwa	20 %
Mitte der 50er Jahre	weniger als	30 %
Mitte der 60er Jahre	bei	33 %
Im Jahre 1977		48 %
Ostblockländer		95 %

---

*) Staatsausgaben (plus Sozialversicherung) in Prozenten des Brutto-
inlandproduktes

»Welt am Sonntag« Nr. 21 vom 21. 5. 1978

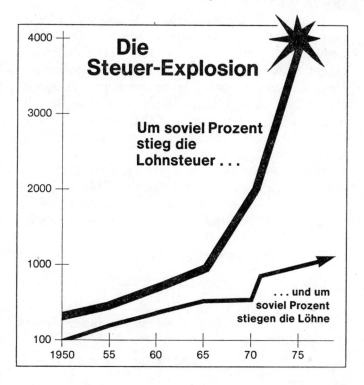

Anteil der Bürokratisierungskosten am Umsatz

Beschäftigte	⌀ externe	⌀ interne	Umsatzanteil
1— 9	3 880	12 740	3,5
10—19	8 380	23 910	3,0
20—49	12 000	22 970	1,9
50—99	30 685	59 760	1,6
über 100	30 320	65 000	0,7

Nach einer Umfrage der Industrie- und Handelskammer zu Koblenz bei 205 Industrieunternehmen

Offener Brief

Einen gewissermaßen offenen Brief richtete das Hotel
Guntrum in Schlitz an seine Gäste. Auf der Papierser-
viette liest man:
Nachdem wir die Schankerlaubnis-, Vergnügungs-, Mehr-
wert-, Einkommen-, Vermögen-, Grundvermögen-, Ge-
werbekapital-, Lohnsummen-, Kirchen- und Kapitalertrag-
steuer bezahlt, Beiträge zur Krankenkasse, Berufsgenos-
senschaft, Familienausgleichskasse, Invaliden-, Angestell-
ten-, Arbeitslosen-, Lebens-, Feuer-, Einbruchs-, Unfall-
und Haftpflichtversicherung, die Gebühren für Gas,
Wasser, Elektrizität, Heizung, Müllabfuhr, Schornstein-
feger, Telefon, Zeitungen, Zeitschriften, Radio, Fernsehen,
Gema usw. entrichtet haben, bleibt uns diesen Monat nur
das Geld für diese Reklame übrig und Sie zu bitten,
unser Unternehmen durch regen Besuch unterstützen zu
wollen. Für Ihren Besuch danken Ihnen das zuständige
Finanzamt sowie Fam. Guntrum.

»Blick durch die Wirtschaft« Nr. 211 v. 14. 9. 1977

Kostensorgen

Das einzige, meine Herren, was in unserem Hause noch
wächst, sind der Gummibaum in der Empfangshalle und
die Kosten.

Stoßseufzer eines geplagten Direktors

196

Unternehmer als beamteter Provisionsvertreter

Ich betrachte mich als Handelsvertreter der Regierung, liefere ihr alle meine Einnahmen ab und kassiere dafür 15 Prozent Provision — und die steuerfrei.

> Lars-Erik Thunholm, Chef der Skandinaviska Enskilda Bankenkilda Banken. (Die schwedische Einkommensteuer progressiert bis zu 85 %!) Nach »Die Welt« Nr. 114 v. 17. 5. 1976

Öffentliche Verschwendung

Es gibt nicht nur eine öffentliche Armut, sondern auch eine öffentliche Verschwendung.

> Prof. Hans L. Merkle

Öffentliche Armut:

Die fehlende Fähigkeit des Staates, die eigenen Grenzen zu erkennen und innerhalb derselben rationell zu wirtschaften.

Die neue Ausbeutung

Von der gesamten Arbeitszeit in Wirtschaft und Staat sind nur noch 40 Prozent produktiv. Auf eine immer kleiner werdende produktive Zeit wird ein immer größerer Berg an Verwaltung gehäuft. Das ist die neue Ausbeutung.

> Prof. Wolfram Engels, 1977

Steuerverschwender sind Steuersünder!

Ein Staat ist erst dann ein Rechtsstaat, wenn er nicht nur Steuerhinterzieher, sondern auch Steuerverschwender als Steuersünder zur Rechenschaft zieht.

Steuergeschenke

sind Geschenke, die bei den Bürgern einen guten Eindruck erwecken sollen. In Wirklichkeit ist die Sachlage jedoch mit den Zuständen bei den Raubrittern zu vergleichen, die zunächst Siedlungen und Verkehrswege brandschatzten und alle wertvollen Güter mitnahmen und sich dann großartig feiern ließen, weil sie jedem Bauern gnädig eine Kuh zum Überleben schenkten.

Arno Surminski

Etikettenschwindel mit »Geschenken«

Steuerliche Korrekturen sollten nicht als Steuergeschenke an Unternehmer bezeichnet werden, wie es gelegentlich geschieht. Wenn ich jemandem etwas weniger wegnehme, als ich ihm bisher weggenommen habe, schenke ich ihm nichts.

Rudolf Schlenker, 1977

Subsidologe:

ein Unternehmer, der sich im staatlichen Paragraphenwald vorzüglich auskennt und alle Möglichkeiten, Vater Staat tief in die Tasche zu greifen, ausschöpft. (Nach belgischem Sprachgebrauch.)

Warum Schwarzarbeitsmarkt? *)

S c h w a r z m a r k t ist illegaler Handel mit zwangsbewirtschafteten Waren zu überhöhten Preisen sowie Handel unter Umgehung von Zoll-, Steuer- und Devisenvorschrif-

---

*) Nach Berechnungen des Zentralverbandes des Deutschen Handwerks und des Instituts der Deutschen Wirtschaft beträgt der Verlust an Arbeitsplätzen durch Schwarzarbeit allein im Handwerk 200 000 und der Ausfall an Steuern und Sozialabgaben 8,6 Mrd. DM.

ten. Ein Schwarzmarkt entsteht unter folgenden Bedingungen:

1. Ein bestimmter kaufkraft-gedeckter Bedarf ist vorhanden, jedoch entspricht das Güter- bzw. Leistungs-
angebot aus Verknappungsgründen (Krieg, Notzeiten)
nicht dem Güterbedarf. Die behördliche Angebots-
und/oder Nachfragebewirtschaftung wird sodann im
Wege »schwarzer« Geschäfte durchbrochen.

2. Der Staat belastet Güter bzw. Leistungen mit Kosten
(vor allem Zölle und Steuern), welche die Schwarz-
marktanbieter und -nachfrager wegen der ihnen unzu-
mutbar erscheinenden Höhe oder aus »Profitsucht« ein-
zusparen trachten.

Ein A r b e i t s s c h w a r z m a r k t entsteht unter gleichen
Voraussetzungen: ein Anbieter von Arbeitskraft betätigt
sich auf dem Arbeitsschwarzmarkt, weil

a) ihm der Zugang zum »weißen« Arbeitsmarkt versperrt
ist (Arbeitsplatzmangel/Arbeitslosigkeit) und/oder

b) weil er am schwarzen Markt mehr verdient als am
»weißen«.

Mangel an regulären Arbeitsplätzen und Drang nach
erhöhtem Nettoverdienst durch Schwarzarbeit sind auf die
gleichen Ursachen zurückzuführen:

1. Kartellmäßig durchgesetzte Beschränkungen der Arbeitszeit (wodurch der Arbeiter nicht genügend Geld
in der »weißen« Arbeitszeit zu verdienen glaubt, zum
anderen, weil er über mehr Freizeit verfügt).

2. Einsparung der überhöhten Lohnnebenkosten sowie
Steuern für den Arbeiter wie auch für den Nachfrager
nach Arbeitsleistungen.

3. Mangel an weißen Arbeitsplätzen wegen der (vom
Arbeitskräftenachfrager) nicht verkraftbaren Höhe der
Löhne, Lohnnebenkosten und Steuern.

Der Schwarzarbeitsmarkt ist somit für beide Marktseiten
deshalb ein »interessanter« Markt, weil die Marktdaten

vom Staat und/oder von den Gewerkschaften derartig marktwidrig gesetzt wurden, daß die Marktteilnehmer sich veranlaßt sehen, im Schwarzmarkt ein »marktkonformes« Ventil suchen. Marktwirtschaftlich gesehen ist daher ein Verbot von Schwarzarbeit nur ein Kurieren an Symptomen. Entscheidend ist vielmehr, die Grundlagen für die freie und lukrative Entfaltung der legitimen und legalen Marktkräfte zu verbessern.

*

Schwarzarbeit

Zwei Maurer unterhalten sich. Sagt der eine: »Ich arbeite bei Wayß und Freitag.« Darauf der andere: »Und ich arbeite bei Schwarz und Samstag.«

Die Achtung vor dem Gesetz

Wenn man einen freien Markt vernichtet, schafft man einen Schwarzmarkt. Wenn man zehntausend Vorschriften erläßt, vernichtet man jede Achtung vor dem Gesetz.

Winston Churchill

Gehaltserhöhung — für die Regierung

Nach der Steuerreform sieht sich der Sohn des Gehaltsempfängers den Lohnstreifen seines Vaters an. »Schau, schau! Unsere Regierung hat schon wieder eine Gehaltserhöhung bekommen!«

D. Knop

Die Bürokratie wächst und wächst . . .

aber ganz heilige Kühe werden weder gemolken noch geschlachtet.

Ein Bonner Beobachter

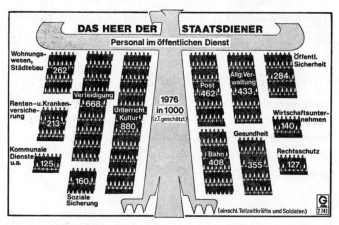

DAS HEER DER STAATSDIENER
Personal im öffentlichen Dienst

Wohnungswesen, Städtebau **262**

Renten- u. Krankenversicherung **213**

Kommunale Dienste u.a. **125**

Verteidigung **668**

Unterricht, Kultur **880**

160
Soziale Sicherung

1976 in 1000 (z.T. geschätzt)

Post **462**

Allg. Verwaltung **433**

Bahn **408**

Gesundheit **355**

Öffentl. Sicherheit **284**

Wirtschaftsunternehmen **140**

Rechtsschutz **127**

(einschl. Teilzeitkräfte und Soldaten)

Rund 4,5 Millionen Beschäftigte — Teilzeitbeschäftigte und Soldaten eingerechnet — gehen ihrer Tätigkeit unter den Fittichen des Staates nach. Damit ist der Staat der bei weitem größte Arbeitgeber in der Bundesrepublik; jeder fünfte Arbeitnehmer findet bei ihm sein Auskommen. Die größte Abteilung im Heer der Staatsdiener stellt der Sektor Unterricht und Kultur, worunter vor allem Lehrer, Studienräte und Professoren zu finden sind.

Ölflecktheorie

Ein Kontrolleur kommt selten allein.

Rudolf Herlt, 1972

Die Fürsten von heute

1875: Unter den 382 Mitgliedern des ersten Deutschen Reichstages befanden sich elf Fürsten und Prinzen, 34 Grafen und 103 Barone, Freiherren und andere Adelige.

1975: Von den 518 Mitgliedern des neu gewählten VII. Deutschen Bundestages führen 224 Beiträge an den Deutschen Gewerkschaftsbund (DGB) und seine Einzelgewerkschaften ab. Die Fürsten von heute sind die Funktionäre. Allein 19 hauptamtliche DGB-Bosse reden und stimmen im Bonner Plenum für ihre Millionen-Klientel.

Nach: »status« 29/77, S. 18

Nullen-Wachstum:

wenn unfähige oder überflüssige Bürokratie die einzige Wachstumsbranche ist.

Der einmal bewilligte Arbeitsplatz

im öffentlichen Dienst wird nie mehr in Frage gestellt, er ist konjunktur-, krisen- und kritiksicher. Und »da jeder Beamte die Zahl seiner Untergebenen zu mehren wünscht« (Professor Schmölders), kumulieren sich auch noch die Gesetze Wagners und Parkinsons.

Hans Mundorf, 1971

Älter werden als Leistung

Alle zwei Jahre erhalten Beamte automatisch eine Dienstalterzulage. So stehen z. B. einem mittleren Beamten der Besoldungsgruppe A 8 durch diese Besoldungsautomatik von der ersten bis zur dreizehnten, der letzten Altersstufe, eine Erhöhung des Gehaltes um 52 % zu.

> Als wenig wettbewerbskonform empfand es ein Unternehmer, der wegen Vernachlässigung des Leistungswettbewerbs vor seine Kartellbehörde zitiert worden war, daß er längere Zeit im Besucherraum warten mußte, weil eine Dienstbezügezulagenfeier unter Amtskollegen sich über Gebühr hingezogen hatte.

Auf abschüssiger Bahn

Bei der Bahn sind für eine einzige Angelegenheit mindestens 7, im Durchschnitt 24 und in einem Einzelfall sogar 32 Personen verantwortlich.

> Die schweizerische Unternehmensberatungsfirma Knight-Wegenstein in einem Rationalisierungsgutachten über die Bundesbahn (»Die Welt« Nr. 248 vom 24. 10. 1975)

Wer die Deutsche Bundesbahn, so wie sie heute ist, verteidigt, bringt sie um.

Dr. Wolfgang Vaerst, Bundesbahn-Präsident, 1975

556 Behörden, Institute, Verbände und Vereine

befassen sich in unserem Lande mit Fragen der Verkehrs-
politik — Institutionen, von denen die Mehrzahl unkoor-
diniert und ohne Erfolgskontrolle nebeneinander arbeitet
und sich in ihren Bemühungen um mehr Sicherheit im
Verkehr verzettelt.

> Aus dem Geschäftsbericht 1971/72 des Verbandes
> der Automobilindustrie e.V.

Kostendeckung und Profitsucht

Wenn die verstaatlichte Post ihre Gebühren erhöht, dann
ist das aus Gründen der Kostendeckung zwingend, wenn
der private Unternehmer seine Preise erhöht, weil die
Kosten ihn dazu zwingen, dann ist das Profitsucht.

Unter Rationalisierung

verstehen die meisten Postminister, daß man die Gebühren
laufend erhöht und die Zustellung ständig verschlechtert.

> Der englische Rationalisierungsfachmann
> Prof. Cyril Northcote Parkinson

Die Post ist stabilitätsbewußt

Ich verstehe das Geschimpfe auf die Post nicht. Sie ist die
einzige Institution, die ihre Preise nicht erhöht hat — eine
10-Pfennig-Marke kostet immer noch 10 Pfennig.

> Degussa-Vorstand Paul Ungerer zur Diskrepanz
> zwischen Stabilitätsappellen der Regierung und
> Gebührenerhöhungen der Post, 1973

Die zwei Erbübel

Devote Behördenfrömmigkeit und inbrünstige Wissen-
schaftsgläubigkeit sind zwei Erbübel des deutschen Menschen.

Staat:

ein Unternehmen, das nie konkurrenzunfähig wird, solange der Steuerzahler unbegrenzt nachschußwillig ist.

Wir nähern uns dem Zustand,

wo alle für jeden zahlen und jeder für alle, weil der Staat
für alles und jedes aufkommen soll.

> Rudolf Schlenker, Präses der Handelskammer Ham-
> burg, zur finanzpolitischen Situation in der Bun-
> desrepublik, 1975

Eine Regierung,

die groß genug ist, uns alles zu geben, was wir brauchen,
ist eine Regierung, die groß genug ist, uns alles zu nehmen,
was wir haben.

> Der frühere US-Präsident Gerald Ford

Die Bürokratie

begnügt sich nicht damit, die Rolle der ihr übergeordneten
politischen Macht zu spielen. Sie liefert der unduldsamen
Einsatzbereitschaft der hohen Beamtenschaft für das All-
gemeinwohl ein unbegrenztes Tummelfeld.

> Der französische Politiker Alain Peyrefitte

Politiker

gelangen an die Spitze, weil die meisten von ihnen keine
Fähigkeiten besitzen, wegen deren man sie unten festhalten
möchte.

> Peter Ustinov

Es gibt welche,

die für die Politik leben, und solche, die von ihr leben.

> Prof. Max Weber

Die Wandlung des Staatsdieners

Früher sprach man vom treuen Staatsdiener, heute muß man vom teuren Staatsdiener sprechen.

Ungelernt auf hohem Posten

Wenn man sieht, wie Minister von heute auf morgen in ein anderes, vollkommen fremdes Ressort wechseln, kommt man unwillkürlich zu dem Schluß, daß ein Minister der einzige hochbezahlte Posten ist, den Ungelernte ausüben können.

Der italienische Kabarettist Carlo Franchi

Die große Schwäche

der heutigen Demokratien liegt darin, daß ihre Politiker mehr auf das achten, was ankommt, als auf das, worauf es ankommt.

Politik als Öffentlichkeitsarbeit

Wenn auffallend viele Journalisten Politiker werden, liegt dies daran, daß Politik sich zunehmend in Öffentlichkeitsarbeit erschöpft.

Ministerkrankheit

Man kann geradezu von einer Ministerkrankheit sprechen. Ihre Symptome: zunehmende Eitelkeit und Selbstsicherheit. Monologisieren im Gespräch, Teilnahme an Sitzungen ohne Vorbereitung, da man nach und nach die Überzeugung gewonnen hat, alles zu können ... Wachsender Ich-Bezug. Personalisierung der Politik. Das Persönliche tritt an die erste, das Sachliche an die zweite Stelle.

Dr. Ernst Albrecht, Ministerpräsident des Landes Niedersachsen

Diäten:

Der geglückte Versuch von Parlamentariern, die eigenen fetten Einkünfte durch einen Begriff zu verschleiern, der den gewöhnlichen Bürger an magere Schonkost und Hungerkur erinnert.

Ron Kritzfeld

Lautlose Sozialisierung

Die lautloseste Form der Sozialisierung besteht darin, die Bedingungen für freie unternehmerische Betätigung derart zu verschlechtern, daß die Unternehmer die Lust zum Unternehmen verlieren.

Krankheitsgeschichte der Marktwirtschaft?

Von der freien Marktwirtschaft über die soziale Marktwirtschaft, die Maßhaltewirtschaft, die Marktwirtschaft nach Maß, die maßlose Sozialwirtschaft bis schließlich zur sozialistischen Massenwirtschaft?

Das gibt es!

Der Ministerpräsident und die Minister seines Kabinetts sind übereingekommen, angesichts der gespannten Situation, in der sich der Staatshaushalt befindet, freiwillig auf 10 % ihres monatlichen Gehalts zu verzichten. Die Regierung will damit ihren Willen zum Ausdruck bringen, dem Staatshaushalt wenigstens etwas mehr Luft zu verschaffen.

Meldung aus Japan in »Neues aus Japan« Nr. 217, Mai 1975

Investitionslücke

entsteht, wenn das Pferd (der Unternehmer), das nicht nur gern saufen möchte, sondern zur Erhaltung seiner Existenz- und Leistungsfähigkeit auch saufen m u ß, jedoch nicht saufen kann, weil ihm sein Herr (der Staat) und Meister (die Gewerkschaft) die Gurgel abdrückt.

206

Willst Du endlich saufen!

Investitionsschwäche

Man kann doch nicht einem Gaul die Vorderläufe zusammenbinden und dann von ihm Siege im Galopprennen erwarten.

Franz Josef Strauß

Equilibristen

Aus Unternehmern sind Equilibristen geworden.

Fritz Conzen, Präsident der Hauptgemeinschaft des deutschen Einzelhandels über die Kunst der Unternehmer, mit einer Flut staatlicher Verordnungen fertig zu werden

Markt und Speichelleckerei

Am Markt wird die Leistung vom Markte bewertet; im Gegensatz dazu hängt die Leistungsbeurteilung in der Bürokratie nicht vom Markt, sondern vom Vorgesetzten ab. Dessen Urteil ist subjektiver. So entartet das Leistungsprinzip zur Speichelleckerei und Liebedienerei. Wer sich vor dem Vorgesetzten am tiefsten bückt, der wird am höchsten gelobt.

Prof. Wolfram Engels

Die erfolgreiche Erfüllung von Staatsaufgaben

setzt drei Bedingungen voraus: Man muß aus dem vollen schöpfen können; es darf keine Leistungskontrolle stattfinden; und man muß ein konkurrenzloses Monopol haben. Fehlt eine dieser drei Bedingungen, ist es meist besser, die Sache zu privatisieren.

Helmar Nahr

Ein Bleigürtel nach dem anderen

Es liegt nicht an der sozialen Marktwirtschaft, wenn wir uns mit der Lösung mancher Probleme heute schwer tun. Dieselben Leute, nach deren Urteil diese Wirtschaftsordnung angeblich zum Untergang verurteilt ist, verpassen ihr selbst einen Bleigürtel nach dem anderen.

Dr. Hans-Werner Staratzke, Geschäftsführendes Präsidialmitglied von Gesamttextil, 1977

Herkules-Arbeit — ein Kinderspiel

Es gibt wohl keinen Bereich unserer Wirtschaft und Gesellschaft, in dem noch derartige Produktivitätsreserven schlummern, wie im öffentlichen Dienst. Dabei genügt es sicherlich nicht, hier und da in einem Finanzamt einen Computer aufzustellen. Die Rationalisierung des Staatsapparates ist eine Aufgabe, gegenüber der die Werke des Herkules wie ein Kinderspiel anmuten.

Bundeskanzler a. D. Willy Brandt anläßlich der BDI-Mitgliederversammlung am 14. 6. 1972

Der Unterschied

Die Produktivität je Arbeitskraft ist seit 1900 in der Produktion um etwa 1000 Prozent, in der Verwaltung aber nur um 50 Prozent gestiegen.

Bürokratenchinesisch

Die deutsche Sprache ist eine sehr abwechslungsreiche Sprache. Sie erlaubt es, ein und dasselbe Problem in unterschiedlichen Worten darzustellen. Sie erlaubt es allerdings auch, ein und demselben Wort eine unterschiedliche Bedeutung zu unterlegen.

Vor zwanzig oder fünfundzwanzig Jahren haben wir erstmalig mit Schrecken festgestellt, daß im Osten Deutschlands zwar auch deutsch gesprochen wird, daß wir aber eigentlich nicht mehr dieselbe Sprache sprechen. Zu unterschiedlich sind die Begriffe geworden, die man den Worten deutscher Sprache unterlegt. Eine ganz ähnliche Entwicklung vollzieht sich im Augenblick zwischen unseren Behörden und ihren Beamten einerseits und den kleinen und mittleren Unternehmen andererseits. Wir sprechen beide deutsch und sind kaum noch in der Lage, uns in dieser Sprache zu verständigen. Ich halte das für eine sehr unglückliche und sehr gefährliche Entwicklung und möchte keinesfalls die Schuld allein auf einer Seite suchen. Ich glaube aber, daß in der Sache dringend etwas getan werden muß, um diese gegenseitige Entfremdung rückgängig zu machen.

> Richard Dohse, Präsident des Hauptverbandes der Papier, Pappe und Kunststoff verarbeitenden Industrie, anläßlich der Eröffnung der 60. Internationalen Frankfurter Messe, Frühjahr 1978

Der gefährliche Widerspruch

Unser Staat greift in einer starken Ausweitung seiner Tätigkeit regulierend in immer weitere Lebensbereiche ein ... Für den Bürger ergibt sich heute ein gefährlicher Widerspruch. Er muß immer mehr Vorschriften beachten. Sonst wird er bereits bei der Auswahl seines Gartenzauns, der Isolierung seiner Dachwohnung oder der Herrichtung seines Schrebergartens mit Bußgeldern oder Strafen überzogen. Zur gleichen Zeit erlebt er aber, daß der Staat in der Auseinandersetzung mit gewalttätigen Haus- und Baustellenbesetzern, mit militanten kommunistischen Kadern und terroristischen Gruppen Schwierigkeiten hat, die wichtigsten Rechtsgüter zu schützen.

> Der Ministerpräsident des Landes Schleswig-Holstein, Dr. Gerhard Stoltenberg, in seiner Antrittsansprache als Präsident des Bundesrates, 1977

Weniger regieren!

Heute sind freilich die Gesetze viel zu kompliziert, als daß sie regieren könnten. Sie sind nicht die Stimme von oben, der knappe und klare Befehl, sondern sie sind zu ungeheuren Wucherungen entartet, denaturiert, verwildert wie krebsige Gebilde ...

> Dr. Volkmar Muthesius in der ersten Ausgabe der »Monatsblätter für freiheitliche Wirtschaftspolitik« (Mai 1955)

Um besser zu verwalten

sollte man weniger verwalten.

> Montesquieu

Dehydrieren:

Wasser aus den Wasserköpfen der Hydra Bürokratie abzapfen.

Patentrezept gegen Steuerbürokratie

Zu viel Steuerbürokratie bekämpft man am besten durch noch mehr Steuerbürokratie: Wenn erst die Steuerbeamten mit dem Studium der ins Unermeßliche gewachsenen Flut neuer Gesetze, Verordnungen, Erlasse, Bekanntmachungen und Urteile schließlich 8 Stunden täglich beschäftigt sind, verbleibt ihnen keine Zeit mehr, den Bürger steuerlich zu belästigen.

Öffentliche Hände

werden durch Haushaltsdebatten beschmutzt.

Nicht Hand, sondern Hirn

Was wir heute brauchen, ist nicht die öffentliche Hand, sondern das öffentliche Hirn.

> Ch. Fechler

Großes Geschrei erheben!

Wenn ich an Ihrer Stelle wäre, würde ich ein großes Geschrei erheben über das Ausmaß der Behördengängelei.

> Bundeskanzler Helmut Schmidt auf dem Architektentag Düsseldorf 1977, unter Bezugnahme auf die bürokratische Handhabung der Baugenehmigungsverfahren

Die Rettung

Was die Privatunternehmung in allen Ländern, wo sie überhaupt noch existiert, rettet, ist die Tatsache, daß Regierungen so furchtbar unfähig sind.

> Der US-Ökonom Prof. Milton Friedman

Zeitlose Aussage

Du ahnst nicht, mein Sohn, mit wie wenig Verstand die Welt regiert wird.

> Axel Oxenstierna, schwedischer Reichskanzler
> (1583—1654)

Ein Vorschlag zur Rationalisierung der Staatsfunktion

Es wäre ratsam, über die Kontrollfunktion des Parlaments und der Rechnungshöfe hinaus einen »Ältestenrat«, bestehend aus erfahrenen, bewährten, sich dem Gemeinwohl verpflichtet fühlenden passionierten Managern, einzusetzen, der in Verbindung mit professionellen Organisationsberatern die Behördentätigkeit laufend zu kontrollieren und Ratschläge zur optimalen Arbeit der Verwaltung in Gutachtenform zu erteilen hätte. Nicht das Prinzip der »Basisgruppen«, sondern das der *checks* und *balances* durch Sachverständigenkritik wäre das adäquate Mittel, um der Gefahr eines »unkontrollierbaren staatlichen Dinosauriers« (Edmund Dell) entgegenzuwirken.

> Verf., in: »Investitionswettbewerb und Investitionskontrolle«, Köln 1973, S. 151

PLANOLOGEN:
PLÄNE MIT PFERDEFUSS
UND ACHILLESFERSE

Planwirtschaft

ist jenes Wirtschaftssystem, in dem man vergeblich sucht, Probleme zu lösen, die es im System der freien Marktwirtschaft gar nicht gibt.

Wirtschaftsplan:

Die heiligste Kuh der Wirtschaftsplaner.

Problematik der Planungsziele

Erstens kommt es anders, zweitens als man denkt.

Tip für Planwirtschaftler

Stets findet Überraschung statt,
wo man sie nicht erwartet hat.

Wilhelm Busch

Planungserfolg

Ich habe kräftig geplant — um so härter hat mich der Zufall getroffen.

Bekenntnis eines Planokraten

Planmäßig

Nur Luftschlösser haben wir planmäßig gebaut.

Zarko Petan

Planung befriedigt

wenigstens zeitweilig unser Verlangen,
in die Zukunft sehen zu können,
um uns dann unsere Unzulänglichkeit
um so deutlicher vorzurechnen.

Ron Kritzfeld

Es irrt der Mensch,
so lange er plant.

Wirtschaftsvolksmund

Der feine Plan

Ein feiner Plan! Fein zugespitzt! Nur schade, zu fein geschärft, daß die Spitze brach!

Friedrich Schiller (in: Maria Stuart)

Das große Licht

Ja, mach nur einen Plan, sei nur ein großes Licht, und mach noch einen zweiten Plan — gehn tun sie beide nicht.

Bertolt Brecht

Schicksal vereitelt den Plan

Man soll seinen Plänen nicht zuviel vertrauen, weil das Geschick seine eigene Vernunft hat.

Petronius, Satiren

Verschwenderische Planung

Obwohl Planwirtschaft geplant ist, ist sie wahrscheinlich die verschwenderischste Wirtschaftsform in der Geschichte der Menschheit.

Milovan Djilas (jugoslawischer Politiker, der sich
1958 vom Kommunismus abwendete)

Schuld haben stets die anderen

Nirgendwo finden sich so ausgezeichnete Möglichkeiten, die Schuld auf andere abzuschieben wie in einer Wirtschaft, die vom Staat gelenkt wird.

Svetozar Vukmanovic-Temp, Vertrauter Titos

Management statt Beamte

Ich habe die Sozialisten und die Konservativen satt. Könnten wir nicht einmal das Management des Marks and Spencer-Konzerns das Land regieren lassen?

Aus einem Leserbrief an die Londoner »Evening News«, 1970

Charles Lindbergh und die öffentlichen Bedarfsplaner

Im Jahre 1927: Als Charles Lindbergh seinen berühmten Flug über den Atlantischen Ozean erfolgreich durchgeführt hatte, trat in Paris ein sehr erlauchtes Gremium von Wissenschaftlern zusammen, um die technischen und kommerziellen Möglichkeiten der Ozeanüberquerung mit dem Flugzeug zu prüfen. Nach vielen Monaten harter, geistiger Arbeit kam dieses Gremium in einem detaillierten Gutachten zu dem Ergebnis, Ozeanüberquerungen könnten immer nur einzelne Heldentaten bleiben; weder aus Sicherheits- noch aus Komfortgründen könne man den Reisenden zumuten, per Flugzeug den Ozean zu überqueren.

Im Jahre 1977: Seitdem haben Erfinder- und Unternehmergeist bewirkt, daß eine Ozeanüberquerung mit dem Flugzeug fast eine einfachere Sache ist, als eine Dampferfahrt von Köln nach Mainz. Und was die Sicherheit des Fliegens anbelangt: Stewardeß bei Verabschiedung der Passagiere nach einem Flug New York—Köln: »Meine Damen und Herren, verlassen Sie jetzt bitte die Bar. Nachdem Sie den sichersten Teil Ihrer Reise hinter sich haben, seien Sie vorsichtig bei der Fahrt in die Kölner City. Wir wünschen Ihnen einen angenehmen Aufenthalt in der schönen Domstadt!«

Die Voraussagen der TA

Ein wichtiges Hilfsmittel der Politik wurde in unserer Zeit »Technology assessment« (abgekürzt »TA«), etwa »Technikfolgenbewertung«. Hierbei wird versucht, nach Analyse, Prognose und Bewertung bestimmter technischer Entwicklungen Empfehlungen für politische Entscheidungen zu geben.

Wie schwer es aber ist, Technikfolgen vorauszusehen, mögen rückblickend einige historische Beispiele zeigen:

— Wer hätte im Jahre 1876 zutreffend bewerten können, was aus dem Viertakt-Verbrennungsmotor wird, den N. A. Otto in Köln erfunden hatte?

— Wer hätte im Jahre 1888 zutreffend bewerten können, was aus den elektromagnetischen Wellen wird, die Heinrich Hertz in Karlsruhe entdeckt hat?

— Wer hätte in den dreißiger Jahren zutreffend bewerten können, was aus dem Fernsehen wird, das einige Erfinder in den USA, in England und Deutschland aufgebaut haben?

— Wer hätte im Jahre 1941 zutreffend bewerten können, was aus dem Rechenautomaten wird, den der Bauingenieur Konrad Zuse in Berlin zusammengebastelt hat?

Für keines dieser Beispiele ist es glaubhaft, daß jeweils zeitgenössische TA-Experten auch nur in die Nähe der tatsächlich eingetretenen Folgen gekommen wären.

> Prof. K. Steinbuch in einem Festvortrag anläßlich der 50-Jahr-Feier des »Hauses der Technik«, Essen, am 2. 12. 1977

Das Erdöl

ist eine nutzlose Absonderung der Erde. Es ist der Natur nach eine klebrige Flüssigkeit, die stinkt, und kann in keiner Weise verwendet werden.

> Aus einem Gutachten der St. Petersburger Akademie der Wissenschaften, 1806

Der große Unterschied

Es ist ein großer Unterschied, ob sich 62 Millionen deutsche Staatsbürger für ihre Produkte nach ihrer Wahl entscheiden oder ob das Kabinett mit 22 Mitgliedern eine solche Entscheidung trifft.

Dr. Heinz Günther Hüsch, MdB

Begrenzte Weisheit

Ich halte es für unmöglich, daß eine menschliche Instanz imstande ist, die Millionen und Abermillionen Fakten, Entschlüsse und Entscheidungen zu übersehen. Das schafft unser dezentrales System viel besser. Die Weisheit von Regierungen ist dagegen höchst begrenzt.

Prof. Karl Schiller zu dem Konzept der »Struktur-räte«, von denen er »gar nichts hält«. Interview mit dem Manager-Magazin (Nr. 12/77, S. 170)

Relativität falscher Entscheidungen

Alle Vorschläge zur staatlichen Wirtschaftslenkung weise ich zurück, denn es ist etwas anderes, ob von 1000 Unternehmern 5 falsche Entscheidungen gefällt werden oder ob der Staat allein eine Entscheidung fällt, die dann falsch sein kann.

Bundeswirtschaftsminister a. D. Dr. Friderichs vor dem Wirtschaftsforum Hessen in Frankfurt/Main, 1973

Ökonomische Qualitäten

Staatliche Regelungen für die Wirtschaft werden im allgemeinen gefördert und formuliert von viertbesten Ökonomen und gehandhabt von drittbesten Ökonomen, um ein zweitbestes Wohlfahrtsoptimum zu erreichen.

Michael Adler nach H. G. Johnson in: Multinationals from Small countries, Cambridge/Massachusetts 1977, S. 40

Zur staatlichen Investitionslenkung — 1792

Ein Staatsmann, der versuchen sollte, Privatleuten vorzuschreiben, auf welche Weise sie ihr Kapital investieren sollten, würde sich damit nicht nur, höchst unnötig, eine Last aufbürden, sondern sich auch gleichzeitig eine Autorität anmaßen, die man nicht einmal einem Staatsrat oder Senat, geschweige denn einer einzelnen Person getrost anvertrauen könnte, eine Autorität, die nirgendwo so gefährlich wäre wie in der Hand eines Mannes, der, dumm und dünkelhaft genug, sich auch noch für fähig hielte, sie ausüben zu können.

> Adam Smith, schottischer Moralphilosoph und Wirtschaftswissenschaftler, in seinem Grundwerk: »Der Wohlstand der Nationen«

Es wäre unheilvoll,

wenn wir private Investitionen durch den Staat lenken wollten, wo wir im Baugewerbe einsehen, daß der Staat nicht einmal in der Lage ist, seine eigenen Investitionen in der rechten Weise zu lenken.

> Rudolf Sperner, Vorsitzender der Industriegewerkschaft Bau – Steine – Erden, in einem Interview der »Welt« Nr. 296 vom 20. 12. 1977

Strukturräte

In Weiterentwicklung des Stabilitäts- und Wachstumsgesetzes sollen S t r u k t u r r ä t e geschaffen werden, die für die verschiedenen staatlichen Ebenen wie auch für die Privatwirtschaft als Informations- und Beratungsgremien für zielorientierte gesamtwirtschaftliche Entwicklung wirken.

> Aus dem SPD-Papier für den Hamburger Parteitag »Vorausschauende Strukturpolitik für Vollbeschäftigung und humanes Wachstum« (nach: Die Zeit, Nr. 48 vom 18. 11. 1977)

Strukturräte

sind ein Musterbeispiel dafür, wie man auf einen Karton
ein Etikett kleben und völlig Unterschiedliches hinein-
packen kann.

Bundeswirtschaftsminister
Dr. Otto Graf Lambsdorff, 1977

Alle Macht den Räten!

Von L e n i n im Jahre 1917 proklamierte Losung zugunsten des Rätesystems, einer radikalen Form der direkten
Demokratie. Sowjet (russisch: Rat) war ursprünglich die
Bezeichnung für den Arbeiter- und Soldatenrat, jetzt gilt
sie für die Behörden und Organisationen des Sowjet-
systems.

Investitionslenkung — durch überbürokratisierte
Baugenehmigungspraxis

1. D e r   G e w e r k s c h a f t l e r :
Ein normales Baugesuch durchläuft in der Regel 20 und
mehr verschiedene Institutionen und Dienststellen, bevor
es genehmigt wird. Die Baugenehmigung für ein gewöhn-
liches Einfamilienhaus dauert oft länger als ein Jahr. Eine
Untersuchung hat ergeben, daß allein die von der Bau-
aufsicht im Genehmigungsverfahren zu berücksichtigenden
Bundes- und Landesgesetze und -verordnungen von 48 im
Jahre 1966 auf 225 im Jahre 1974 angestiegen seien.
Außerdem hat sich ergeben, daß für die gleiche Sache 127
unterschiedliche Vorschriften bestehen, von denen für 119
von ihnen keinerlei sachliche Berechtigung vorliegt.

Der Bundesvorsitzende der Industriegewerkschaft
Bau — Steine — Erden, Rudolf Sperner, in einem
Vortrag vor der Mitgliederversammlung der Wirt-
schaftsvereinigung Bauindustrie Schleswig-Holstein
in Kiel (Nach »Blick durch die Wirtschaft« Nr. 153
vom 8. 7. 1977)

2. Der Generaldirektor:

Auf ganze 18 — sprich achtzehn — Leitz-Ordner ist die Behördenkorrespondenz über Investitionen in der Zellstoffabrik Stockstadt der Papierwerke Waldhof-Aschaffenburg inzwischen gewachsen, und zwar nachdem die behördliche Genehmigung im Grundsatz bereits erteilt war.

> Der Vorstandsvorsitzende der PWA Papierfabrik Waldhof-Aschaffenburg AG, Norbert Lehmann, auf der Hauptversammlung 1977 dieser Gesellschaft

Achtung!

Wer nicht denkt,
wird gelenkt.

> Warnung an investitionslenkungsgläubige Bürger, die dieses Konzept nicht zuende gedacht haben und sich daher nicht darüber klar sind, daß Investitionslenkung im Ergebnis die Lenkung ihres Konsums bedeutet.

Planwirtschaft in Theorie und Praxis

Was ist der Unterschied zwischen Theorie und Praxis der Planwirtschaft? — Antwort: Das eine ist M a r x , das andere ist Murx.

> Leipziger Messewitz, 1971

Planwirtschaften

sind nicht deswegen lebensfähig, weil die Pläne konsumgerecht sind, sondern weil die Konsumenten sich plangerecht verhalten müssen.

Der Wirtschaftsorganismus

gehört zu den kompliziertesten Gebilden, die es überhaupt gibt.

> Professor Dr. Harry Nick, Akademie für Gesellschaftswissenschaften beim Zentralkomitee der SED, in einem Aufsatz in der Zeitschrift »Die Wirtschaft«

Teufelskreis der Planwirtschaft

1. Verbreitete Versorgungsengpässe in Konsumwaren, daraus folgt
2. anhaltender Mißmut in der Bevölkerung; daraus folgt
3. gedämpfte Arbeitsfreude; daraus folgt
4. schlechtes Produktionsergebnis; daraus folgt
5. noch verbreitetere Versorgungsengpässe in Konsumwaren; daraus folgt
6. noch anhaltenderer Mißmut; daraus folgt
7. usw. usw.

Die zwei Seiten der Medaille

Wo es keine wirtschaftliche Freiheit gibt, gibt es im Grunde genommen auch keine politische Freiheit; politische und wirtschaftliche Unfreiheit sind zwei Seiten derselben Sache: des totalitären Systems.

> Der sozialdemokratische Wirtschaftsexperte der ersten Nachkriegsjahre Dr. Heinrich Deist

Paradox ist,

wenn im Westen mehr Planung gefordert wird, weil die Marktwirtschaft angeblich versagt, während im Osten mehr Marktwirtschaft gefordert wird, weil die Planung tatsächlich versagt.

Staatstätigkeit — wenn Kosten keine Rolle spielen!

Staatliche Lenkung der Wirtschaft ist höchstens ein Mittel, um relativ primitive Aufgaben zu bewerkstelligen: wie den Bau der Pyramiden und Bewässerungssysteme am Nil oder Raketen auf den Mond zu schießen, koste es, was es wolle.

> Prof. Wolfgang Stützel vor der Mitgliederversammlung der Bundesvereinigung der Deutschen Arbeitgeberverbände in Bonn, 1978

Staatliche Planwirtschaft

ist wie ein prachtvoller Baum mit weit ausladender Krone: in ihrem Schatten wächst nichts.

> Harold Macmillan, britischer Verleger und Politiker (1957—1963 Premier-Minister)

Nationalökonomisches Gesetz

Es ist ein nationalökonomisches Gesetz, daß die Produktivität in der Wirtschaft aufhört und das Elend beginnt, sobald der Marxismus sich der Wirtschaft bemächtigt.

> Franz Josef Otto von Habsburg-Lothringen

Symmetrie ist,

wenn an einem einzigen Tag M a r x schließlich aus einem Kremlfenster gestürzt wird und der Papst zugleich eine Verlautbarung herausbringt mit dem Titel »De Necessitate Marxismi«.

> Malcolm Muggeridge

Die Demokratie

ist das schlechteste aller Gesellschaftssysteme — für Leute, die in keinem anderen lebten.

> Gabriel Laub

DER GLEICHHEITSWAHN:
ALL ANIMALS ARE EQUAL

Gleichheitswahn

All animals are equal — some are more equal than others. (»Alle Tiere sind gleich, aber einige Tiere sind gleicher als andere.«)

> George Orwell (englischer Schriftsteller, 1903 bis 1950), der angesichts der realen Verhältnisse und Möglichkeiten unserer Welt mit diesem (berühmt gewordenen) Ausspruch die Philosophie des Gleichheitsgrundsatzes ironisiert, in: »Animal Farm«, 1945, deutsche Erstausgabe 1946

Leben ist Ungleichheit

Wollt ihr die Unterschiede vernichten, hütet euch, daß ihr nicht das Leben tötet.

Leopold von Ranke

Die Ungleichheit

ist das Natürliche, die Gleichheit ist eine Leistung.

Prof. Carl Friedrich von Weizsäcker

Jedem das Seine

fordert die Gerechtigkeit; jedem das Gleiche fordert der Neid.

Prof. Helmut Schoeck

Gleichheit gegen Freiheit

Die Gleichheit vernichtet die Freiheit, und die Freiheit vernichtet die Gleichheit.

Die wahren Motive

Der Gleichheitsgrundsatz wird besonders von denjenigen leidenschaftlich angestrebt, die es mit den Rechten der Bürger ernster zu nehmen gedenken als mit den Pflichten.

Niveauverlust durch Gleichmacherei

Wir haben erst spät erkannt, daß eine egalitäre Gesellschaft mit einem Niveauverlust verbunden ist.

Prof. John Kenneth Galbraith

Ein Gemeinwesen

entsteht nicht aus Gleichen.

Platon

Il est faux

que l'égalité soit une loi de la nature. La nature n'a rien fait d'égal. La loi souveraine est la subordination et la dépendence.

Vauvenargues, Reflexionen und Maximen, 1746

Gleichheit bedeutet Sklaverei

Was ist denn die Gleichheit anderes als die Verneinung aller Freiheit, alles Höheren und der Natur selbst? Die Gleichheit ist die Sklaverei.

Gustave Flaubert (1852)

Die wahre Gleichheit

liegt in den Unterschieden (Aequalitas est differentialis)

Römische Spruchweisheit

Eine völlige Gleichheit

der Menschen läßt sich gar nicht denken.

Georg Christoph Lichtenberg

Das elfte Gebot

Eine Gleichheit und Freiheit festsetzen, so wie sie sich jetzt viele Menschen gedenken, das hieße ein elftes Gebot geben, wodurch die übrigen zehn aufgehoben würden.

Georg Christoph Lichtenberg

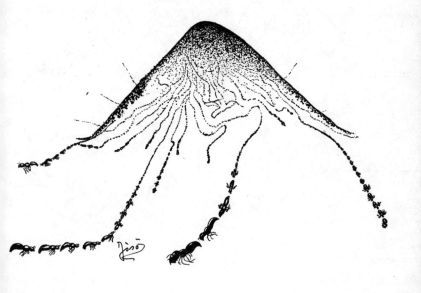

Alle Tiere sind gleich

Unternehmer-Striptease

Eingebildete Gleichheit:

das erste Mittel, Ungleichheit zu zeigen.

Goethe, Maximen und Reflexionen

Zweimal Gleichheit

Gleiche Startchancen zu schaffen, ist christliche Politik, gleiche Resultate erreichen zu wollen, sozialistische Politik.

Matthias Wissmann, Bundesvorsitzender der Jungen Union

Wiegen und Särge

Ich glaube an gleiche Wiegen, nicht an gleiche Särge. Zwischen Geburt und Tod ist die Leistung gesetzt.

Hans Habe, 1974

Laster und Tugend

Dem Kapitalismus wohnt ein Laster inne: die ungleichmäßige Verteilung der Güter; dem Sozialismus hingegen wohnt eine Tugend inne: die gleichmäßige Verteilung des Elends.

Winston Churchill

Die Ungleichheit im Kapitalismus

ist der niedrigste Preis, zu dem eine Gesellschaft allgemeinen Wohlstand erwerben kann. Es gibt Systeme mit mehr Gleichheit. Sie sind aber weniger weich gepolstert. Man mag das beklagen. Ändern kann man es nicht. Einstweilen bleibt es bei der alten Wahl: mehr Wohlstand oder mehr Gleichheit.

Claus Jacobi, Chefredakteur der »Welt«, 1976

Optimale Sozialpolitik

Die Menschen wurden ungleich geboren. Das größte Verdienst der Gesellschaft ist es, diese Ungleichheit so weit wie möglich zu verringern, jedem Sicherheit zu gewähren, notwendigen Besitz sowie Erziehung und Hilfe.

> Joseph Joubert, französischer Schriftsteller (1754 bis 1824) und Freund und Berater von Chateaubriand

Phantasten und Scharlatane

Gesetzgeber oder Revolutionäre, die Gleichheit und Freiheit zugleich versprechen, sind Phantasten oder Scharlatane.

> Goethe

Weises zum Freiheits- und Sozialprinzip

Richtige Lebenskunst besteht, sofern sie die zwischenmenschlichen Beziehungen betrifft, im rechten Abwägen von Gleichheit und Ungleichheit . . . Völlige Gleichheit ebenso wie gänzliche Ungleichheit können keine ethischen Ziele sein. Beide in geeigneten Richtungen und Maßen einzuschränken, ist eine sittliche Notwendigkeit. Unter bestimmten Daseinsbedingungen muß das Streben, ein bestehendes Übermaß von Ungleichheiten zu beseitigen und ebenso vorhandene Uniformitäten abzuschaffen, ein Ziel sittlichen Strebens sein. Die Menschennatur widersetzt sich stets einer Herbeiführung von absoluter Gleichheit und Ungleichheit.

> Prof. Alfred Kruse, 1967

Die Gleichheit,

die wir verlangen, ist der erträglichste Grad der Ungleichheit.

> Georg Christoph Lichtenberg

Laufbahn über das Gleichheitsprinzip

Wer in unserer Gesellschaft mehr sein will als andere, braucht sich nur als Verfechter des Gleichheitsprinzips zu profilieren.

Ruin durch Gerechtigkeit

Wer den Staat ruinieren will, braucht sich nur etwas mehr Gerechtigkeit auszudenken, als Geld vorhanden ist, sie zu realisieren.

Hans Kasper

Gleichheit und Freiheit

sind feindliche Begriffe. Gleichheit ist weder durch Freiheit erreichbar, noch der Freiheit dienlich; sie kann nur durch Zwang aufrechterhalten werden.

Hanns Martin Schleyer

Neuer Neid kommt hoch

Seitdem das wirtschaftliche Wachstum unterbrochen und die Arbeitslosigkeit gewachsen ist, die Berufschancen gesunken sind, kommt neuer Neid hoch. Die Agitation für Gleichmacherei ist in zügigem Vormarsch.

Dr. Peter Sweerts-Sporck in »Wie der Wohlstand ruiniert wird«, 1977, S. 38

Neid

ist dem Menschen natürlich; dennoch ist er ein Laster und ein Unglück zugleich.

Arthur Schopenhauer

Neid

ist nichts anderes als Haß gegenüber den Vorzügen der anderen.

Montegazzar

Der Blick des Neides

sieht zu seiner eignen Pein nur alles Fremde groß und alles Eigne klein.

Friedrich Rückert

Weltbeherrscher Neid

Nicht das Geld, der Neid regiert die Welt.

Curt Goetz

Rechte und Pflichten

Die Gleichheit ist für den sozialen Menschen nur die der Rechte, nicht der Pflichten.

Pierre Victurien Vergniaud

Es gibt keine Doktrin

der Gleichheit zwischen dem Fleißigen und dem Faulen, dem Intelligenten und dem Dummen, dem Sparsamen und dem Verschwender.

Robert Menzies

Soziale Gleichheit

ist verbunden mit Dogmatismus. Sie ist zwar gut als evolutionäre Absicht, unterdrückt aber den Menschen.

Milovan Djilas

Die Beweislast

Wer die Menschen gleichmachen will, sollte zunächst den Beweis erbringen müssen, daß er ungleiche menschliche Hirne gleichmachen kann, ohne die Unversehrtheit der Person und die Menschenrechte zu verletzen.

Gleichheit

ist nur sozial in bezug auf die Gleichheit der Startchancen.
Da Leistungskraft und Leistungswille der Menschen un-
gleich sind, führen gleiche Startchancen zu ungleicher Lei-
stung. Das Recht auf Freiheit der Leistungserstellung ist
somit auch stets ein Recht auf Ungleichheit.
Die Differenz zwischen Leistungsentgelt, nivellierender
Gleichheit und leistungsbedingter Ungleichheit nennt man
Neid.

Sozialistische Politik

ist die Kunst,
von den Wohlhabenden das Geld,
von den weniger Wohlhabenden die Stimmen,
und auf diese Weise das Mandat zu erhalten,
das Geld gleichmäßig unter die Leute zu verteilen mit der
Folge,
daß für immer mehr Bürger der Anreiz entfällt, mehr zu
verdienen,
so daß schließlich alle Bürger immer weniger haben.

»Gewisse Kreise«

im Westen wollen das System der Zentralverwaltungswirtschaft verharmlosen. In Wirklichkeit ist es zum Scheitern verurteilt, da es den Markt und die Bedürfnisse der
Konsumenten ignoriert.

Der Ökonom des »Prager Frühlings« Prof. Ota Sik

Das wahre Ziel der Gleichheitsideologen:

Zunächst streben sie die Gleichheit mit den anderen an;
dann wollen sie über ihresgleichen hinauswachsen; und
schließlich wollen sie ihre Vorgesetzten ihnen unterstellt
sehen.

Giambattista Vico (1668—1744) in: Scienza nuova,
II, 23

Werden wir alle Proletarier?

Im geistigen Bereich der Einstellungen und Wertvorstellungen vollzieht sich eine Anpassung an die den bürgerlichen Werten entgegengesetzten Haltungen. Arbeitsunlust, Ausweichungen von Anstrengungen, auch der Anstrengung des Risikos. An die Stelle langfristiger Zielspannung treten der Drang nach unmittelbarer Befriedigung, Egalitätsstreben, Zweifel an der Gerechtigkeit der Belohnungen und Status-Fatalismus. Zweifel also an der Möglichkeit, durch Anstrengung den eigenen Status zu verbessern.

> Ergebnis demoskopischer Umfragen, mitgeteilt unter der gleichen Überschrift von Frau Prof. Noelle-Neumann, 1978

Die größte Ungerechtigkeit!

Es gibt keine größere Ungerechtigkeit als diejenige, ungleiche Dinge gleich zu behandeln.

> Ernest Renan

IRRUNGEN UND WIRRUNGEN
DER DEMOKRATUR:
ÜBER REFORMFETISCHISTEN
UND SYSTEMVERÄNDERER

Die Veränderer

Wir ändern, ohne zu verzagen,
an allen sieben Wochentagen.
Wir ändern teils aus purer Lust,
mit Vorsatz teils, teils unbewußt.
Wir ändern, was man ändern kann,
denn allem Alten gilt der Bann.
Und ist die Änderung gelungen,
verträgt auch diese Änderungen.
Wir ändern deshalb früh und spät
alles, was zu ändern geht.
Wir ändern heut und jederzeit,
zum Denken bleibt uns wenig Zeit.
(Änderungen vorbehalten!)

Nach: »Saarbrücker Zeitung« vom 24. 5. 1977

Unbestreitbar

wird die marxistische Lehre heute bei uns im wesentlichen
nur noch von Leuten bestritten, die alles bestreiten, nur
nicht ihren Lebensunterhalt.

Volksmund

Wir sind bereits im neuen Klassenstaat!

Wie weit diese Art von Irrealismus sogar die politische
Führung erfaßt hat, kann man einem neuerlichen Grund-
satzpapier der FDP entnehmen. Dort wird allen Ernstes
erklärt, in Zukunft den Sozialstaat noch weiter auszu-
bauen, den Ordnungsstaat aber reduzieren zu wollen. In
der Tat, wir sind bereits in einem neuen Klassenstaat
mitten drin, wo eine Koalition von Ideologen, Anspruchsvollen und Faulen die übrige Gesellschaft ausbeutet.

Prof. Heinz-Dietrich Ortlieb, Universität Hamburg, Direktor des Hamburger Weltwirtschafts-
instituts (nach »Die Welt« Nr. 229 v. 1. 10. 1977)

Ideologen

sind Leute, die glauben, daß die Menschheit besser ist als der Mensch.

Dwight D. Eisenhower

Ideologie-Schwätzer

Ich habe mich immer gewundert, daß in unserer Partei so viele Leute behaupten, sie hätten was von *Marx* gelernt, und daß sie so wenig von der Wirtschaft verstehen. Wer den ökonomischen Unterbau nicht kapiert hat, der soll lieber nicht von Ideologie schwatzen.

Helmut Schmidt in einer Rede vor SPD-Vertretern in der Dortmunder Westfalenhalle (nach FAZ Nr. 276 vom 28. 11. 1977)

Ideologie und Macht

Früher diente die Macht den Ideologien, jetzt dienen die Ideologien der Macht.

Cesare Pavese

Idealisten als nützliche Idioten

Wenn der Teufel die Menschen in Verwirrung bringen will, bedient er sich dazu der Idealisten.

Niccolo Machiavelli

Privatisierung

von öffentlichen Diensten ist Enteignung des Volkes zugunsten weniger Konzerne.

Dr. Detlef Hensche, Geschäftsführendes Vorstandsmitglied der IG Druck und Papier (nach »Die Welt« Nr. 132 vom 9. 6. 1978)

Akademische Klassenkämpfer

Je besser es den Arbeitern geht und je weniger Arbeitnehmer Arbeiter sind *), desto lächerlicher nehmen sich die akademischen Klassenkämpfer mit ihrer Klassenkampfidee aus.

*) Derzeit sind mehr als die Hälfte aller Arbeitnehmer keine Arbeiter mehr.

Das war einmal!

1. Genosse: ein wertvolles und lehrreiches altes Wort, auch gut erhalten und vorteilhaft wiederauflebend.

Grimm's Deutsches Wörterbuch

2. Fast alle Deutschen (91 Prozent) haben bei der Anrede »Genosse« ein schlechtes Gefühl. Sie empfinden das Wort als »sowjetisch, herzlos, gefühllos«.

Nach »Bild« Nr. 109 vom 13. 5. 1975

Genossenwirtschaft:

eine durch linientreue Genossen horizontal, vertikal und konglomerat total verfilzte Wirtschaft, deren Erträge die Genossen in vollen Zügen genießen.

Genossenschelte

Genossen, laßt doch die Tassen im Schrank!

Prof. Karl Schillers berühmt gewordenes Bonmot, mit dem er die Systemkritiker in seiner Partei kritisierte, 1972

Die ideologischen Hammerschwinger

Immer mehr junge Menschen, die noch nie einen Hammer geschwungen haben, maßen sich heute an, eine bessere Industriegesellschaft zu schmieden.

Demokratisierung

ist auch ein Tarnwort für autoritäre Bestrebungen.

Die Schwimmlehrer

Wie man Schwimmen nur im Wasser lernt, lernt man Wirtschaften nur in der Wirtschaft. Immer mehr Nichtwirtschaftler wollen aber heute in der Wirtschaftspolitik nicht nur mitschwimmen, sondern auch den Schwimmlehrer spielen.

Zeit zum Denken

Wir leben nicht in einer heilen Welt. Aber wird sie heiler, wenn wir das, was in Ordnung ist, auch noch zerstören? So möchte ich besonders die Jungen unter uns bitten: Hören Sie genau hin, wenn man Sie mit neuen Ideen zu angeblich leicht zu erreichenden Zielen verlocken will. Vor allem nehmen Sie sich Zeit zum Denken.

Dr. Rolf Madaus, Mitinhaber der Fa. Dr. Madaus und Co., Köln, 1973

Wenig Wissen, große Ansprüche

Nie zuvor redeten so viele mit so wenig Wissen, aber so weitreichenden Ansprüchen in unser aller Leben hinein.

Jürgen Ponto

Die gefährlichste aller Weltanschauungen

ist die Weltanschauung der Leute, welche die Welt nie angeschaut haben.

Alexander von Humboldt

242

ist so veranlagt, daß er überall und jederzeit und in allem persönliche Benachteiligungen vermutet.

> Wer diese allzu menschliche Veranlagung zu deuten, bewußt zu machen, zu fördern und zu propagieren versteht, hat beste Chancen, sozialistischer Führer zu werden und fürderhin materielle Benachteiligungen selbst nicht mehr zu erfahren

*

Gesellschaftspolitische Gesellschaftsspielereien

Ein Politiker, der ständig mehr verspricht, als er hält, kann dennoch wachsender Beliebtheit sicher sein, wenn er sich Gesellschaftspolitiker nennt und für eine bessere Gesellschaft zu handeln beteuert.

Immer mehr junge Menschen, die sich zu Höherem berufen fühlen, den langen und steinigen Weg leistungsbezogener Karrieren jedoch zu meiden wünschen, werden heute Gesellschaftspolitiker.

Gesellschaftslehre ist die Lehre von der seelischen Leere unserer Gesellschaft, die durch gesellschaftspolitische Seelsorger ausgefüllt werden muß.

Ausgeprägtes Selbstbewußtsein der Gesellschaftspolitiker ist die wichtigste Qualifikation für die Prägung des richtigen gesellschaftspolitischen Bewußtseins der Bürger.

Gesellschaftspolitiker sind Männer, die bestimmen, was gesellschaftspolitisch relevante Gruppen sind und was diese Gruppen für gesellschaftspolitisch relevant zu halten haben.

Nach dem klassischen Gesetz der Arbeitsteilung verteilt der Markt den Wohlstand nach Maßgabe des Leistungsprinzips; nach dem progressiven Gesetz der Umverteilung verteilen Gesellschaftspolitiker eines Tages den Notstand nach Maßgabe des Bedarfsdeckungsprinzips.

Gesellschaftspolitiker lieben die Gesellschaft so sehr, daß sie sie am liebsten vergesellschaften möchten.

Die totale Vergesellschaftung der Gesellschaft gilt als das Gesellenstück eines jeden gesellschaftsbewußten Gesellschaftspolitikers.

Die Vergesellschaftung der Gesellschaft dient in jedem Fall dem Wohl der Gesellschaftspolitiker.

Kapitalgesellschaften sind Gesellschaften mit dem kapitalen Fehler, daß ihr Kapital noch nicht vergesellschaftet ist.

Demnächst legen von Gesellschaftspolitikern bestellte amtliche Qualitätsprüfer in allen Bereichen des Lebens den gesellschaftlichen Bedarf sowie allgemeinverbindliche Normen für die gesellschaftsbezogene Qualität des Lebens fest.

Gesellschaftsfähig ist künftig nur, wer die von Gesellschaftspolitikern bestimmte gesellschaftspolitisch relevante Geselligkeit als allein gesellschaftswürdig respektiert.

Eine vergesellschaftete Demokratie wird ebensowenig von der Gesellschaft regiert, wie eine Volksdemokratie vom Volke.

Fortschrittliche volkswirtschaftliche Arbeitsteilung besteht darin, daß ein Teil der Gesellschaft die Arbeit leistet und der andere sie gesellschaftspolitisch kontrolliert.

*

Sozialismus

ist die Philosophie des Versagens, das Credo der Ignoranz und das Glaubensbekenntnis des Neides.

Winston Churchill

Der Sozialismus

ist die zu Ende gedachte Herdentier-Moral.

Nietzsche

Sozialismus

ließe sich nur im Himmel verwirklichen, wo er eigentlich überflüssig ist, oder in der Hölle, und da haben sie ihn schon.

ABC der goldenen Worte

Sozialismus

ist ein Mittel, mit dem man Geld für die Faulen aus den Taschen der Fleißigen zieht.

Uwe Seeler

Sozialismus

ist eine Utopie, solange es mehr faule als fleißige Menschen gibt.

Marie v. Ebner-Eschenbach

Sozialismus:

unter Sozialismus verstehen viele manches.

Rudolf Rolfs

Brutto leben

Ein deutscher Sozialdemokrat fragte Guiseppe Saragat, warum es denn — trotz allen Fleißes der Italiener — bei ihnen nicht schneller aufwärts gehe.

»Das ist ganz einfach zu erklären«, sagte Saragat. »Wir verdienen netto, aber wir leben brutto!«

> Nach Michael Schiff: Geld macht sinnlich, 1970, S. 172

Der Sozialismus

verherrlicht den Arbeitnehmer in der Theorie und beutet ihn in der Praxis aus.

Dr. Heiner Geissler, CDU-Generalsekretär, 1977

Sozialismus

nennt man einen ungeheuren Aufwand zum Wohle der Menschheit, welcher sich selbst so restlos konsumiert, daß am Ende tatsächlich jeder alles, nämlich das übriggebliebene Nichts hat.

Heimito von Doderer

Auf Kosten anderer Gutes tun

Ganz simpel ausgedrückt liegt der grundlegende Trugschluß des Wohlfahrtsstaates in dem Versuch, Gutes auf Kosten anderer zu tun.

1. Niemand gibt das Geld eines anderen so sorgfältig aus, wie er sein eigenes ausgäbe. Das ist der Grund, warum der Versuch, auf Kosten anderer Gutes zu tun, zu finanziellen Krisen führt.
2. Wenn man auf Kosten eines anderen Gutes tun will, muß man ihm sein Geld wegnehmen. So sind Zwang und Freiheitsvernichtung die eigentliche Quelle der Versuche, auf Kosten anderer Gutes zu tun.

Der Nobelpreisträger Prof. Milton Friedman
(Reader's Digest, März 1977, S. 113)

Höchstes Ziel

konsequenter Sozialreformer ist der Nulltarif für alle Konsumgüter.

Geldverständnis

Alles, was die Sozialisten vom Geld verstehen, ist die Tatsache, daß sie es von anderen haben wollen.

Konrad Adenauer

Wohlfahrtsstaat:

gutgemeinter Euphemismus für genormte, zentralisierte, bürokratische Zwangsbevormundung.

Arthur Seldon

Wohlfahrtsstaat:

Staatsgebilde, das für alle vorbildlich sorgt — außer für den Steuerzahler.

ABC der goldenen Worte

Das Ideal der Sozialisten:

Die Wiege vom Staat, der Sarg vom Staat. Dazwischen tragen einen die Funktionäre im Plastiksack von Station zu Station des Lebens.

Lothar Späth, CDU-Fraktionsvorsitzender im Baden-Württembergischen Landtag, 1975 (seit August 1978 Ministerpräsident)

Nichts kann nicht umverteilt werden

Leider muß Einkommen erst produziert werden, bevor es umverteilt werden kann.

Henry C. Wallich, Ökonomieprofessor an der Yale-Universität

Zu sozial

ist unsozial.

Prof. Alexander Rüstow

System-Erfinder gesucht

Das System ist noch nicht erfunden, wonach eine Gesellschaft auf Dauer mehr verbrauchen kann, als sie produziert.

Helmut Schmidt

Anspruchsgesellschaft

Die Menschen von heute
wünschen sich das Leben von übermorgen
zu Preisen von vorgestern.

Tennessee Williams

Sättigung als Motiv zur Systemüberwindung?

Die Größe eines Genusses nimmt, wenn wir mit seiner
Bereitung ununterbrochen fortfahren, fortwährend ab, bis
schließlich Sättigung oder Übersättigung und Widerwille
gegen den Genuß eintritt.

Das erste Gossen'sche Gesetz (berühmtes nationalökonomisches Gesetz von Gossen, 1810—1859)

Eigentum ist Diebstahl

Wenn in Deutschland einer Geld hat, dann denken die
Leute gleich, er habe gestohlen.

Bankier Sal. Oppenheim

Eigentumsgarantie

Ein Mensch, der kein Eigentum erwerben darf, kann auch
kein anderes Interesse haben, als so viel wie möglich zu
essen und so wenig wie möglich zu arbeiten.

Adam Smith

Definition des Kollektivismus

Jedermanns Verantwortung ist niemandes Verantwortung, ebenso wie jedermanns Eigentum niemandes Eigentum ist.

Der Nobelpreisträger Prof. Friedrich A. v. Hayek

Entprivatisierung

Mit dem Privateigentum an den Produktionsmitteln wird gewöhnlich auch das Privatleben der Werktätigen abgeschafft.

Helmar Nahr

Die größte Gefahr,

die allen Menschen droht, ist der Kollektivismus. Überall wird versucht, das Glück oder die Lebensmöglichkeiten der Menschen auf das Niveau eines Termitenstaates herabzuschrauben.

Max Beckmann

Es gibt Länder,

in denen wird alles verstaatlicht. Sogar die Freiheit.

Wolfgang Eschker

Der Sozialismus

zwingt die Menschen, froh zu werden, ohne zu bedenken, daß sie froh sind, wenn man sie nicht zwingt.

Hans Lohberger

Basis vor Leistung

Eine Studentin der Nationalökonomie mit starkem Linksdrall zu dem im Seminar behandelten Grundsatz des »Jugoslawien-Modells«, wonach stets die Bestqualifizierten in die Betriebsführung zu wählen sind: Dann wird ja der eherne demokratische Grundsatz, alle Entscheidungen an der Basis zu treffen, verletzt!

Politische Mogelpackung

Die Sozialpolitiker, gegen deren Demagogie es leider kein Verbot der sittenwidrigen Werbung nach dem Gesetz gegen den unlauteren Wettbewerb und nicht einmal eine dem »Deutschen Werberat« vergleichbare Appellations-Instanz gibt, erwecken bei ihren Wählern den Eindruck, als seien soziale Leistungen gratis zu haben. Sie versprechen mit »Mogelpackungen« und »Mondpreisen« und ohne Qualitätsgarantie, hemmungslos immer neue Leistungen, ohne erkennen zu lassen, daß jeder die Mittel für die Wahlgeschenke längst selbst aufbringt.

Prof. H. Nachtigall (Universität Marburg), 1977

Eidgenossen — keine Neidgenossen

Als eine »Ohrfeige« für die Sozialistische Partei (SP) der Schweiz bezeichnete ein Boulevardblatt in Zürich das Abstimmungsergebnis am 4. 12. 1977. Dem Schweizer Volk war eine von der »SP« unterstützte Initiative zur Einführung einer »Reichtumssteuer« unterbreitet worden. Sie hätte untere Einkommen stärker »entlasten«, Einkommen über 100 000 Franken dagegen erheblich mehr »belasten« sollen. Diese vielfach als »Neidsteuer« bezeichnete Abschöpfungssteuer wurde von den Schweizer Bürgern »bachab« geschickt. »Die Eidgenossen werden keine Neidgenossen: ihre Demokratie ist zu ehrwürdig und sturmerprobt, als daß sie progressistische Komplexe zu kompensieren hätten.« (Nach: »Die Welt« vom 6. 12. 1977)

Sozialist Kolumbus

Kolumbus war der größte Sozialist aller Zeiten. Als er lossegelte, wußte er nicht, wohin es ging; als er ankam, wußte er nicht, wo er war; als er zurückkehrte, wußte er nicht, wo er gewesen war — und das alles mit öffentlichen Mitteln.

Karl Weber, 1976

Sozialisierung von Wirtshäusern

bedeutet warmes Bier und kalte Bedienung.

Philip Rosenthal, Unternehmer u. SPD-Mitglied

Langholzwagen und rote Fahnen

Was ist der Unterschied zwischen Langholzwagen und Sozialisten? Beim Langholzwagen sind die dicken Enden vorn und die rote Fahne hinten. Bei den Sozialisten ist die rote Fahne vorn und das dicke Ende kommt hinterher.

Gerechte Vermögensumverteilung

Der alte Rothschild, von einem Mann aufgefordert, sein großes Vermögen unter den Armen der Welt aufzuteilen: »Na gut, ich habe 2 Mrd. Franken. Es gibt 2 Mrd. Menschen auf der Welt. Hier ist ein Franken, Ihr Anteil!«

Tierversuch wäre besser!

Nachdenklich fragt Wanja seinen Vater: Stimmt es, daß *Marx* und *Engels* beide Doktoren waren? Sicher!
Und warum haben sie dann den Sozialismus nicht erst an Tieren ausprobiert?

Aus: Kulenkampffs Lexikon des Humors, 1973

Eine sozialistische Wirtschaft

ist vollkommen, wenn die Betriebe wegen roter Zahlen nicht mehr schwarz zu sehen brauchen.

Demokratismus

85 Prozent seiner Kraft und Zeit braucht man, um Entscheidungen, die man getroffen hat, in tausend demokratischen Gremien zu vertreten.

Helmut Schmidt, 1977

Die Demokratisierung

ist vollkommen, wenn alle mitreden, aber keiner Verantwortung trägt.

Umverteilungsphilosophie

Wer Reichtum zu verteilen hat, vergißt selten sich selbst.

In einer dirigierten Wirtschaft

leben nur die Dirigenten gut.

Der slowenische Regisseur Zarko Petan, 1966

Wer ist ein Kommunist?

Der alle Werke von *Marx* und *Lenin* gelesen hat.
Und wer ist ein Antikommunist?
Wer ihre Werke verstanden hat.

Eingeschlafen . . .

Ich bin stolz darauf, bei der zweiten Seite von Karl Marx'
»Das Kapital« eingeschlafen zu sein.

Harold Wilson, britischer Ex-Premierminister

Einführung des Sozialismus:

einzige bekannte Methode zur endgültigen Beseitigung des
Marxismus.

Helmar Nahr

Die Behauptung,

daß der Marxismus eine Universalmethode sei, muß praktisch zur Tyrannei auf allen Gebieten geistiger Betätigung
führen.

Milovan Djilas

Das rote Tuch

Man muß nicht hinter jeder Fahne herlaufen, sagte der Stier, als er das rote Tuch sah. Ich bin doch kein Mensch.

Der frühere DGB-Chef Ludwig Rosenberg

Karl Marx

hat an keiner Stelle seines Werks geschrieben, daß es verboten ist, weiterzudenken.

Ludwig Rosenberg

Unsere progressivsten Sozialreformen

sind in Wirklichkeit die konservativsten: Sie messen soziale Probleme mit der marxistischen Elle des vorigen Jahrhunderts.

Aus Erfahrung

wissen wir, wie rasch Planung des Bedarfs in Planung des Mangels umschlägt.

Prof. Hans L. Merkle, 1975

Sozialismus:

Institution zur komplizierten Verteilung des Mangels.

Der sozialisierte Mensch

Viele Leute meinen, »Sozialismus« bedeute im wesentlichen nur die Abschaffung des Privateigentums an den Produktionsmitteln. In der Wirklichkeit sozialistischer Gemeinwesen wird jedoch auch der Bürger »sozialisiert«. Aus dem mündigen Menschen wird der gleichgeschaltete, aus dem selbständigen Bürger der administrierte.

Eigenbedarf:

was in der Bedarfsrangfolge basisdemokratischer oder
bürokratischer Bedarfsplaner die höchste Dringlichkeits-
stufe erhält.

Eine komische Sache

ist das: Der Kapitalismus ist ein System der Ausbeutung,
wie doch alle sagen, aber er bereichert die Ausgebeuteten
ganz beträchtlich. Der Sozialismus ist das System der Be-
freiung, wie alle sagen, und verarmt doch die Befreiten so.

Horst Krüger, 1972

Die größere Ausbeutung

Wenn dem Kapitalismus vorgeworfen wird, daß hier eine
kleine Schicht privater Eigentümer sich den Großteil des
Nationaleinkommens aneignet, was man gewöhnlich als
Ausbeutung bezeichnet, so ist darauf zu antworten, daß
die Verstaatlichung der Produktionsmittel eine noch größere Ausbeutung mit sich gebracht hat.

Prof. Ota Šik

Ausbeuterische Töne

Von jedem Mitarbeiter wird erwartet, daß er Fleiß und
Leistung zeigt, unberührt davon, wie günstig die Arbeitsbedingungen sind, wie lang die Arbeitszeit und wie hoch
die Entlohnung ist — und daß er bei alledem nicht danach
fragt, ob er seinen Arbeitsplatz selbst wählen konnte oder
ob ihm dieser strikt zugewiesen wurde . . .

> Vor allem bei jungen Bundesbürgern, die mit fort-
> schrittlichem Gesellschaftsordnungs-Denken ver-
> traut sind, werden solche provokant »ausbeute-
> rischen« Töne ein mißmutiges Echo finden. Die
> zuständige Adresse für Proteste: Hua Kuo-feng,
> Peking, Autor dieses Zitats.

Herz und Verstand im Widerstreit

Wer mit 20 kein Sozialist ist, hat kein Herz.
Wer mit 30 noch Sozialist ist, hat keinen Verstand.

George Bernhard Shaw (1856—1950)

Wer mit 20 kein Revolutionär ist, hat kein Herz.
Wer es mit 30 noch ist, dem ist nicht zu helfen.

Georges Clémenceau (1841—1929)

Wer mit 20 nicht links steht, hat kein Herz.
Wer mit 30 nicht rechts steht, hat keinen Verstand.

Aristide Briand (1862—1932)

Wer mit 20 Jahren nicht Sozialist,
Nicht für Gleichheit und Bruch mit dem Gestern ist,
Den schuf ererbte Zukunft satt und blind!
Wer mit 30 Jahren noch Sozialist,
Noch für Gleichheit und Bruch mit dem Gestern ist,
Der kennt nicht Welt und Menschen, wie sie sind.

Bogislaw v. Selchow in der Gedichtsammlung
»Wächter der Schwelle« (1930)

Wenn vier bedeutende Männer im gleichen Sinne, ja fast wörtlich übereinstimmend gedacht haben, muß der Grundgedanke ihres Denkens einiges für sich haben. Wenn jedoch der eine Zitator den Grundgedanken eines jeweiligen Vordenkers »nachempfunden« haben sollte, muß der Grundgedanke sogar vieles für sich haben; denn Berühmtheiten pflegen zwar ihre eigenen Ghostwriter fleißig zu zitieren, nur ungern aber die Zitate anderer großer Männer. Auf jeden Fall sollte das einstimmige Ergebnis von so viel Denksubstanz denkende junge Menschen unserer Zeit nachdenklich stimmen. — Diese Denkstudie gibt aber auch Veranlassung, die Erwachsenen zu mahnen, in Sachen Wirtschafts- und Gesellschaftsordnung mehr als bisher nachzudenken und vor allem schärfer zu denken! So werden noch heute die Begriffe »Sozialist« und

»Sozialdemokrat« ständig durcheinandergeworfen, ja die Verfechter sozialer Ideen und Systeme wissen häufig selbst nicht, zu welcher Richtung sie sich zu rechnen haben. Und was den Reifungsprozeß von Menschen mit sozialem Engagement anbelangt, so werden sich sowohl die 20jährigen als auch die 30jährigen Kritiker der »Sozialen Marktwirtschaft« hoffentlich genau so irren, wie Wilhelm II., der einmal prophezeite. »Die Sozialdemokratie betrachte ich als eine vorübergehende Erscheinung; sie wird sich austoben«: denn »Sozialdemokratie« und »Soziale Marktwirtschaft« brauchen kein Gegensatz zu sein.

Warnung an Nichtunternehmer

Wer es als Nichtunternehmer unternimmt, die Funktion des Unternehmers zu übernehmen, läuft nach aller Erfahrung Gefahr, sich zu übernehmen.

Des Pudels Kern

Das ist des Pudels Kern: Deutschland als gesundes Wirtschaftsland des Westens ist für uns von außerordentlicher Bedeutung. Je mehr Ihr aber Eure Wirtschaft ruiniert, zum Beispiel auch durch sozialistische Experimente, um so uninteressanter werdet Ihr für uns.

Ein amerikanischer Wirtschaftsexperte (nach »Die Welt« Nr. 116 vom 19. 5. 1973)

Gottes Fehlleistung

In Gottes Schöpfungsgeschichte gibt es nur einen Fehler: Wohl sind der menschlichen Klugheit, nicht aber der Dummheit Grenzen gesetzt.

Konrad Adenauer

Was würde der Sozialismus

Ihnen bringen?

Abschaffung des privaten Eigentums. Miteigentum an Fabriken, Betrieben und Geländen. Mitbestimmung? — Auf dem Papier.

Einen sicheren Platz in einem festgefügten Staatsapparat. Sicher — solange man sich unterordnet!

Eine vorgeschriebene Weltanschauung, die eigenes Denken überflüssig macht.

Ihnen nehmen?

Die Freiheit, Ihre eigene Meinung zu haben und ohne Angst vertreten zu können. Gegebenenfalls durch Demonstration oder Streik.

Die Freiheit, Arbeitsplatz und Wohnort nach eigenen Wünschen auszuwählen.

Die Freiheit, zu reisen. So oft und wohin man will. Mit Urlaubs-Devisen in jeder Währung und Höhe.

Die Freiheit, sich umfassend informieren zu können.

Die Freiheit, staatliche Maßnahmen in Frage stellen zu können. Im Notfall sogar den Staat zu verklagen.

Die Freiheit, unter vielen Konsumgütern und Dienstleistungen das Passende für sich auszuwählen.

Die Freiheit, woanders hinzuziehen; auszuwandern, falls einem das alles hier nicht paßt.

Aus: »Freiheit führt weiter«, Arbeitskreis Soziale Marktwirtschaft, München 1974/75

Marx, Karl:

Erfinder der Klassenkeile, die er zwischen Bevölkerungsgruppen trieb.

Ron Kritzfeld

Konservative

sind Menschen, die rückwärts blicken und vorwärts schreiten. Reaktionäre sind Menschen, die vorwärts blicken und rückwärts schreiten.

Giacomo Beraldo

Weniger ist mehr

Mit einer übertriebenen Demokratisierung kann man die beste Demokratie ruinieren.

Prof. Kurt Hansen,
Vorsitzender des Aufsichtsrates der Bayer AG, 1978

Sinnloses Privateigentum — — —

Wir wollen das Privateigentum nicht abschaffen, wir wollen es nur sinnlos machen.

Der führende schwedische Sozialdemokrat Ernst
Wigforss

Genossen,

genießt den Kapitalismus, der Sozialismus wird fürchterlich!

Wandspruch an einer deutschen Universität

DAS ARBEITER- UND BAUERNLOS
IM UNTERNEHMERLOSEN
ARBEITER- UND BAUERNPARADIES

Der Kommunismus

ist die Negation der Freiheit, alle Kräfte der Gesellschaft
konzentriert er im Staat und landet notwendig bei der
Zentralisation des Eigentums in den Händen des Staates.
Die marxistische Revolution ist in Wirklichkeit nur eine
neue Reaktion, da sie in Tat und Wahrheit die Volks-
massen durch Dekrete beherrscht und sie von neuem zum
Gehorsam, zur Unbeweglichkeit, zum Tode verurteilt,
also zur Sklaverei und zur Ausbeutung, durch eine neue
quasi-revolutionäre Aristokratie.

> Der russische Revolutionär Michail Aleksandro-
> witsch Bakunin (1814—1876) in prophetischer
> Voraussicht

Entweder Kapitalismus oder Sozialismus

Solange es den Kapitalismus neben dem Sozialismus gibt,
können sie nicht in Frieden leben. Der eine oder der andere
wird zuletzt siegen. Entweder wird man die Sowjetrepu-
blik oder den Weltkapitalismus zu Grabe tragen.

> Lenin, 1921

Nur durch Unfreiheit existenzfähig

Jede Form der Freiheit innerhalb des Kommunismus bedeutet unweigerlich auch das Ende der Herrschaft des
Marxismus als Ideologie.

> Milovan Djilas

Bürokratischer Sozialismus vergewaltigt Menschen

Noch nie in der Geschichte wurde die Wirtschaft derartig
vergewaltigt wie im heutigen bürokratischen Sozialismus,
und noch nie konnte eine politische Macht durch ihre ge-
waltige, mehr als religiöse Ideologie die Menschen so lange
mit Versprechungen und zukünftigen Erfolgen abspeisen.

> Prof. Ota Šik (St. Gallen), ehemaliger stellv. Mi-
> nisterpräsident der CSSR (1968) und von 1963 bis
> 1968 Leiter der Partei- und Regierungskommission
> für die ökonomische Reform in der CSSR, 1972

Schiff im Orkan

In einer Schule des Ostblocks fragt die Lehrerin Ober-
schüler, welche Vorstellungen sie vom Sozialismus haben.
Einer vergleicht ihn poetisch mit einem blühenden Garten,
der allen Menschen zugänglich ist, ein anderer mit einem
Flugzeug, das unbeirrt seine Bahn zieht. Ein dritter erklärt
dagegen: Ich stelle mir den Sozialismus wie ein Schiff vor,
das in einen tobenden Orkan gerät. Alle erbrechen sich,
aber keiner darf aussteigen.

Aus: Kulenkampffs Lexikon des Humors, 1973

Non cogito, ergo sum

Schulungsabend in der Zone: »In unserem Arbeiter- und
Bauernstaat darf jeder frei und offen sagen, was er denkt.
In der Ausbeuterkolonie Westdeutschland dagegen . . . «
Einwurf aus der letzten Reihe: »Entschuldige, Genosse
Schulungsleiter! Aber der *Lehmann*, was immer neben mir
gesessen hat, den hammse kürzlich . . . «
»Ich weiß, was du sagen willst«, unterbricht der Schu-
lungsleiter. »Wir dürfen frei und offen sagen, was wir
denken. Aber natürlich dürfen wir nur denken, was wir
frei und offen sagen können.«

Aus: Eberhard Puntsch: Juristen lachen

Verdächtige Wahrheit

Demokratie heißt, die Wahrheit ist noch zu suchen.
Kommunismus heißt, die Wahrheit ist gefunden.
Logische Folgerung daraus: Wer unter den Kommunisten
weiter nach Wahrheit sucht, ist Volksverräter.

W. Kashan, 1974

Der Kommunismus

wirft alles in einen Topf, — und schon schwimmt das Fett
wieder oben.

Ron Kritzfeld

Jacke und Zwangsjacke

Frage an Radio Eriwan:
  Kann man den Unterschied zwischen Demokratie und
  Volksdemokratie erklären?
Radio Eriwan antwortet:
  Im Prinzip ja. Wie zwischen Jacke und Zwangsjacke.

Aus: Neues von Radio Eriwan, 1971

Auswanderungsprobleme

Nicht zu übersehen bleibt, daß die sogenannten sozialistischen Gesellschaften keine Einwanderungsprobleme haben,
wohl aber Auswanderungsprobleme.

Jean François Revel, französischer Politologe

Paradiesisches Ausreiseverbot

Wer (in der DDR) heute vierzig Jahre alt ist, muß bis
zum Jahre 2000 warten, ehe er in die Alpen, zum Rhein
oder auch zum Geburtshaus von *Karl Marx* nach Trier
fahren darf.

Johann Baptist Gradl, CDU-Bundestagsabgeord-
neter und Vorsitzender des geschäftsführenden
Präsidiums des Kuratoriums Unteilbares Deutschland, 1975

Das Paradies

Frage an Radio Eriwan:
  Warum kommen nicht alle Arbeiter der Welt zu uns,
  wenn die Sowjetunion das Paradies der Werktätigen ist?
Radio Eriwan antwortet:
  Aus diesem Paradies kann keiner wieder vertrieben
  werden.

Aus: Neues von Radio Eriwan, 1971

Gedämpfte Zunge:

Spezialgericht in Ost-Berlin, das besonders in Restaurants der gehobenen Klasse, in der überwiegend Parteifunktionäre zu speisen pflegen, sehr empfehlenswert ist.

Medizin gegen Heimweh

Das beste Mittel gegen Heimweh ist die Lektüre der Prawda.

> Viktor Nekrassow, emigrierter russischer Schriftsteller

Erfinder und Vervollkommener der Bürokratie

Rußland hat die Bürokratie nicht erfunden — diese Ehre, so scheint es, kommt den Deutschen zu —, aber Rußland war imstande, einen Staat zu schaffen, in dem theoretisch alle und praktisch fast alle Bürger Bürokraten sind, da sie alle als große oder kleine Schrauben in der Staatsmaschinerie für ihn arbeiten.

> Andrej Amalrik, russischer Bürgerrechtler und Zwangsemigrant anläßlich der Veranstaltung »Die nachindustrielle Gesellschaft« des Management Instituts Hohenstein am 2. 6. 1978 in Frankfurt a. M.

Die zerschmetterte Bürokratie

1. Wenn die Arbeiter die Macht übernehmen, dann werden sie den alten bürokratischen Apparat bis auf die Grundmauern zerschmettern, werden ihn bis auf die Wurzeln vernichten.

> Lenin, in: »Staat und Revolution«

2. Unsere lebendige Arbeit versinkt in einem toten Meer von Papier. Ein fauliger, bürokratischer Sumpf saugt uns alle auf.

> Lenin (nach der Revolution)

Ewig in den Kinderschuhen

Frage an Radio Eriwan:
  Warum spricht man so oft vom »ewig jungen« Kommunismus?
Radio Eriwan antwortet:
  Weil er über fünfzig Jahre alt ist und noch immer in den Kinderschuhen steckt.

Aus: Neues von Radio Eriwan, 1971

Sozialistischer Aufbau

Eine Sardelle ist ein Walfisch, der alle Phasen des sozialistischen Aufbaus durchgemacht hat.

Jugoslawisches Bonmot

Grund zur Müdigkeit

F r a g e a n e i n e n D D R - B ü r g e r : Warum sind die DDR-Bürger so müde?
A n t w o r t : Weil es bei uns seit mehr als 30 Jahren nur bergauf geht.

Verbreiteter DDR-Witz

Die neue Klasse

ist gierig und unersättlich, genauso wie es die Bourgeoisie war. Sie besitzt aber nicht die Tugenden, wie Genügsamkeit und Sparsamkeit, die der Bourgeoisie eigen waren.

Milovan Djilas

Die wahre Ausbeutung

Der Staat verdient an jedem Produkt enorm, weil die Löhne niedrig sind. Dieses System betrachte ich als Grundlage der Ausbeutung. Es ist die ökonomische Struktur der Sklaverei.

Prof. Robert Havemann, Kommunist und Regime-Kritiker der DDR

Die Lohndrückerei

in der staatskapitalistischen DDR ist nur noch mit der Lohndrückerei im Frühkapitalismus zu vergleichen.

Josef Hess, 1973

Ausbeutung

Frage an Radio Eriwan:
    Was ist Kapitalismus?
Radio Eriwan antwortet:
    Die Ausbeutung des Menschen durch den Menschen.
Zusatzfrage:
    Was ist Kommunismus?
Radio Eriwan antwortet:
    Das Gegenteil.

Aus: Schiff, Michael: Radio Eriwan antwortet

»Ausbeutung« und Arbeit

Ich lasse mich lieber hier für zehn Mark ausbeuten, als daß ich drüben für drei arbeite.

Ein aus der DDR geflohener Arbeiter in der Sendung »Fremde Heimat Deutschland«, ARD am 27. 8. 1975

Von der Verdummung zur Aufklärung

Werbung — Schaumschlägerei, ein Mittel, die Menschen zu verdummen und ihnen Waren anzudrehen, die vielfach nutzlos sind.

Russische Enzyklopädie von 1941

Werbung — die Anpreisung von Waren mit dem Ziel, sie zu verkaufen, eine Nachfrage danach zu schaffen, die Kunden über die Vorzüge und Besonderheiten der Artikel sowie darüber zu unterrichten, wo sie erhältlich und wie sie zu verwenden sind.

Russische Enzyklopädie von 1972

Verführung und Verfügung

Die geheimen Verführer im Westen: Nur mit unserem Parfüm sind Sie, verehrte Dame, wirklich verführerisch!

Die offenen Verfüger im Osten: Heute ist Fisch gesund! (Mit geheimem Hinweis nur für den Dienstgebrauch: Fleisch ist derzeit nicht verfügbar.)

Sirenengesang aus dem Osten

Es ist die Aufgabe der Werbung in der Sowjetunion, den Menschen genaue Informationen über die zum Kauf angebotenen Waren zu geben und dazu beizutragen, neue Bedürfnisse zu wecken.

> Anastas Mikojan, ehemals enger Mitarbeiter Stalins und längere Zeit einer der Ersten Stellvertretenden Ministerpräsidenten in der Sowjetunion

Eskalation der Werbung

W e r b u n g macht weiß weißer,
R e k l a m e macht aus grau weiß,
P r o p a g a n d a macht aus schwarz weiß.
V o l k s a u f k l ä r u n g macht nur weiß.

Nahrhafte Radiosteckdose

Frage an Radio Eriwan:
   Im Radio höre ich immer, daß unsere Produktion von Butter, Milch, Eiern und Fleisch ständig gesteigert wird. Aber mein Kühlschrank ist ständig leer. Können Sie mir einen Rat geben?

Radio Eriwan antwortet:
   Im Prinzip ja. Stecken Sie den Kühlschrankstecker in die Radiosteckdose.

Da stimmt was nicht!

Es muß etwas mit der jugoslawischen Wirtschaft nicht stimmen, wenn die jugoslawischen Arbeiter in Deutschland besser arbeiten als in der Heimat.

> Josip Broz Tito am 21. 9. 1975 auf der Zagreber Messe

Volkseigentum

Dem Volk gehören in der DDR die Fabriken. Aber wem gehört das Volk?

> Wolf Biermann in der Zeitschrift »Metall« der IG Metall vom 30. 11. 1976

Null-Ware:

eine Ware, die nicht nur aus warenkundlichen Lexika wohl bekannt ist, sondern die auch überall in der westlichen Welt im Überfluß produziert und konsumiert wird, die aber in der sozialistischen Planwirtschaft ein Null-Dasein führt, weil die Planer sie aus planpolitischen Gründen nicht in den Plan eingeplant haben.

Defizit-Ware:

Ware, die nicht erhältlich ist, wenn man sie gerade dringend benötigt.

Konkurrenzlos

Die Sorge der westdeutschen Glühlampenindustrie, die ostdeutschen Lieferer seien eine ernstzunehmende Konkurrenz, kann ich zerstreuen. Bei 5 der ostzonalen 40-Watt-Birnen waren 3 defekt.

> Leserbrief zu einem Bericht in der FAZ (Blick d. d. Wirtschaft, Nr. 25, vom 31. 1. 1978)

Der Unterschied

Kapitalistische Krisen sind zyklisch, sozialistische sind permanent.

Die ungarische Zeitschrift »Forras«, Kecskemet (»Die Welt« Nr. 34 vom 9. 2. 1978)

Unternehmungslust auf breiter Basis

Im Sozialismus handelt es sich keineswegs um eine Liquidierung der Unternehmungslust, sondern um deren Verallgemeinerung auf gesellschaftlicher Basis.

Radovan Richta und Kollektiv, Prag 1968 (Deutsche Ausgabe: makol-Verlag, Frankfurt a.M. 1971)

Kapitale Fehler

Man weiß nicht, wer das folgende Bonmot geprägt hat. Ein Sozialist war es gewiß nicht, ein Kapitalist wahrscheinlich. Es lautete: »Der Kapitalismus macht soziale Fehler — der Sozialismus macht kapitale Fehler.«

Nach Michael Schiff: Geld macht sinnlich, 1970

Das Wirtschaftsordnungswunder

Die rohstoffarme Bundesrepublik Deutschland erbringt mit einem Viertel der Bevölkerung und dem neunzigsten Teil der Bodenfläche ungefähr das gleiche Sozialprodukt wie die rohstoffreiche UdSSR.

Geplante und freie Äcker

Die Privatäcker nehmen nur 1,5 Prozent der landwirtschaftlichen Nutzfläche der UdSSR ein. Aber auf ihnen und in den privaten Viehställen werden 28 Prozent der gesamten landwirtschaftlichen Produktion erzeugt, so zum Beispiel mehr als die Hälfte aller Kartoffeln, gut ein Drittel der Eier, des Gemüses, und 31 Prozent des gesamten Fleisches.

Nach: »Die Welt«, Nr. 243 vom 18. 10. 1977

Raketen und Kartoffelernte

Die sowjetischen Raketen haben die Venus erreicht — aber in dem Dorf, in dem ich lebe, werden die Kartoffeln mit den Händen geerntet.

> Andrej Amalrik (nach: »Welt am Sonntag«, Nr. 29 vom 18. 7. 1976)

Der Glaube an die Planwirtschaft

Natürlich bedeutet sozialistische Planwirtschaft noch keine absolute Versicherung gegen Mißernten. Sie schafft jedoch die Möglichkeit etwaige negative Auswirkungen des Klimas, der Witterung und anderer Umstände auf die Arbeitsergebnisse der Bauern weitgehend auszugleichen *).

> »Sowjetunion heute«, von der Bonner Sowjet-Botschaft herausgegebene Zeitschrift

---

*) Im Jahre 1977 mußte die Sowjetunion wiederum 92 Mill. Tonnen Weizen aus dem Ausland kaufen, wohingegen vor Etablierung des Paradies-Regimes Rußland die »Kornkammer« Europas war.

Überproduktion

Frage an Radio Eriwan:
  Können Sie mir sagen, warum Kanada und die Vereinigten Staaten an uns so viel Weizen liefern können?
Radio Eriwan antwortet:
  Daran ist die katastrophale Überproduktion unter dem Kapitalismus schuld.

> Aus: Schiff, Michael: Radio Eriwan antwortet

Wirtschaftsexperten

Bester Witz anläßlich der Leipziger Messe 1971: »Wieviele Wirtschaftsexperten braucht man in der DDR zum Einschrauben einer Glühbirne? Antwort: Vier; einer steigt auf den Tisch und hält die Lampe, drei drehen den Tisch ... «

Was iss'n de Pünktlichkeit in der DDR?

Kommste 'ne Viertelstunde zu früh, so ist das Spionage.
Kommste 'ne Viertelstunde zu spät, so isses Sabotage,
Kommste pünktlich, haste 'ne Uhr aus'm Westen.

Witz aus der DDR

Außer Betrieb

In einer »volkseigenen« Fabrik für Eisen- und Stahlverarbeitung. Eine Kommission besichtigt den Betrieb; der Betriebsleiter wird gefragt, welches das gegenwärtige Produktionsprogramm sei. Er erwidert, man fabriziere Teile für Personenaufzüge. Welche Teile speziell? Antwort: Schilder, auf denen steht: »Aufzug außer Betrieb«.

Volkmar Muthesius: Humor im Geschäft, 1973

Gleiche Strafe für alle

Ein Arbeiter dieser »Aufzugteile-Fabrik« wird zu zwei Monaten Gefängnis verurteilt, weil er mehrmals fünf Minuten zu spät zur Arbeit gekommen ist: Sabotage. Ein anderer Arbeiter erhält die gleiche Strafe, weil er mehrmals fünf Minuten zu früh gekommen ist: Verrat an der Solidarität der Arbeiterklasse. Ein dritter muß für zwei Monate ins Gefängnis, weil er stets pünktlich gekommen ist: reaktionäre bürgerliche Provokation!

Volkmar Muthesius: Humor im Geschäft, 1973

Mercedes in Dresden

In Dresden parkt ein neuer, lack- und chromglitzernder Wagen mit dem »Guten Stern auf allen Straßen«.
»Was ist das für ein herrlicher russischer Wagen!« begeistert sich ein Passant.
Ein anderer: »Mensch, du spinnst wohl, kennst du keinen Mercedes?«
»Und ob ich den kenne! Aber kenne ich dich?«

Hilferuf

Die Lagerverwalterin eines landwirtschaftlichen Betriebes in der DDR sandte folgenden Hilferuf an die Ostberliner »Neue deutsche Bauernzeitung«: »Seit zwei Jahren versuche ich vergebens, linke Türschlösser für die Autos unseres Betriebes aufzutreiben. Wer kennt die Gegend, wo alle Autos nur rechte Türen haben? Gibt es dort vielleicht nur Schlösser für linke Türen?«

»Die Welt« Nr. 161 vom 14. 7. 1976

Zweimal Marxismus

Marxismus ist die unübertreffliche Philosophie unserer Zeit.

Jean Paul Sartre

Marxisten haben den staatlich erzwungenen Fortschritt in eine reaktionäre Maschinerie umgewandelt, die die Welt in die Katastrophe führt.

Bernhard-Henri Lévy in seinem Buch: »Die Barbarei mit dem menschlichen Gesicht«

Der Sozialismus

ist ein Paradies — für kapitalistische Touristen.

Der slowenische Regisseur Zarko Petan, 1966

Einwandfreie Stripteasetänzerinnen

Der sozialistische Minister für Tourismus will das Nachtleben der Hauptstadt attraktiver machen und befiehlt, eine Striptease-Bar zu eröffnen. Aber das Geschäft geht schlecht. Der Geschäftsführer der Bar wird geholt und soll Rechenschaft ablegen. »Warum kommen keine Gäste?« »Das verstehe ich auch nicht«, antwortet der Geschäftsführer, »die Tänzerinnen sind alle einwandfrei — mindestens 30 Jahre in der Partei.«

Aus: »Welt am Sonntag« Nr. 30 vom 25. 7. 1973

Der gefundene Schuh

KP-Chef *Leonid Breschnew* sieht einen Kolchos-Bauern mit nur einem Schuh über den Roten Platz humpeln. »Na, Genosse, du hast wohl einen Schuh verloren?« fragt Breschnew. Der Bauer: »Nein, einen gefunden.«

Nach: »Bild« vom 27. 9. 1977

Sozialistischer Trost

Es mag sein, daß von den Kinderschuhen, die gestern auf dem Weihnachtstisch lagen, heute schon die Sohlen abgehen. Aber wir wissen, daß wir am 2. Januar unseren Arbeitsplatz wiederfinden, und wir wissen, daß die Preise auch im nächsten Jahr stabil bleiben, daß bei uns alles sauber und ordentlich zugeht.

Sonntägliche Wirtschaftsbetrachtung in Radio DDR

Strafbarer Bedarf

Frage an Radio Eriwan:
    Stimmt es, daß der Bedarf an Fahrrädern ab 1980 voll gedeckt wird?
Radio Eriwan antwortet:
    Im Prinzip ja. Bis dahin wird ein neues Gesetz jeden Bedarf, der über die Herstellungskapazität hinausgeht, unter Strafe stellen.

Aus: Schiff, Michael: Radio Eriwan antwortet

Volksauto — fürs Funktionärsvolk

Frage an Radio Eriwan:
    Gibt es eine marxistisch-leninistische Definition für das Auto?
Radio Eriwan antwortet:
    Im Prinzip ja. Das Auto ist ein Fahrzeug auf vier Rädern, in dem das werktätige Volk in Gestalt seiner freigewählten Vertreter fährt.

Die Chefs und die Autos

Ein Russe: Die Fabrik gehört den Arbeitern, die Autos davor den Chefs.

Ein Westdeutscher: Bei uns gehört die Fabrik den Chefs, die Autos davor aber den Arbeitern.

Bedarfsabstimmung

Frage an Radio Eriwan:
    Warum gibt es bei uns nur so wenig Tankstellen?
Radio Eriwan antwortet:
    Aber das ist doch ganz klar — bei den wenigen Autos!
Zusatzfrage:
    Und warum gibt es so wenig Autos?
Radio Eriwan antwortet:
    Wo kämen wir hin mit mehr Autos — wo wir doch nur so wenig Tankstellen haben!

Aus: »Depfa«-Kalender

Toilettenpapier im Arbeiterparadies

In einem kommunistischen Staat hält ein hoher Funktionär einen Vortrag. Er verspricht: »Unsere Arbeiter und Bauern werden schon bald alle eine große, moderne, schöne Wohnung haben!«

Eine Stimme aus dem Hintergrund: »Und wie ist das mit dem Toilettenpapier?«

»Unsere Werktätigen werden schon morgen ihren eigenen Wagen fahren und sich jeden Komfort leisten können!«

»Und wie ist das mit dem Toilettenpapier?«

»Sie alle, Genossen, werden Ihr eigenes Gärtchen besitzen und jedes Jahr sechs Wochen Urlaub am Schwarzen Meer verbringen!«

»Und wie ist das mit dem Toilettenpapier?«

Da platzt dem Funktionär der Kragen. Mit hochrotem Kopf zitiert er »Götz von Berlichingen«.

Da tönt es aus dem Hintergrund: »Das ist aber nur eine Zwischenlösung.«

Vorwärts mit dem kapitalistischen Auto
ins sozialistische Paradies!

Schlecht besser als gar nicht

Frage an Radio Eriwan:

Ich leite einen staatlichen Betrieb, der Seife, Zahnpasta und Schuhcreme herstellt. Nun beschweren sich aber täglich die Werktätigen unseres Bezirks über die schlechte Qualität der gelieferten Waren. Sehen Sie einen bequemen Weg, diese lästigen Beschwerden loszuwerden?

Radio Eriwan antwortet:

Im Prinzip ja. Sorgen Sie dafür, daß es diese Dinge eine Weile überhaupt nicht gibt.

Aus: Neues von Radio Eriwan, 1971

Real existierender Sozialismus

Seit Jahren ärgere ich mich über den zu engen Gummi in sämtlichen Schlüpfern, die ich mir kaufe. Obwohl ich einen Taillenumfang von 80 cm habe, bin ich gezwungen, jeweils etwa 20 cm Gummi einzusetzen. Oft ist gar keine Öffnung für das Auswechseln oder Erweitern vorhanden. Da besteht die Gefahr, daß an dieser Stelle Maschen laufen. Auch Herrenunterhosen weisen den gleichen Mangel auf. Arbeiten denn in den Herstellerbetrieben nur Kolleginnen mit Wespentaillen?

Brief einer Leserin an die DDR-Gewerkschaftszeitung »Tribüne« (»Blick durch die Wirtschaft« Nr. 141 vom 23. 6. 1975)

Neckermann-Katalog als Enzyklopädie des Luxus

Der Neckermann-Katalog ist die »bestaunte Enzyklopädie« von allem erdenklichen West-Luxus. Er wird zu hohen Preisen in den Ostländern gehandelt. Deutsche Urlaubsreisende haben den Katalog als Schmuggelgut in ihrem Extragepäck.

»Spiegel« Nr. 6/1973

276

Plangerechte Tasse Kaffee

1 Tasse Bohnen-Kaffee 6,5 g Kaffee
1 Kännchen Bohnen-Kaffee 13 g Kaffee
1 Kännchen Mokka-Double 20 g Kaffee
Für die Richtigkeit der Kalkulation und der Preise
gez. Küchenleiter   gez. Gaststättenleiter
III/18/384/75 Lp. 95—3.73.

> Aus der Speisekarte der Gaststätte Thüringer Hof
> in Leipzig, nach FAZ Nr. 72 vom 31. 3. 1973

Imperialist

ist ein Mann, der seinen alten Freunden in der DDR
regelmäßig Kaffee schickt.

> Dr. Volkmar Muthesius

Vier Jahreszeiten

Was sind die besonders schwierigen Jahreszeiten für die
Wirtschaft der DDR? Antwort: Der Frühling, der Sommer, der Herbst und der Winter.

> Gespräch in Ost-Berlin

Die lange Schlange

30 Milliarden Stunden Schlange steht die Sowjetbevölke-
rung jährlich.

> Ein graduierter Volkswirt in seiner Stellungnahme
> im Rahmen der »Volksdiskussion« über die neue
> Sowjetverfassung (»Die Welt« Nr. 222 vom 23. 9.
> 1977)

Was macht ein DDR-Bürger,

wenn er im Urwald auf eine Schlange trifft? — Er stellt
sich an!

> Blick durch die Wirtschaft Nr. 243 v. 19. 10. 1974

Vom Nutzen des Flugzeugs

In einem Moskauer Fabrikbetrieb spricht ein hoher Gewerkschaftsfunktionär über den Fünfjahresplan. »Wenn der nächste Fünfjahresplan zu Ende ist, Genossen«, so sagt er, »dann habt ihr alle ein Fahrrad.« Großer Beifall. »Dann kommt der siebente Fünfjahresplan, wenn er zu Ende ist, habt ihr alle ein Auto« — noch mehr Beifall. »Und wenn der achte Fünfjahresplan zu Ende ist, hat jeder von Euch ein Flugzeug« — stürmischer Beifall.

Nur ein alter Genosse wiegt bedenklich den Kopf und sagt: »Genosse Funktionär, das alles ist gut und schön, aber sag mir bloß, was soll ich auf meine alten Tage noch mit einem Flugzeug anfangen?«

Darauf der hohe Funktionär: »Es wird Gelegenheiten geben, wo Du das Flugzeug sehr gut brauchen kannst. Stell Dir zum Beispiel mal vor, Du hörst, daß es in Smolensk Streichhölzer gibt — nichts wie rein ins Flugzeug und hin nach Smolensk: vielleicht kommst du gerade noch in die Schlange hinein!«

Volkmar Muthesius: Humor im Geschäft, 1973, S. 39

Nichts hier — nichts nebenan

Ein Ostberliner kommt in das HO-Kaufhaus und fragt: »Haben Sie keine Zollstöcke?« Verkäuferin: »Keine Zollstöcke gibt's nebenan — wir haben keine Turnhosen!«

Heute gibt's keinen Bedarf an Fleisch!

Schild im Schaufenster eines Fleischerladens in einem Lande östlich der marktwirtschaftlichen Grenze

Nostalgisches Gedächtnis

Eine alte Frau kam in einen Warschauer Fleischerladen und fragte: »Haben Sie Steaks?«
»Nein«, antwortete der Fleischer.
»Haben Sie Kalbfleisch?«
»Nein.«
»Schweinefleisch — Schinken — Speck — Wurst?«
»Nein, nein, nein, wir haben nichts davon«, antwortete der Fleischer indigniert.
Die alte Frau nahm ihre leere Einkaufstasche und verließ den Laden.
»Was für eine Plage ist diese alte Frau«, platzte der Fleischer heraus, als sie draußen war. Dann fügte er bewundernd hinzu: »Aber was für ein Gedächtnis!«

> Leopold Unger im »International Herald Tribune«, Paris

Gibt's nicht!

Zwei Worte, die dem Kunden in östlichen Paradies-Läden am häufigsten begegnen.

Oma gesucht!

Inserat in einer russischen Zeitung, mit dem eine Familie, die wegen Überbeanspruchung durch reguläre und Schwarzarbeit keine Zeit hatte, vor den Läden Schlange zu stehen.

Ladenhüter schützen vor Ladenklau

Der berüchtigte Ladenklau in kapitalistischen Wohlstandsländern ist im Osten unbekannt, weil die Führung dort erkannt hat, daß Ladenhüter der sicherste Schutz gegen Ladendiebstähle sind.

279

Ein Junge im Paradies

Der lungert hier schon 'ne ganze Woche rum und begafft unsre Auslagen.

> Verkäuferin eines ostdeutschen »Intershop«-Ladens, in dem West-Waren nur mit West-Geld zu haben sind, zu einem westdeutschen Besucher, der erstaunt fragte, warum die Verkäuferin einen fünfjährigen Jungen unwirsch am Arm genommen und vor die Ladentür befördert habe.

Schlaraffenland in Moskau — nur für Kapitalisten

Man predigt uns täglich, wir seien das mächtigste und fortschrittlichste Land der Welt. Aber man wirft uns in unserem eigenen Lande aus diesen Geschäften heraus. Selbst meine kleine fünfzehnjährige Tochter findet das unnatürlich und erniedrigend.

> Ein Moskauer Bürger zum Moskauer Korrespondenten der »Welt«, Dietrich Mummendey (»Die Welt« Nr. 3 vom 4. 1. 1978), unter Bezugnahme auf die Tatsache, daß nur ausländische Diplomaten, Geschäftsleute und Journalisten Zugang zu dem Schlaraffenland »Berijoska«, einem Supermarkt voller westlicher Delikatessen, haben, und daß Sowjetbürger beim Versuch des Eintretens in das Geschäft unsanft von Türhütern zurückgestoßen werden.

Geringschätzung der Bedürfnisse des Konsumenten

Das größte Kaufhaus der UdSSR ist das Kaufhaus GUM am Roten Platz. Man sollte annehmen, daß in der Hauptstadt der UdSSR, dem Zentrum des kulturellen und politischen Lebens, dem Verbraucher auch ein in Qualität und Quantität adäquates, sogar maximales Konsumgüter-Angebot zur Verfügung gestellt wird. Was aber hier dem

Sowjetbürger an Auswahl, Qualität, Service, Primitivität, umständlicher Organisation, Wartezeit bei zum Teil sehr hohen Preisen zugemutet wird, zeigt in vollem Umfange die Geringschätzung der Bedürfnisse des einzelnen Menschen.

Ein Teilnehmer an einer Studienreise nach Rußland in: MMM-Informationen (Mitteilungen des Clubs zur Pflege des Erfahrungsaustausches über Moderne Markt-Methoden) Nr. 9 vom 13. 10. 1972

Der Kommunismus

ist ein Experiment, das sich mit kapitalistischen Krediten finanzieren möchte.

Helmut Saake

Kommunismus und Christentum

Frage an Radio Eriwan:
  Was ist der Unterschied zwischen Christentum und Kommunismus?
Radio Eriwan antwortet:
  Das Christentum predigt die Armut, der Kommunismus verwirklicht sie.

Aus: Neues von Radio Eriwan, 1971

Kapitalismus unentbehrlich

Frage an Radio Eriwan:
  Was ist eigentlich das verwerflichste und teuflischste am kapitalistischen Wirtschaftssystem?
Radio Eriwan antwortet:
  Daß es für unsere Planwirtschaft so unentbehrlich ist.

Aus: Neues von Radio Eriwan, 1971

Ein kapitalistisches Musterland

Westlicher Ökonom zu einem russischen Planwirtschaftler anläßlich eines Kongresses in Moskau:
Da Sie keinen freien Markt haben, würde es mich interessieren, wie Sie die Effizienz Ihrer Produktion messen?
R u s s e : Wir orientieren uns an den vergleichbaren Weltmarktpreisen.
W e s t l e r : Wenn Sie die Weltrevolution vollendet haben werden, fehlt Ihnen dann nicht jeglicher Bewertungsmaßstab!?
R u s s e : Ich hoffe, daß unsere Führung so klug sein wird, wenigstens *ein* kapitalistisches Land bestehen zu lassen, denn sonst würde ich ernste Schwierigkeiten für uns sehen.

Kostbares Know-how des Westens

Wir müssen von allen Fachleuten — wer es auch immer sein mag — lernen, die Wirtschaft zu handhaben. Wir müssen bei ihnen in die Lehre gehen und von ihnen respektvoll und gewissenhaft lernen. Wenn wir etwas nicht wissen, müssen wir das zugeben, dürfen nicht so tun, als wüßten wir es.

Mao Tse-tung, 1949

Die Schweizer Uhr

In Prag kommt ein Mann auf das Polizeirevier und wird gefragt, was er wünsche. Er sagt, zwei Schweizer Soldaten hätten ihm seine russische Uhr gestohlen.
Die Polizisten fragen erstaunt, ob es sich nicht um russische Soldaten handele, die seine Schweizer Uhr gestohlen hätten.
»Das habe nicht ich gesagt, sondern Sie«, antwortete der Mann.

Markt kontra Planwirtschaft

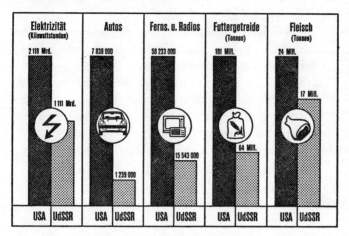

Elektrizität (Kilowattstunden)		Autos		Ferns. u. Radios		Futtergetreide (Tonnen)		Fleisch (Tonnen)	
2 118 Mrd.	1 111 Mrd.	7 838 000	1 239 000	58 233 000	15 543 000	181 Mill.	64 Mill.	24 Mill.	17 Mill.
USA	UdSSR	USA	UdSSR	USA	UdSSR	USA	UdSSR	USA	UdSSR

Nach »Welt am Sonntag« Nr. 48 vom 27. 11. 1977

USA – UdSSR: Kein Unterschied!

Ein russischer Funktionär kam aus den USA zurück und berichtete: »Dort ist es genau so wie in Rußland; für Rubel kann man nichts kaufen.«

Der Funktionär wurde »wegen überragender Dummheit« von seinem Vorgesetzten gerügt, denn er hätte – so wurde ihm bedeutet – wissen müssen, daß man vor Einkäufen die Rubel in Dollar umtauschen muß.

Ein klügerer und erfahrener Funktionär, mit einem ansehnlichen Dollarbetrag ausgestattet, wurde zur nächsten Verhandlung nach den USA gesandt. Zurückgekehrt, berichtete er: »In den USA ist es genau wie in Rußland; für Dollar kann man alles kaufen.«

Sendungsbewußtsein und Sendezeit

Frage an Radio Eriwan:

Unsere Politiker sprechen davon, daß wir in naher Zukunft die Vereinigten Staaten überholen werden. Gleichzeitig steht dauernd in den Zeitungen, daß das kapitalistische Amerika mit Riesenschritten in den Abgrund taumelt. Kann sich Radio Eriwan zu diesem Widerspruch äußern?

Radio Eriwan antwortet:

Unsere Sendezeit ist leider abgelaufen.

> Aus: Schiff, Michael: Radio Eriwan antwortet

Sozialismus:

Kommunismus plus Elektrifizierung des ganzen Landes.

> Lenin — (Soll nach Meinung einiger Leute bei uns der weitere Ausbau der Elektrifizierung erst nach Etablierung des Kommunismus betrieben werden?)

Das wirkliche Monopol

Im Unterschied zu Unilever, General Motors und Grundig, die nur »bescheidene Oligopole« sind, ist der Sowjetstaat ein wirkliches Monopol im strikten Sinne, ein Monopol auf Investitionen, Beschäftigung, Presse, Lohn- und Preisbindung, Bewilligung von Reisepässen, auf Automobile — und auf die Wahrheit.

> Emmanuel Todd, in: »Vor dem Sturz — das Ende der Sowjetherrschaft«, 1977

Probates Schlafmittel für Breschnew: Versuchen Sie es mal mit der Marktwirtschaft!

Das Einschlafen bereite ihm Schwierigkeiten und zwinge ihn zum Einnehmen von Tabletten, gestand *Breschnew* in einem Interview für das französische KP-Organ L'Humanité: »Die Probleme des Tages hören auch nachts nicht auf, sich in meinem Kopf herumzudrehen. Und es gibt da nicht wenige Probleme in einem Land von der Größe des unseren. Industrie, Landwirtschaft ... Wenn die Menschen im Süden Sommerkleider brauchen, müssen wir die Bewohner des Nordens immer noch mit Pelzstiefeln beliefern. Es geht um große und um kleine Dinge, um Freude und Ärger. Alles wird uns direkt vorgelegt, wir müssen uns mit allem befassen, darüber diskutieren und Lösungen finden.«

»Die Zeit« Nr. 21 vom 18. 5. 1973

Der schwarze Markt

ist die einzige funktionsfähige Organisationsform in einer Planwirtschaft.

Ein bißchen Kommunismus ...

Mein entschiedener Widerstand gegenüber kommunistischer Indoktrination rührt vor allem aus der Erfahrung, daß es noch keiner Gesellschaft gelang, das kommunistische Experiment rückgängig zu machen. Man kann eben nicht versuchsweise »ein bißchen Kommunismus« haben.

Prof. Karl Steinbuch

Die wirkliche Klassengesellschaft

Den westlichen Ökonomen, Soziologen und liberalen Politikern ist vorzuhalten, daß es ihnen nicht gelungen ist, den Gedanken durchzusetzen, daß der Kommunismus Klassengesellschaft produziert. Die extreme Konzentration von Macht in den kommunistischen Gesellschaften führt nicht nur zu Einkommensungleichheiten der Bevölkerung, sondern auch zu Rechtsungleichheit.

Emmanuel Todd, in: »Vor dem Sturz — das Ende der Sowjetherrschaft«, 1977

Conspicuous consumption *)

Eine negative Entwicklung (der Einschaltquote von DDR-Bewohnern beim Westfernsehen) zeigen auch die Zahlen für Rudi Carrells Show »Am laufenden Band«: Der Unterhaltungswert wird zwar geschätzt, nicht aber der Aufmarsch der Geschenke für den Sieger am Schluß jeder Sendung: Der Durchschnittskonsument in der DDR empfindet es als Provokation, wenn er mit ansehen muß, wie hochwertige Gebrauchsgüter gleich im Dutzend oder Ferienreisen in für ihn unerreichbare Länder an einen einzelnen Bundesbürger verschenkt werden.

> Ein »DDR-Bürger in Staatsfunktion«, der »für einen Kreis kritischer Ostdeutscher spricht« (so »Der Spiegel« Nr. 17 vom 24. 4. 1978, S. 44)

---

*) Dieser aus dem Amerikanischen zu uns gelangte Begriff bedeutet zu deutsch »sichtbarer (auffallender) Konsum« (etwa Luxusvilla, Luxusauto, Vier-Karat-Brillant, Hermelinmantel). Daß die im ganzen bescheidenen »Carrell-Erzeugnisse« auf potentielle Konsumenten bereits »provokatorisch« wirken, beweist, daß in der DDR noch ein langer Weg zum Konsumparadies zurückzulegen ist.

Die Differenz

Die Differenz zwischen westdeutscher Unternehmerwirtschaft und ostdeutscher Funktionärswirtschaft liegt — unter anderem — darin, daß die Arbeitsproduktivität in der DDR nur 60 Prozent derjenigen unserer Bundesrepublik beträgt. Berücksichtigt man die längere Arbeitszeit in Mitteldeutschland, beträgt die Produktivität sogar nur 50 Prozent. Da die Arbeiter in der DDR gewiß nicht fauler als die Arbeiter in der Bundesrepublik Deutschland, der leitende Angestellte drüben nicht weniger einsatzfreudig als der hierzulande ist, kann die niedrigere Produktivität der Menschen und Maschinen in Mitteldeutschland wohl nur systembedingte Gründe haben.

Der undemokratische Kommunismus

Der Kommunismus ist undemokratisch. Was er als die »Diktatur des Proletariats« bezeichnet, ist in Wirklichkeit die Diktatur einer kleinen Minderheit, die zu einer oligarchisch regierenden Klasse wird. Die herrschende Klasse in einem kommunistischen Staat ist sogar noch mächtiger als die kapitalistische Klasse in einem »demokratischen« Staat. Die Annahme, die regierende Klasse im kommunistischen Staat werde stets im Interesse des allgemeinen Wohls handeln, ist nichts als törichter Idealismus.

> Bertrand Russell (1872—1970), englischer Philosoph, der (trotz dieses Zitats!) noch heute ganz Linken als Aushängeschild für politische Kampagnen (»Russell-Tribunal«) dient

Einsame Zuneigung

Der rumänische Staatspräsident Nicolae Ceausescu verkleidete sich eines Abends und ging in eine Bar, um zu erfahren, was die Leute von ihm denken.

»Was halten Sie von Ceausescu?«, fragte er einen Mann. Der Mann schaute um sich und flüsterte: »Hier kann ich es Ihnen nicht sagen.«

Daraufhin gingen beide nach draußen. »Nun, sagen Sie mir: was halten Sie von Ceausescu?«, fragte der Präsident erneut. »Nicht hier«, sagte der Mann wiederum, sich ständig umschauend.

Daraufhin stiegen sie in ein Auto, aber als die Frage erneut gestellt wurde, zeigte der Mann auf den Fahrer. Schließlich, als sie weit draußen auf dem Lande waren, stiegen sie aus und gingen auf eine Wiese.

»Nun«, sagte Ceausescu, wie denken Sie über Ceausescu?« Der Mann schaute sich immer noch vorsichtig um, wandte sich dann zum Präsidenten und flüsterte ihm ins Ohr: »Ich mag ihn gern.«

> H. A. F. in Reader's Digest (amerikanische Ausgabe), Mai 1978, S. 286

Dankeschön!

Wenn das Kommunismus ist, dann können sie ihn behalten.

> Arthur Scargill, britischer Gewerkschaftsführer,
> nach seinem Bulgarienurlaub.

Krönung schlechter Versorgungslage:

wenn in einem Planwirtschaftsparadies die Erzählung von Witzen witzlos wird, weil die Wirklichkeit selbst die bösesten Witze witzlos macht.

Kein Witz!

Sölter-West trifft seinen Vetter Sölter-Ost am Berliner Sektorenübergang.

Sölter-West: »Was gibt's für einen neuen Witz?«

Sölter-Ost: »Ein Jahr Gefängnis!«

Sölter-West (gedankenverloren): »Dann gibt's für das mit vorstehendem ›Witz‹ gekrönte Kapitel dieses Bandes mindestens 5 Jahre!«

Hoffnung auf witzbegierigen Staatsanwalt

In Ostberlin sitzt ein Richter vor einer dicken Akte und hält sich den Bauch vor Lachen. »Warum lachst Du?« fragte der ihm gegenübersitzende Staatsanwalt. »In dieser Akte steht ein toller politischer Witz!« antwortete der Richter. »Erzähl mal!« forderte der Staatsanwalt ihn auf. »Das kann ich nicht, dafür habe ich eben auf Deinen Antrag hin einen Mann zu 5 Jahren Haft verurteilt.«

Eure Probleme möchten wir haben!

> Erstaunt-spöttische heimliche Bemerkung eines DDR-Ingenieurs zu einem deutschen Besucher, der über Bedarfssättigung, Absatzschwierigkeiten und Überkapazitäten in seiner westdeutschen Branche große Sorge äußerte.

MANAGEMENT BY HUMOUR, ODER: MIT HUMOR UNTERNIMMT SICH'S BESSER

Wacklige Vorstandsstühle

Frage: Warum sind Vorstandsstühle so wacklig?
Antwort: Weil Unternehmen heute ganz schnell in die Verlustzone geraten können und die Vorstandsmitglieder die besten Schuldigen sind.
Weitere Frage: Warum wackelt bei den Gewerkschaftsfunktionären kein Stuhl?
Antwort: Weil Löhne und soziale Bedingungen ohne Rücksicht auf Verluste durch Machteinsatz der Gewerkschaften ständig erhöht werden und somit stets eine Erfolgsbilanz nachweisbar ist.

Der bessere Job

Am Abend vor der Hochzeit sagt der Bräutigam zu seiner künftigen Frau: Es fällt mir sehr schwer, aber ich muß dir ein Geständnis machen, ich bin gar nicht Gewerkschaftsführer, ich bin nur mittelständischer Unternehmer.

Unsoziale Technik

In der Innenstadt hebt ein Bagger eine riesige Baugrube aus. Ein Gewerkschaftsfunktionär kommt vorbei. Er stapft durch den Dreck zum Bauunternehmer und beschwert sich: Sie sind unsozial. Diese Arbeit könnten doch hundert Männer mit Schaufeln machen.
Ganz meine Meinung, sagt der Bauunternehmer. Aber warum nicht tausend Männer mit Teelöffeln?

Aus: Kulenkampffs Lexikon des Humors, 1973

Die ideale Managerpartnerin

weiß, daß ihr Mann Bigamist ist, in erster Linie mit dem Betrieb verheiratet und erst danach mit ihr. Deshalb darf es ihr nichts ausmachen, eine Ehe zu dritt, mit ihm und seiner Firma, zu führen.

Aus: Financial Times

Die Krönung des Leistungsprinzips

liegt vor, wenn der Manager seine Ehefrau vom ersten Tag der Ehe an geistig und materiell auf den Status der Witwe vorbereitet.

Großunternehmen als Retter

Nixon schickt an Israels Ministerpräsidentin Golda Meir ein Telegramm: »Ich habe einen Neujahrswunsch. Bitte überlassen Sie mir Ihren General *Mosche Dajan*.«
Golda Meir antwortet: »Sehr gern, wenn Sie mir dafür zwei amerikanische Generale überlassen.«
Nixon erfreut zurück: »Selbstverständlich, welche wollen Sie denn haben?«
Darauf *Golda Meir*: »General Motors und General Electric.«

»Stern« Nr. 53 vom 27. 12. 1970

Der Beschluß

Als ich als Halbwüchsiger bemerkte, daß meine Gedichte nicht zur Unsterblichkeit reichten, beschloß ich aus ebendemselben Grunde, Schiffsbauer zu werden. Ich wollte einfach etwas schaffen, das mich überlebt.

> Der bedeutende englische Schiffbauer Tennyson d'Eyncourt, der zu Beginn dieses Jahrhunderts die großen Dreadnought-Schlachtschiffe der Engländer konstruiert hat

Abs, Humor und Hochfinanz

Im Jahre 1955 reist *Abs* nach Mannheim und hält vor den Herrschaften der dortigen Industrie- und Handelskammer einen Vortrag über Währungsfragen und Konjunkturbewegungen. Nicht etwa, daß er seine Ausführungen mit einem sachlich-kühlen Fazit beschließt, wie sonst gehabt im überernsten Wirtschafts-Deutschland. Nein, der Referent denkt anders, blinzelt wie Reineke Fuchs und sagt: »Sollte Ihnen nach meinen Darlegungen noch immer nicht klar sein, was wir unter einer überhitzten Konjunktur zu verstehen haben, so ist der Zweck meines Vortrages erfüllt.«

> Aus: Winkler: Ein Bonmot zur rechten Zeit. Anekdoten aus der Welt der Industrie, 1971

Badewanne:

think tank für Manager.

Bittere Vorstellung für Pferdmenges

Robert Pferdmenges, Bankier und Politiker, Freund und Berater *Konrad Adenauers,* bekommt Post von der Redaktion einer großen Zeitung. Man bittet ihn höflich, zu der Frage Stellung zu nehmen: »Was würden Sie tun, wenn Sie plötzlich eine Million Mark besäßen?«
Pferdmenges schreibt zurück: »Ich müßte mich einschränken.«

> Aus: Winkler: Ein Bonmot zur rechten Zeit. Anekdoten aus der Welt der Industrie, 1971

Keine Vetternwirtschaft

Aktionär zu Aufsichtsratsvorsitzendem während der Hauptversammlung: »Gestatten Sie, Herr Dr. *Goldmüller,* der Vorstandsvorsitzende unserer Gesellschaft hat den gleichen Namen wie Sie, stehen Sie in einer verwandtschaftlichen Beziehung zu ihm?«
»Ja, das ist mein Sohn!«
»Gott sei Dank, ich dachte schon wir hätten Vetternwirtschaft in unserer Gesellschaft.«

293

Das wichtigste Rad

Eine junge Dame wollte vom englischen Schriftsteller *Bernhard Shaw* wissen, was ihn denn zu seinen höchsten schriftstellerischen Leistungen animiert habe: Die Aussicht auf schnöden Mammon, die Hoffnung auf Ruhm oder einfach der schlichte Drang zu schöpferischer Arbeit.

Darauf *Shaw:* »Liebe junge Dame, ich antworte Ihnen gern, wenn Sie mir sagen können, welches Rad an einem Dreirad das wichtigste ist.«

Der überbeschäftigte Manager

Die junge Ehefrau läßt sich von ihrem Mann, einem erfolgreichen Manager, scheiden.

»Er hatte nichts als seine Geschäfte im Kopf«, beklagt sie sich vor dem Scheidungsrichter, »wenn mir je etwas passiert wäre, hätte er nicht mal meinen Körper identifizieren können.«

Chefin:

eine Einrichtung, die den Umgangston und die Umgangsformen verfeinert.

Miß Management:

das Management eines Unternehmens zur Veranstaltung von Miß-Wahlen.

Schöne Industriellentochter

Zwei Freunde treffen sich.
»Ich werde heiraten«, erzählt der eine stolz.
»Ach? Wen denn?«
»*Ingeborg Sibelius*, die Tochter des Industriellen.«
»Aber die schielt doch so entsetzlich!«
»Schon — aber wenn sie schläft, ist sie wirklich schön!«

»Kaiserin der Kosmetik« *)

Auf die Frage an *Helena Rubinstein,* wie sie ihr Unternehmen sechs Jahrzehnte lang und selbst im biblischen Alter durch alle Fährnisse weltweit entstandener Konkurrenz steuern konnte, radebrechte die polyglotte Erfolgsfrau stereotyp: »You have to be klug, c'est ça.«

---

*) Ehrentitel, den der Dichter Jean Cocteau der Rubinstein, die 1965 im Alter von 94 Jahren starb, gab.

Das Phänomen Umsatz

Der Nachbar einer Marktfrau zur selbigen: »Frau *Meyer,* wie können Sie eigentlich mit Ihrem Geschäft existieren? Sie kaufen die Eier zu 10 Pfennigen das Stück ein und verkaufen sie zu 8 Pfennigen?!« Darauf die Marktfrau: »Herr *Müller,* das frage ich mich bisweilen auch. Ich halte mich aber strikt an den Leitsatz meines Vaters: ›Der Umsatz muß es bringen!‹«

Die gefährlichsten Leute

sind unsere Management-Professoren, die keinerlei praktische Erfahrung haben.

Peter Drucker,
amerikanischer Management-Professor

Reibung hebt das Geschäft

Mein Geschäft blüht, wenn sich in den Gängen die Ärscher reiben.

Der Warenhauserfinder Leonard Tietz

Die Luxusbranchen

leben nicht von den feinen Leuten, sondern von denen, die sich dazu rechnen möchten.

295

Ein Mensch ohne Lächeln

sollte keinen Laden aufmachen.

Chinesisches Sprichwort

Das Problem des Absatzes

Ein Textilfabrikant klagt über Schlaflosigkeit.
»Zählen Sie Schafe«, empfiehlt der Arzt.
Nach vierzehn Tagen fragt er den Patienten nach dem Erfolg.
»Es hat nichts genützt, Herr Doktor, als ich bei zehntausend angekommen war, habe ich mir überlegt, wieviel Wolle man daraus machen könne, und ich habe errechnet, wieviel Anzüge das geben würde. Und dann kam das Problem: wie soll ich diese auf dem übersättigten Markt absetzen?«

Verkaufsförderung

Als *Friedrich der Große* vor 200 Jahren auf der Produktion der noch nicht florierenden Porzellan-Manufaktur sitzen blieb, belebte er den Absatz, indem er seine Beamten zwang, vor jeder Beförderung ein Stück Porzellan zu erwerben.

Die leidigen Reklamationen

Der Besitzer einer pharmazeutischen Fabrik, die Anti-Baby-Pillen herstellt, bekommt Besuch. Als der Gast das Haus betritt, springen ihm sechs muntere Kinder entgegen.
»Sechs Kinder haben Sie? Das ist aber meiner Ansicht nach nicht gerade eine gute Werbung für Ihre Fabrikate.«
»Das sind nicht meine Kinder. Das sind Reklamationen.«

Der Pferdehandel

Ein Pater suchte einen Bauern mit einem schlechten Pferde zu hintergehen. Er ritt es ihm deswegen vor und pries es ihm mit vieler Beredsamkeit an.

Allein, seine Bemühung war umsonst und der Bauer zu schlau, welcher mit einem Kopfschütteln den Kauf ausschlug und ganz gelassen sagte: »Herr Pater, wenn Sie mich betrügen wollen, müssen Sie auf keinem Pferde, sondern auf der Kanzel sein.«

Aus: Heinrich Bebels (1472—1518) Schwänke, zum ersten Male in vollständiger Übertragung hrsg. von Albert Wesselski. Bd. 1 bis 2 (drei Bücher), München, Leipzig 1907

Gesundheit und Öl

John D. Rockefeller, der zu seiner Zeit reichste Mann der Welt, soll einmal von sich gesagt haben, er habe — obwohl Herr über alles Öl der Welt — nicht genug davon, um seine Gelenke zu schmieren.

Hugo Stinnes als Hotelier

Hugo Stinnes, einstens an Ruhr und Rhein der ungekrönte König, ist knapp fünfzig Jahre alt, als er 1919 seine Macht auf eine Reihe renommierter deutscher Großhotels ausdehnt. Berlin, Hamburg, Frankfurt, Travemünde und das thüringische Oberhof sind die Standorte der fraglichen Objekte.

Der Empfangschef in einem großen Hotel legte einem im Foyer sitzenden, ziemlich nachlässig gekleideten Herrn die bekannte Karte auf den Tisch: »Sie werden gebeten, das Hotel sofort unauffällig zu verlassen.« Der Herr bleibt indessen sitzen, der Empfangschef dagegen verließ das Hotel postwendend und soll später nur noch sein Auskommen als Weinreisender gefunden haben. Der nachlässig gekleidete Herr war *Hugo Stinnes,* im Nebenberuf damals Besitzer des Hotels.

Der Herr Direktor

Bei Bankier *Fürstenberg* erschien ein Bittsteller und begann devot: »Herr Direktor . . . «

»Wat heest hier Direktor — ick bin keener, ick halte mir welche.«

Nach Michael Schiff: Geld macht sinnlich, 1970

Sachverständige

»Wenn man über Kunst und Literatur reden will«, so hat ein sehr gescheiter Mann, der viel im Leben herumgekommen war, gesagt, »dann muß man sich mit Bankdirektoren oder mit Rechtsanwälten unterhalten, denn Künstler und Autoren reden immer nur vom Geld.«

Karl Rauch: Die Anekdote

Clevere Amerikaner

Der Engländer ist ein Faulpelz, der nichts tut;
der Franzose ist ein Faulpelz, der viel arbeitet;
der Deutsche ist ein Arbeiter, der sich schwer tut;
der Amerikaner ist ein Arbeiter, der sich zu arrangieren weiß, um nicht viel zu tun.

Auguste Detoeuf, nach Constellation, Paris, Sept. 1966

Geruhsamer Job

Ein Hamburger Unternehmer wurde gefragt: wieviel Leute arbeiten bei Ihnen? Antwort: Ungefähr 30 Prozent.

Für Kaffee-Karriere ungeeignet

Für Kaffee ist er zu dumm, deshalb mußte er studieren.

Hamburger Kaufmannsspruch

Umweltprobleme vor 135 Jahren

Die Geschwindigkeit, mit der die Züge dahindonnern, wird der menschlichen Gesundheit abträglich sein und vor allem Schäden im Kopf verursachen. Dampflokomotiven nach Anbruch der Dunkelheit zu benutzen, scheint zu gefährlich.

> König Wilhelm III. zu den »schnaufenden kleinen Dampfrossen« anläßlich der Inbetriebnahme der Berlin—Potsdamer Eisenbahn, 1838

Umweltprobleme 1788

Im Jahre 1788 fragte die preußische Regierung bei *James Watt* — dem Erfinder der Dampfmaschine — an, ob er für die Königliche Porzellan-Manufaktur in Berlin eine Dampfmaschine bauen wolle. Als dies in Berlin bekannt wurde, erhob sich ein Sturm der Entrüstung. Überliefert sind die Worte des Freiherrn *von der Recke,* der gerufen hat: »Ich bin es meinem Eigentumsrecht und der Gesundheit meiner Familie schuldig, alles aufzuwenden, um dieses tötende Ungemach mit seinem abscheulichen Steinkohlendunst von meinem Hause fernzuhalten.«

> Aus der Rede über »Strukturanpassung und Wachstumspolitik« von Prof. Karl Schiller vor der Arbeitsgemeinschaft für Rationalisierung des Landes NRW am 12. 2. 1968 in Düsseldorf

Wahre Sparsamkeit

Meine Großmutter, die Mutter meines Vaters, mußte sich 1912 einer schweren Operation unterziehen. Es wurde ihr ein Bein amputiert. 1916, mit 84 Jahren, lag sie im Sterben. Ein Geistlicher kam und blieb eine Stunde bei ihr. Als er wieder gehen wollte, winkte ihn Großmutter noch einmal zurück und sagte: »Wenn ich sterbe und sie schicken meinem Sohn die Rechnung — dann muß aber das Bein abgezogen werden.«

> Eine wahre Geschichte, die der deutsche Verhandlungsführer bei der Londoner Schuldenkonferenz 1951, Bankier Hermann J. Abs, zur Auflockerung der Verhandlungsatmosphäre und zur Reduzierung der finanziellen Belastung für die Bundesrepublik seinen Verhandlungspartnern mit Erfolg erzählte.

Zum Teufel

In das Büro von *Fürstenberg* stürzte in größter Erregung einer seiner Angestellten:
»Herr *Fürstenberg,* Ihr Prokurist hat mich angeschrien und gesagt, ich solle mich zum Teufel scheren!«
Fürstenberg verzog keine Miene und gab nur zur Antwort: »Und deshalb kommen Sie jetzt zu mir?«

> Nach Michael Schiff: Geld macht sinnlich, 1970

Testament eines amerikanischen Bankiers

Meiner Frau vermache ich ihren Liebhaber,
meinem Sohn das Vergnügen, seinen Lebensunterhalt selbst zu verdienen,
meiner Tochter 100 000 Dollar, die sie sehr nötig haben wird, denn das einzige gute Geschäft, das ihr Mann jemals gemacht hat, war, sie zu heiraten,
meinem Diener vermache ich die Kleider, die er mir gestohlen hat,
meinem Teilhaber schließlich den guten Rat, einen anderen intelligenten Mann an meiner Stelle zu finden, wenn er will, daß es ihm weiterhin so gut gehen soll.

> Nach Michael Schiff: Geld macht sinnlich, 1970

Das einzige Vergnügen

Ludwig Bamberger, Mitbegründer der Deutschen Bank und der Reichsbank, war ein starker Raucher.

Wer ihn zum Nichtraucher bekehren wollte, bekam zur Antwort: »Rauchen ist das einzige Vergnügen, das man sich auch noch im hohen Alter dreimal und mehr am Tag leisten kann.«

Nach Michael Schiff: Geld macht sinnlich, 1970

Die lieben Verwandten

Einmal zeigte *Fürstenberg* seinem Sekretär ein Fotoalbum. »Schauen Sie sich diese Leute ganz genau an. Wer von denen mich auch sprechen will, lassen Sie keinen vor — es sind meine Verwandten!«

Nach Michael Schiff: Geld macht sinnlich, 1970

Gute Politik — gute Börse

Konrad Adenauer hatte kein rechtes Verhältnis zu wirtschaftlichen Fragen. So ließ er sich gern von seinem Freund, dem Bankier *Robert Pferdmenges,* beraten. Einmal fragte *Adenauer* seinen Freund auch nach der voraussichtlichen Entwicklung der Börse. *Pferdmenges* antwortete: »Machen Sie eine gute Politik, dann wird es auch eine gute Börse geben.«

Nach Michael Schiff: Geld macht sinnlich, 1970

Kollegialer Führungsstil

Georg von Siemens *) hielt offensichtlich nicht viel vom heute so stark propagierten »Kollegialprinzip«: »Wenn vierundzwanzig Leute eine Bank leiten wollen, dann ist es wie mit einem Mädchen, das vierundzwanzig Freier hat. Es heiratet sie keiner. Aber am Ende hat sie ein Kind.«

Nach Michael Schiff: Geld macht sinnlich, 1970

---

*) Direktor der Deutschen Bank von 1870 bis zur Jahrhundertwende.

Zweimal drei Eigenschaften

P. T. D. Guyer, Direktor einer britischen Bank, wurde gefragt, welche Eigenschaften ein guter Bankier haben müsse. *Guyer* nannte drei Eigenschaften: »Er muß die Würde eines Erzbischofs, das Lächeln eines Filmstars und — die Haut eines Elefanten besitzen.« —

»*Erfolgreiche* Bankiers leben von drei Eigenschaften«, dozierte *John Pierpont Morgan,* »vom Zutrauen, vom Vertrauen und vom — Mißtrauen.«

Nach Michael Schiff: Geld macht sinnlich, 1970

Der reiche Vater

Ein Schuhputzer beschwerte sich einmal bei dem schwerreichen *Nathan Rothschild,* daß er von ihm nur einen Penny Trinkgeld erhalte, während sein Sohn stets einen Schilling spendiere. Prompt bekam der dreiste Mann zur Antwort: »Der Junge hat einen Millionär zum Vater — ich nicht!«

Nach Michael Schiff: Geld macht sinnlich, 1970

Manager:

Wer in einer fremden Wohnung ans Telefon geht, wenn es klingelt.

Gerhard Uhlenbruck

Keine gute Unterlage

Bei Bankier *Fürstenberg* erschien der Leiter seiner Kreditabteilung.

»Ein Herr Soundso, verheiratet mit der Tochter des schwedischen Finanziers *Wallenberg,* bittet um ein Darlehen.« *Fürstenberg* lehnte ab: Sie mag für ihn eine gute Unterlage sein — aber nicht für mich.

Nach Michael Schiff: Geld macht sinnlich, 1970

Talleyrands Leuchte

Talleyrand spielte Karten mit *James Rothschild.* Da fiel ein Geldstück zur Erde.

Rothschild bückte sich, kroch unter den Tisch, suchte verzweifelt. Da zückte *Talleyrand* eine Hundertpfundnote, steckte sie an und hielt sie unter den Tisch: »Darf ich Ihnen leuchten, Herr Baron?«

> Nach Michael Schiff: Geld macht sinnlich, 1970

Auf jeden Fall erhängt

Herr *Abs,* wenn Sie es schlecht machen, werden Sie an einem Birnbaum aufgehängt, und wenn Sie es gut machen, an einem Apfelbaum.

> Bundesfinanzminister Fritz Schäffer zu Bankier Hermann J. Abs, als er mit diesem den Auftrag zur Leitung der deutschen Delegation bei der Londoner Schuldenkonferenz 1951 besprach

Ford contra Fiat

Henry Ford ist beim Papst in Privataudienz.

»Eure Heiligkeit, ich bitte Sie, meinen Namen ins Vaterunser aufzunehmen.«

»Wie bitte?!« sagt der Papst und traut seinen Ohren nicht.

»Natürlich nicht umsonst«, sagt *Ford* unerschüttert. »Ich stifte eine Million Dollar für Ihre Kirche.«

»Was glauben Sie eigentlich . . .?!« sagt der Papst. Doch *Ford* unterbricht ihn: »Also schön — fünf Millionen Dollar.«

Da läßt ihn der Papst durch die Schweizergardisten hinauswerfen. — In der Tür dreht sich Ford noch einmal um: »Verraten Sie mir wenigstens, was Fiat für das ›FIAT VOLUNTAS TUA‹ bezahlt hat!«

Vergrämte Gesichter

Auf die Frage, was ihm in der Bundesrepublik Deutschland besonders aufgefallen sei, erklärte der belgische Finanzfachmann *Paul von Kerckhove:* »Die vielen vergrämten Gesichter auf den deutschen Banknoten.«

Nach Michael Schiff: Geld macht sinnlich, 1970

Die einzige Monopolstellung

in einer freien Marktwirtschaft hat die Blumenfrau, die nachts in einer Bar rosenschwenkend den Tisch eines Liebespaares ansteuert und dem Begleiter des schönen Mädchens, der wegen seiner nächtlichen Absichten unter psychologischem Kaufzwang steht, vier Rosen zu 20,— DM anbietet, die im Laden für 5,— DM erhältlich sind.

Per Mercedes

Während des Konzils sagte man in Rom von den Bischöfen der deutschen Wirtschaftswunder-Bundesrepublik, sie kämen nicht mehr »per pedes apostolorum«, sondern »per Mercedes episcoporum«.

Nach: Hans Bemmann: Der klerikale Witz

Der weltliche Lohn

Als ein Kardinal in Rom nach einer Konzilssitzung seinen blitzenden Mercedes besteigen wollte, fand er mit Kreide und in sauberem Latein die Worte an die Tür geschrieben: Accepit Mercedem suam (Er hat seinen Lohn erhalten).

Nach: Hans Bemmann: Der klerikale Witz

Standesgemäß

Hua Kuo-feng stieg in die Staatskarosse seines Gastgebers, einen Mercedes 600. Das Prachtgefährt steht ihm.

Aus einem Bericht des »Spiegel« (Nr. 34 v. 21. 8. 1978) anläßlich des Staatsbesuchs des chinesischen Staatschefs im August 1978 in Rumänien

Lerne führen, ohne zu leiden

Führungskunst besteht zu neunzig Prozent aus der Fähigkeit, mit Menschen auszukommen, die man nicht leiden kann.

Leitender Angestellter

Ein Handelsschüler definierte: Ein leitender Angestellter ist ein Mann, der sich mit den Besuchern unterhält, um den übrigen Angestellten des Betriebes ungestörtes Arbeiten zu ermöglichen.

Leistungsnachweis

»Sie waren im letzten Vierteljahr bei fünf verschiedenen Firmen«, bemerkt der Personalchef, die Unterlagen durchblätternd.
»Jawohl«, bestätigt der Bewerber, »man reißt sich um mich.«

Aus: Der heitere Chefkalender, 1974

Das Kamel als Nutztier

Der Ingenieur ist das Kamel, auf dem der Kaufmann reitet und das vom Juristen auf den rechten Weg geführt wird.

Krankheit zahlt sich aus.

In Türkei krank, du entlassen. — Hier krank, du Geld. — Warum nicht krank?

Ausspruch einer türkischen Gastarbeiterin; nach »Blick durch die Wirtschaft« Nr. 156 v. 9. 7. 1973

Links singen — rechts leben!

Protestlieder gegen den Kapitalismus bringen großes Geld. Wenn ich 2 bis 3 Mill. DM zusammen habe, höre ich auf, weil ich dann selbst Kapitalist bin, und protestiere nur noch gegen das Finanzamt.

Ein Protestsänger im Fernsehen

Kleine Kuh-logie oder: Es geht auf keine Kuhhaut, wie man auf der Milchkuh 'rumhaut

Die Kuh im Systemvergleich

F e u d a l i s m u s : Wer zwei Kühe besitzt, behält sie und ihren Ertrag für den Eigenbedarf.

N e w   D e a l : Wer zwei Kühe besitzt, erschießt eine, melkt die andere und schüttet die Milch in den Ausguß.

A g r a r p r o t e k t i o n i s m u s : Wer zwei Kühe besitzt, erhält so viel Subventionen, daß er sich einen Mercedes dafür kaufen kann.

S o z i a l i s m u s : Wer zwei Kühe besitzt, gibt eine seinem Nachbarn.

K o m m u n i s m u s : Wer zwei Kühe besitzt, gibt beide der Regierung, und die Regierung gibt ihm dafür etwas Milch.

K a p i t a l i s m u s : Wer zwei Kühe besitzt, verkauft eine, kauft dafür einen Zuchtbullen und erfüllt das Gesetz des zunehmenden Steak-Verbrauchs mit Leben.

Die Marktwirtschaft

ist keine heilige Kuh, aber eine erstklassige Milchkuh.

Die Wirtschaft

ist keine Kuh, die man im Himmel füttert und auf Erden nur melkt. Wirtschaftsmund

Auf der Weide der Vernunft

Man mag — höheren Ortes — die deutsche Industrie ruhig als eine Kuh bezeichnen, die gemolken werden soll. Ich möchte nur der Hoffnung Ausdruck geben, daß sich Regierung und die Tarifpartner darüber klar sind, daß diese Kuh nur so lange Milch geben wird, wie sie auf der Weide der Vernunft grast.

Otto Blank, Mitglied des Vorstandes der Demag, in: »Handelsblatt« Nr. 63 vom 29. 3. 1973

Jochen zu Helmut: „Mach' weiter, Genosse! Wenn nichts mehr 'rauskommt, haben wir den Nachweis erbracht, daß wir ein besseres Wirtschaftssystem haben müssen."

Zweibeinige Kühe

Es besteht allseits Gewißheit, daß sich vierbeinige Kühe nicht unbegrenzt melken lassen. Manche Gewerkschaftsfunktionäre glauben aber an Naturwunder: sie betreiben beharrlich Experimente in Richtung auf eine unbegrenzte Melkfähigkeit zweibeiniger Kühe, genannt Unternehmer.

Nur glückliche Kühe geben viel und gute Milch!

Wir müssen die Kuh für eine Menge von Dingen, die wir uns vorgenommen haben, melken. Das heißt, die Kuh muß in guter Verfassung gehalten werden, und — was noch wichtiger ist — wir müssen dafür sorgen, daß sie auf der Weide oder im Stall bleibt und nicht woanders landet.

Willy Brandt vor dem SPD-Parteitag im November 1971

Sind Unternehmer glückliche Kühe?

Vor 10 Jahren wurde uns in der Werbung die Milch von glücklichen Kühen als besonders hochwertig empfohlen. Der kürzlichen Bemerkung unseres Bundeskanzlers konnten wir entnehmen, daß er das Glück der Kuh nicht nur für die Qualität, sondern auch für die Quantität ihrer Milchproduktion für wichtig hält. Und das ist sicher absolut wichtig, wenn mit der Kuh der deutsche Unternehmer gemeint war.

Jeder Psychologe weiß, daß Leistungsbereitschaft und Leistungsvermögen stark davon abhängen, ob sich der Mensch in seiner Umwelt wohlfühlt. Das Ergebnis seiner Leistung braucht dabei gar nicht ausschließlich oder auch nur primär ihm zugute zu kommen. Wir sind sicher, daß die bisherige Leistungsbereitschaft der Wirtschaft erhalten bleiben kann, wenn unser Staat uns gemeinschaftliche Ziele zeigt, für die Unternehmer und ihre Mitarbeiter einen wesentlichen Teil ihrer Zeit arbeiten müssen. Dazu sind aber Appelle an das Klassenbewußtsein nötig. Der Unmut und die nachlassende Risikobereitschaft deutscher Unternehmer hängen nicht an der Frage, ob der Körperschaftsteuersatz 54 % oder 56 % beträgt. Sie haben ihre Ursache in der gesteuerten Klimaverschlechterung zwischen Öffentlichkeit und Wirtschaft.

Das Glück der Kuh wird nicht durch höhere Milchforderungen beeinträchtigt, sondern durch das unwirtliche Klima auf ihrer Weide. Das Glück der Kuh hängt davon ab, daß sie nicht dauernd angeblökt wird. Vor allem nicht von Kälbern, die in ihrem Leben noch nie einen Liter Milch haben geben müssen.

> Arbeitsgemeinschaft Bekleidungsindustrie in einer Antwortanzeige an Willy Brandt 1971 (siehe vorstehendes Zitat)

Die Kuh reist erster Klasse

Der australische EG-Minister Howard hat errechnet, daß eine aus Melbourne nach Frankfurt mit Quantas-Ticket erster Klasse eingeflogene Kuh billiger als eine EG-Kuh ist.

> In der Tat ist die EG-Kuh um 65,70 DM teurer — dank der EG-Marktordnung, die sich vom ordentlichen Markt kraft Staatseinwirkung abgesetzt hat

Wunderkühe

Die Gewerkschaft der Landarbeiter im Staate Paradisia setzte bei ihren Arbeitgebern die Forderung durch, Kühe zu züchten, die nur an 5 Tagen in der Woche gefüttert und gepflegt zu werden brauchen, jedoch weiterhin an allen 7 Wochentagen Milch geben.

Wertanalyse

Der Bauer zu seiner Frau: Fast hatte ich es erreicht, daß unsere Kuh nur noch ein Pfund Heu in vier Wochen frißt, aber plötzlich ist das blöde Vieh gestorben.

Die sozialisierte Kuh

Eine sowjetische Kuh gibt halb soviel Milch wie eine bundesdeutsche, und jede dritte wird noch mit der Hand gemolken.

Nach »Spiegel« Nr. 7/1973, S. 74

Kahlfraß durch die heilige Kuh

Wie lange wollen wir es noch zulassen, daß die heilige Kuh der Tarifhoheit Kahlfraß veranstaltet?

Prof. Dr. E. Schneider am 1. Juli 1966 in Stuttgart

Der Ku'damm

ist eine heitere Konsumstraße, die alle Insassen des ostdeutschen Paradieses wie ein Magnet anzöge, wenn nicht unmenschliche Dämme sie daran hindern würden.

*

Der Staat: Freund und Helfer

Die gesamte Belegschaft eines Unternehmens begeht im Speiseraum ein rauschendes Fest, wobei sie ständig »Vater Staat« hochleben läßt.

Der Chef, der soeben von einer Reise zurückkehrt, fragte erstaunt seine Leute, was denn hier los sei.

Antwort: Der Computer hatte Mucken. Statt des Lohnes hat er die Abzüge ausbezahlt.

Ab 23. Juni alles in den Urlaub!

Im Jahre 1978 werden Arbeiter, Angestellte, Beamte, Selbständige und Unternehmer genau das erarbeitet haben, was der Staat in diesem Jahr zur freien Verfügung läßt: 52,7 Prozent der gesamten Wirtschaftsleistung. Gäbe es keinerlei Steuern und Sozialversicherung, könnte die Nation am 23. Juni bis zum Jahresende in Urlaub gehen.

Nach Wirtschaftszeitung »Aktiv«, Juni 1978

Zwangsarbeit:

die vom Staat erzwungene kostenlose Errechnung, Einbehaltung, Abführung und Haftung bei Steuern und Sozialabgaben der Arbeitnehmer durch den Arbeitgeber, die laufende Erstellung von Unterlagen und Statistiken sowie die Erbringung zahlloser sonstiger kostenloser Dienstleistungen der Unternehmer für den Staat.

Fritz Tüchtig — nicht titelsüchtig!

Der Fabrikant *Fritz Tüchtig*, der sich als Self-made-man zu einem bedeutenden Unternehmer mit Milliarden-Umsätzen emporgearbeitet hatte, zu dem Ansinnen des Ministers, ihm einen Titel verleihen zu wollen: »Danke nein, mehr als *Fritz Tüchtig* kann ich nicht werden«.

Die schönste Auszeichnung

Zwei der verdientesten, gerechtesten und würdigsten Auszeichnungen verleiht man sich selbst: Können und Leistung.

Bürokratischer Bärendienst

Landesflaggen und Dienstflaggen können als Hißflaggen nur an aufrecht stehenden oder um nicht mehr als 45° geneigten Flaggenmasten gesetzt werden, weil andernfalls, insbesondere bei Anbringung an einem horizontalen Flaggenstock oder beim Hinaushängen aus dem Fenster, der Bär nicht aufrecht stehend, sondern in horizontaler Lage erscheinen müßte. Der Bär soll nach dem Flaggenmast blicken.

Aus den »Ausführungsvorschriften zum Gesetz über die Hoheitszeichen des Landes Berlin« (Nach: »Die Zeit«, Nr. 35 v. 25. 8. 1978)

Wunschträume eines Unternehmers

Das Parlament verspricht ihm, ab sofort keine neuen Gesetze mehr zu erlassen, vielmehr die bestehenden mit einer jährlichen Rate von 10 Prozent abzubauen.

Der Wirtschaftsminister verspricht ihm, endlich seinem Namen gerecht zu werden und in erster Linie f ü r die Wirtschaft zu wirken. In diesem Sinne wird er als erstes die Regierung anhalten, den Beamtenapparat aufzulösen, ein Jahr lang der Wirtschaft zum Zwecke ihrer ungestörten Entfaltung Beamtenfrieden zu gönnen und sodann nur praxiserprobte Kaufleute und Ingenieure zwecks Einrichtung eines kleinen, fachkundigen Beamtenteams zur staatlichen Rahmenlenkung einzustellen.

Wichtige Lieferanten versprechen ihm, trotz gestiegener Rohstoffnotierungen weiterhin die alten Preise zu berechnen.

Wichtige Kunden versprechen ihm angesichts unvorhergesehener Kostensteigerungen in seinem Betrieb nachträglich Preiserhöhungen für bereits abgeschlossene Verträge.

Die Aktionäre verzichten angesichts erheblichen Investitionsbedarfs auf Dividende zugunsten einer Aufstockung seines Kapitals.

Die Gewerkschaften bieten ihm angesichts sinkender Umsätze und Renditen aus freien Stücken eine Lohnsenkung an.

Die Gewerkschaften ersuchen die Arbeitgeberverbände, am »Tage der Arbeit« (1. Mai) für ihre Umzüge jeweils einen Unternehmer als Anführer zu entsenden, da es ihnen nicht länger vertretbar erscheint, die ersten Arbeiter der Unternehmen von der Feier der Arbeit auszuschließen.

LEITSÄTZE
ZUR ORDNUNGSPOLITISCHEN
BESINNUNG

Und das sei den kritiklosen Befürwortern der sozialen Marktwirtschaft, die das Unsoziale erst gar nicht sehen oder gar erhalten wollen, ins Stammbuch geschrieben: Diese Wirtschaftsordnung ist nur *eine* der mit unserem Grundgesetz zu vereinbarenden Ordnungen; auch eine Ordnung, die auf einem höheren Grad von Planung beruht, wird durch diese Verfassung gedeckt. Und erst recht gilt das für die Kombination von Freiheit und Bindung, die den wirtschaftlichen Ordnungsvorstellungen der Gewerkschaften zugrunde liegt.

Die soziale Marktwirtschaft ist deshalb keineswegs ein Dogma oder eine Selbstverständlichkeit. Sie ist ein Versuch, ein möglicher ordnungspolitischer Ansatz, nicht mehr und nicht weniger.

> Heinz Oskar Vetter in seiner programmatischen Rede auf dem 9. Ordentlichen Bundeskongreß des DGB am 28. 6. 1972 in Berlin

*

Die wesentlichen Aufgaben jeder Wirtschaftsordnung und ihre Lösung

1. Herstellung und Sicherung der Funktionsfähigkeit der Volkswirtschaft.
2. Steuerung und Lenkung der Volkswirtschaft.
3. Verwirklichung gesellschaftspolitischer Ziele, wie Freiheit, Gerechtigkeit, Sicherheit und Wohlstand.

Diese drei Aufgaben können mit Hilfe des marktwirtschaftlichen Prinzips oder mit Hilfe des zentralverwaltungswirtschaftlichen Prinzips gelöst werden. Die Qualität der Lösung dieser Aufgaben unterscheidet sich grundlegend je nachdem, wie weit das marktwirtschaftliche oder das zentralverwaltungswirtschaftliche Ordnungsprinzip angewandt wird.

In der Marktwirtschaft treffen Millionen von Menschen — Unternehmer und Arbeitnehmer, Produzenten und Verbraucher — freie wirtschaftliche Entscheidungen nach eigenen Plänen.

(Das marktwirtschaftliche Prinzip ist weitgehend bestimmend für die Wirtschaftsordnung z. B. in der Bundesrepublik Deutschland, den USA, Großbritannien, Frankreich.)

In der Zentralverwaltungswirtschaft treffen staatliche Instanzen den einzelnen betreffende wirtschaftliche Entscheidungen nach einem zentralen, staatlichen Plan.

(Das Prinzip der Zentralverwaltungswirtschaft ist weitgehend bestimmend für die Wirtschaftsordnung z. B. in der DDR, der Sowjetunion, der Tschechoslowakei, in Polen.)

Wesentliche Bestandteile der marktwirtschaftlichen und der zentralverwaltungswirtschaftlichen Ordnungen

Marktwirtschaftliche Ordnungen	*Zentralverwaltungswirtschaftliche Ordnungen*
– beruhen – bei gleichzeitiger Ausrichtung an sozialen und gesellschaftspolitischen Zielsetzungen – überwiegend auf dem marktwirtschaftlichen Prinzip, das gekennzeichnet ist durch dezentrale, freie Entscheidungen der Produktionsmitteleigentümer über das Angebot an Arbeitsleistungen und Kapital, Konsumfreiheit, grundsätzlich marktwirtschaftliche, sozialpolitisch korrigierte Einkommensverteilung.	– beruhen auf dem zentralverwaltungswirtschaftlichen Prinzip, das darin besteht, daß eine zentrale Planungsinstanz, nach einem Gesamtwirtschaftsplan über Produktionsmitteleinsatz, Produktionsziele und -mengen, gesamtwirtschaftlichen Konsum nach Art und Umfang, Einkommenverteilung durch Festsetzung der Löhne und Preise entscheidet.

– sichern wirtschaftliche Betätigungsmöglichkeiten durch Grundfreiheiten wie zum Beispiel Privateigentum an Produktionsmitteln, allg. Koalitions- und Vertragsfreiheit, Wettbewerbsfreiheit, freie Berufs- und Arbeitsplatzwahl.

– sind gekennzeichnet durch die Pluralität der wirtschafts- und gesellschaftspolitischen Willensbildungs- und Entscheidungsprozesse auf der Grundlage einer Mehrparteiendemokratie.

– haben einen bedeutenden öffentlichen Sektor, der vor allem den Zielen sozialer Sicherheit und Gerechtigkeit dient.

– beschränken wirtschaftliche Betätigungsmöglichkeiten weitgehend durch totale Verstaatlichung von Produktionsmitteln, ideologische Bindung gesellschaftlicher Gruppen und Aktivitäten, eingeengte Niederlassungsfreiheit, beschränkte Freiheit der Ein- und Ausreise.

– sind gekennzeichnet durch die Herrschaft einer Partei, die grundsätzlich alle wirtschafts- und gesellschaftspolitischen Entscheidungen trifft bzw. kontrolliert.

– weisen prinzipiell keinen privaten Sektor auf.

Aus: »Die Soziale Marktwirtschaft — unsere Wirtschaftsordnung«, hrsgg. von der Bayerischen Landeszentrale für politische Bildungsarbeit.

*

Was leisten freie Märkte?

Wettbewerblich geordnete Märkte mit freier Preisbildung bewirken:
eine preislich, qualitativ und quantitativ bestmögliche Versorgung der Verbraucher, denn
sie zeigen im Preis den Grad der Güterknappheit an und lenken die Produktivkräfte in die von den Nachfragern gewünschten Produktionen;

sie führen durch den Wettbewerb zu den jeweils kosten-
günstigsten Produktionsmethoden;

sie zwingen die Anbieter, mit den Preisen, Qualitäten und
Serviceleistungen zu konkurrieren;

einen Ausgleich von Angebot und Nachfrage;

eine Demokratisierung des Verbrauches an Gütern und
Dienstleistungen, denn die Produktionsfreiheit macht in
Verbindung mit der Massenproduktion die Luxusgüter
und die zivilisatorischen Errungenschaften von heute zu
den Massengütern und zivilisatorischen Selbstverständlich-
keiten von morgen;

mehr Gerechtigkeit,

weil nur Leistungsgewinne, keine Monopolgewinne entstehen,

weil der Wettbewerb zur Gewinnverringerung führt,

weil jeder Anbieter und jeder Nachfrager auf einem Markt
die gleiche Chance hat.

Aus: »Die Soziale Marktwirtschaft — unsere Wirtschaftsordnung«, Bayerische Landeszentrale für
politische Bildungsarbeit

*

Wodurch ist die Soziale Marktwirtschaft sozial?

Durch ihre hohe Produktionsleistung, die ein hohes Maß
an Sozialleistungen erlaubt;

durch eine Umverteilung der marktmäßig entstandenen
Einkommen und der Vermögen entsprechend sozialpoli-
tischen Zielen;

durch eine Ordnung der Märkte, die soziale Ungerechtigkeiten (z. B. zu Lasten der Verbraucher) verhindert;

durch eine möglichst weitgehende Angleichung beruflicher
und wirtschaftlicher Chancen, weil es auf Wettbewerbs-
märkten keine Privilegien gibt und weil die Wettbewerbs-

freiheit allen das Recht gibt, ihre wirtschaftlichen Ziele zu verfolgen;

durch Mitbestimmung und Mitverantwortung der Arbeitnehmer in persönlichen, sozialen und wirtschaftlichen Angelegenheiten;

durch Koalitionsfreiheit, die allen das Recht gibt, sich zur Verfolgung wirtschaftlicher Ziele zusammenzuschließen, wenn dadurch der Wettbewerb oder die Freiheit anderer nicht eingeschränkt wird;

durch die Verringerung von nicht persönlichkeitsgebundenen Unterschieden mit Hilfe einer am Ziel der Chancengerechtigkeit orientierten Bildungspolitik.

> Aus: »Die Soziale Marktwirtschaft — unsere Wirtschaftsordnung«, hrsgg. von der Bayerischen Landeszentrale für politische Bildungsarbeit

*

Äußerst dauerhaft

Wenn sich etwas als äußerst dauerhaft erwiesen hat, dann ist es der Kapitalismus in seinem letzten (? Der Verf.) Stadium.

> Jochen Steffen, ehemaliger SPD-Landesvorsitzender von Schleswig-Holstein

Kapitalismus

ein Wirtschaftssystem, das sich genauso lange im Kollaps befindet, wie die Sowjetunion existiert.

Überwindung der Überwinder?

Nachdem das Ende des Kapitalismus seit vielen Jahrzehnten immer wieder erfolglos vorausgesagt worden ist, dürfte er nach dem Gesetz der Wahrscheinlichkeit auch die Systemüberwinder überwinden.

Die Krise des Kapitalismus

führt man dadurch herbei, daß man
ständig von der Krise des Kapitalismus redet,
die Anforderungen an die kapitalistische Wirtschaft ständig überzieht und
die Kapitalkraft durch Leistungsrückgang und Streik ständig schwächt. —
Die Dauerkrise der *nach*kapitalistischen Zeit wäre keine Krise, weil man bei Strafe nicht darüber sprechen dürfte.

Auf das Siegerpferd setzen

Never change a winning horse — sagen die Engländer — und sagte ein denkender Sozialist aus einem Lande mit unternehmerischer Wirtschaftsordnung nach dem Studium von Planwirtschaftssystemen »vor Ort«.

Der richtige Tip

Wer den Unternehmer als wichtigsten Macher der Marktwirtschaft wählt, setzt auf das richtige Pferd. Es ist kein Parade- oder Steckenpferd, sondern das beste Arbeits- und Allzweckpferd im Stalle einer auf Leistung und Wohlstand bedachten Gesellschaft.

Das hohe Gut Freiheit

Unter dem Gesichtspunkt der Freiheit dürfte die Marktwirtschaft auch dann noch vorzuziehen sein, wenn ihre ökonomischen Leistungen geringer wären als die der Wirtschaftslenkung.

Prof. Alfred Müller-Armack, 1947

320

Bedrohliche Unternehmerlücke

Von 1960 bis 1976 hat sich die Zahl der Selbständigen in der Bundesrepublik von 3,33 auf 2,45 Millionen verringert. Das entspricht einer Abnahme von 26 Prozent.

Nach einer Allensbach-Umfrage hat der Wunsch, sich selbständig zu machen, in den letzten 15 Jahren deutlich nachgelassen: 1962 wollten sich 17 Prozent unbedingt, 20 Prozent vielleicht und 63 Prozent nicht selbständig machen. 1977 votierten nur noch 7 Prozent mit ja, 21 Prozent mit vielleicht, während 72 Prozent eine einschlägige Frage verneinten.

> Frage: Ist diese Entwicklung darauf zurückzuführen, daß die Selbständigen viel verdienen und wenig arbeiten — oder bietet sich der Umkehrschluß an?

Die Zukunft des Wettbewerbs

hängt davon ab, ob es noch Wettbewerber gibt.

Dr. Rainer Barzel, 1977

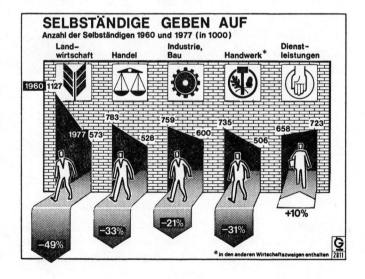

SELBSTÄNDIGE GEBEN AUF
Anzahl der Selbständigen 1960 und 1977 (in 1000)

| Landwirtschaft | Handel | Industrie, Bau | Handwerk* | Dienstleistungen |

1960: 1127
1977: 573 / 783 / 528 / 759 / 600 / 735 / 506 / 658 / 723

−49% / −33% / −21% / −31% / +10%

*in den anderen Wirtschaftszweigen enthalten

321

Warum gibt der Handwerksmeister auf?

Weil er heute 474 Gesetze beachten muß, um nicht täglich mit einem Bein im Gefängnis zu stehen.

> Diskussionsbeitrag anläßlich einer Handwerker-
> tagung. — Erscheint unsere Bürokratie hiernach
> nicht weit unerträglicher, als die Fesseln des mittel-
> alterlichen Zunftwesens?

Bis heute

hat weder die wissenschaftliche Theorie noch die Lebens-praxis ein Wirtschafts- und Gesellschaftssystem hervor-gebracht, das in der Lage wäre, die Mängel des Kapita-lismus zu beseitigen, ohne andere, schlimmere Mängel zu erzeugen.

> Prof. Helge Pross, 1973

Vom ideologischen Sockel stürzen!

Die Welt benötigt vor allem, daß wir den Konflikt zwi-schen freiem Unternehmertum und Sozialismus von seinem ideologischen Sockel stürzen, und ihn nicht als eine An-gelegenheit halb religiösen Glaubens und des Fanatismus betrachten, sondern als eine praktische Frage des gesunden Menschenverstandes von Versuch und Erfahrung und mehr oder weniger der Umstände und der Anpassung.

> Arnold Toynbee in seinem Buch über »Gesellschaft
> und Freiheit«

Liberalismus

Freisinnigkeit, Liebe zur Volksfreiheit, Liebe zu freien Verfassungen, Freiheit in wissenschaftlicher, religiöser und politischer Hinsicht. Diesem entgegen steht der Servilismus, der jeden freieren Aufschwung des menschlichen Geistes, der Denkfreiheit, Glaubensfreiheit, wie überhaupt jede politische Freiheit mit dem Namen: Frechheit, Gottlosigkeit belegt und darin ein revolutionäres Streben findet.

Aus: »Vollständiges politisches Taschenwörterbuch. Ein Handbuch zur leichten Verständigung der Politik, der Staatswissenschaften und Rechtsurkunden« von C. F. L. Hoffmann. Leipzig 1849 (achtzehnhundertneunundvierzig), S. 123

Freiheit — keine Selbstverständlichkeit!

Der Vorzug, in einer freiheitlichen Rechtsordnung zu leben, kann den Menschen zu einer solchen Selbstverständlichkeit werden, daß sie vergessen, durch wie große Anstrengungen früherer Generationen diese Rechte erobert wurden und wie gefährdet sie immer bleiben.

Edith Eucken-Erdsiek

Je größer die Freiheit,

die man einem Menschen gibt, desto geringer erscheint sein Wille, die Freiheit zu verteidigen.

General Johannes Steinhoff

Den Markt

liquidieren heißt, die Freiheit der Bürger negieren.

Marx-Anteil

Je größer der *Marx*-Anteil an unserer Wirtschaft wird, desto geringer wird unser *Markt*-Anteil am Weltmarkt sein.

Der reformierte Kapitalismus

ist die repräsentativste und bestgelungene Sache, die die westliche Zivilisation der Welt beschert hat.

Der in Warschau lebende Komponist und Journalist Stefan Kisielewski

Wahre Mitbestimmung

wenn jeder Bürger als Konsument das Recht zur Bestimmung des Warenangebots in für ihn angemessener Qualität zum für ihn angemessenen Preis zum von ihm bestimmten Zeitpunkt und zum von ihm gewählten Einkaufsort hat.

Der Unterschied

Marktwirtschaft	Planwirtschaft
Privateigentum	Staats(Gemein-)eigentum
Entscheidungsfreiheit	Kompetenzgebundenheit
Initiative	Weisungsabhängigkeit
Dynamik	Immobilität
Flexibilität	Starrheit
Effizienz	Ineffizienz
Vielzahl	Eintönigkeit

Verf. in: Investitionswettbewerb und Investitionskontrolle. FIW-Schriftenreihe Heft 64, Köln 1973, S. 110

Risiko

Es muß wieder ein allgemein anerkannter und auch im Steuerrecht verankerter Grundsatz sein, die Fleißigen, Tüchtigen und Einfallsreichen für ihren Fleiß und ihre Kreativität zu belohnen — Hippies, Träumer und Schwärmer jeder Prägung aber selber für die materiellen Risiken ihrer Philosophie einstehen zu lassen.

Dr. K. Werner

Das Netz der sozialen Sicherheit,

das die Gesamtleistung der deutschen Wirtschaft bisher hergibt, nützt nichts, wenn die Pfosten, zwischen denen es aufgespannt sei, brüchig werden. Diese Pfosten sind die Ertragskraft der Unternehmen und die Leistungsfähigkeit der Volkswirtschaft.

Der Präses der Handelskammer Hamburg, Rudolf Schlenker, 1975

Handelsblatt: Bensch

Moderne Umweltprobleme des erfolgreichen Unternehmers

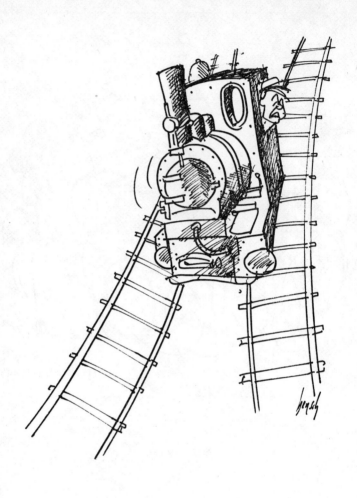

Wohin steuert die Marktwirtschaft?

Politik und Wirtschaft

Wer heute Politik machen will, muß etwas von Wirtschaft verstehen.

> Dr. Ernst Albrecht, Ministerpräsident von Niedersachsen

Je besser

die Qualität der Regierung, desto besser die Qualität des Lebens

Ideale Eigenschaften eines Politikers

Sie werden erstaunt sein über meine Antwort. Das wichtigste ist der Mut. Meine Herren, der gute Politiker muß nicht nur vieles wissen, der muß nicht nur realistisch denken, der muß überlegen können, aber er muß auch Mut haben.

> Konrad Adenauer auf die Frage, welche Eigenschaften ein Politiker haben müsse

Überzeugungen

sollte man nicht haben, weil man ein Amt hat, sondern ein Amt sollte man haben, weil man Überzeugungen hat.

Das Dilemma unserer Zeit

ist, daß die denkenden Menschen nicht handeln und die handelnden Menschen nicht denken.

Demokratie: am wenigsten schlechte Regierungsform

Wir möchten gern gute Herrscher haben; aber die historische Erfahrung zeigt uns, daß wir wenig Aussichten haben, sie zu bekommen. Und aus diesem Grunde ist es so wichtig, Institutionen zu schaffen, die selbst schlechte Herrscher daran hindern, allzuviel Schaden anzurichten.

> Der Philosoph Karl R. Popper, 1949

Unverantwortlich

ist, wenn Verantwortliche keine Sachkunde und Sachkundige keine Verantwortung haben.

»Glaubwürdigkeit ist die Voraussetzung jeder Politik«*)

Nur jeder 50. Bundesbürger hält die führenden Regierungs- und Parteimitglieder für »sehr glaubwürdig«.

Aus einer Umfrage des Bielefelder Emnid Instituts, 1976

---

*) Wahlspruch weiser Politiker

Unsere politischen Auseinandersetzungen

werden erst dann erträglich sein, wenn der englische Begriff Fairneß und der französische Begriff Charme ins Deutsche übersetzbar sind.

Unpopularität zulässig

Meine Definition einer freien Gesellschaft ist eine Gesellschaft, in der man sicher lebt, obwohl man unpopulär ist.

The Wit and Wisdom of Adlai Stevenson (Hawthorn)

Wer die Unternehmerfunktion unbillig erschwert,

wird erfahren, daß eine unternehmerlose Wirtschaft ebenso wenig möglich ist wie eine Professoren-lose Universität.

Prof. Alfred Müller-Armack

Zwillingspaar

Marktwirtschaft ist nicht nur das effiziente Instrument zur Steuerung der Wirtschaft; ich halte diese Ordnung für das eigentliche Pendant zu einer demokratischen Gesellschaft.

Bundeswirtschaftsminister
Dr. Otto Graf Lambsdorff, 1977

Eine freiheitliche Gesellschaftsordnung

ist die unabdingbare Voraussetzung für schöpferische und initiative unternehmerische Leistungen und damit gleichzeitig für den sozialen Fortschritt des Staates. Unser sozialer Besitzstand hängt deshalb davon ab, ob wir eine dezentralisierte, selbstverantwortliche Unternehmerschaft zu erhalten und weiterzuentwickeln vermögen.

> Herbert Pavel, Präsident des Wirtschaftsverbandes Eisen, Blech und Metall verarbeitende Industrie e. V., Inhaber der Rheinnadel-Gruppe, Aachen, 1976

Capitalism

is the worst system in the world — apart from all the other systems that have ever been tried.

> Lord Watkinson, Deputy President of the Confederation of British Industry, 1976

Nichts besseres

Bisher ist kein besserer Mechanismus zur Messung der volkswirtschaftlichen Rentabilität und Effizienz erfunden worden als die Marktwirtschaft.

> Luciano Barca, Leiter der wirtschaftspolitischen Abteilung der Kommunistischen Partei Italiens, in einem Interview mit der »Welt« vom 19. 7. 1975

Privates Eigentum Grundlage

Für unsere Marktwirtschaft ist und bleibt vor allem entscheidend das Festhalten am privaten Eigentum, die tatsächliche Freiheit der Märkte und des Zugangs auf die Märkte und der lebendige unternehmerische Wettbewerb.

> Prof. Karl Schiller, 1972

Alle Fragen unserer Zeit

sind fraglos lösbar, wenn diejenigen, die alles in Frage stellen, auch sich selbst in Frage zu stellen bereit sind.

Kapitalismus erst am Anfang!

Der Kapitalismus ist erst am Anfang; er hat seine Flegel-
jahre hinter sich, seine Bewährungsprobe aber noch vor
sich. Es kann für ihn jedoch zu spät sein, wenn wir nicht
aufpassen, wenn wir ihn nicht politisch bewältigen.

Bankier Freiherr von Bethmann, 1972

Credo der Marktwirtschaftler

Ist es nicht die Höhe der Torheit, sich die Bedürfnisse der
Bürger auf den Hals laden zu lassen und sich dafür strafen
zu lassen, wenn man als Staatsmann nicht so glücklich war,
alle Wünsche der Bürger zu erfüllen?

Xenophon (um 430—354 v. Chr.)

Die 7 Welträtsel

sind gegenüber unserem Rätselraten darüber, warum Ihr
drüben im Westen Eure freiheitliche Wohlstands- und
Rechtsordnung ständig madig macht und gar überwinden
wollt, geradezu nur die Lösung einer Aufgabe des kleinen
Einmaleins!

Ein Bürger der DDR

*

**Individuelle Freiheit, soziale Sicherheit und soziale
Gerechtigkeit**

Die Soziale Marktwirtschaft ist eine Wirtschaftsordnung,
in der gleichzeitig individuelle Freiheit, soziale Sicherheit
und soziale Gerechtigkeit verwirklicht werden sollen. Die
durch wirtschaftliche Freiheitsrechte (Konsum-, Berufs-,
Wettbewerbs-, Produktions-, Investitions-, Handelsfrei-
heit) gesicherte Marktwirtschaft soll
dem Bürger ein hohes Maß an Freiheit gewährleisten und

eine freie Entfaltung der Persönlichkeit auch im Wirtschaftsleben möglich machen,

durch ihre im Vergleich mit anderen Wirtschaftsordnungen bisher unübertroffene wirtschaftliche Leistungsfähigkeit die wirtschaftlichen Grundlagen eines Wohlstandes für alle schaffen,

durch ihre hohe Produktivität die wirtschaftlichen Voraussetzungen für den Auf- und Ausbau eines umfassenden Systems sozialer Sicherheit schaffen,

durch ihre Freiheit von behördlicher Lenkung und behördlichen Zwecken Behördenwillkür und Ungerechtigkeiten vermeiden,

durch die nach sozialen und wettbewerblichen Gesichtspunkten geordneten Märkte Ungerechtigkeiten im Wirtschaftsleben auf ein Minimum reduzieren.

> Aus: »Die Soziale Marktwirtschaft — unsere Wirtschaftsordnung«, hrsgg. von der Bayerischen Landeszentrale für politische Bildungsarbeit.

*

Die Krippe

Das Hauptübel unserer Zeit ist, daß eine Gruppe (Unternehmer und Arbeiter) die Krippe füllt, daß aber mindestens zwei weitere daraus fressen und die Krippenfüller überdies noch beschimpfen.

> Paul Keimling

Vom Paläosozialismus — zur Sozialen Marktwirtschaft

260 Definitionen des Sozialismus hat der große deutsche Nationalökonom Prof. *Werner Sombart* in seinen Berliner Vorlesungen in den 20er Jahren nachgewiesen. Wer seinem Ideenflug damals folgen durfte, wird heute der Ansicht sein, daß *Sombart* die Krönung einer freien Gesellschaft mit hoher sozialer Verantwortung in der »Sozialen Marktwirtschaft« gesehen hätte.

Der Bekehrte

Ein (bisher) ultra-linker Television-Monopolvisionär nach Absolvierung eines vierwöchigen Kursus' über Funk- und Fernsehtechnik: Ich habe bisher die Apparaturen um mich herum als »selbstverständlich« hingenommen. Für mich existierten nur ich und das Mikrophon. Nun bin ich sehr nachdenklich geworden und tief beeindruckt und hoch beglückt über das, was Unternehmer, Wissenschaftler und Techniker auf dem Gebiete der Fernmeldetechnik seit der Zeit der Signalfeuer beim Fall Trojas geleistet haben. Sie haben in einem höchst schöpferischen Prozeß einigen Grundmaterialien, wie Kohle, Eisen, Kupfer und Sand, Leben eingehaucht und komplizierte, an Wunder grenzende Anlagen und Geräte geschaffen, die über weite Räume drahtlos Übertragungen vollkommenster Bild- und Tonqualität ermöglichen. Das Unvollkommenste am Fernsehen sind nach meiner neu gewonnenen Überzeugnug nur noch die politischen und wirtschaftlichen Vorstellungen, die ich mir anmaße, als Organ der veröffentlichten Monopolmeinung den im echten Wortsinne sprachlos vor ihren Geräten sitzenden Bürgern zu vermitteln.

Für jede Generation nahte das Ende

In der bisherigen Menschheitsgeschichte pflegte noch jede Generation das Bewußtsein mit ins Grab zu nehmen, mit ihr ende die lebenswerte Epoche. Diese konstante Fehleinschätzung kann uns hoffen lassen, daß die materiellen Möglichkeiten, die unser Globus weiterhin bieten wird, in Verbindung mit dem von unseren Vätern erarbeiteten Wissen und Können, der Erfindungskraft unserer Wissenschaftler, Ingenieure und Techniker und nicht zuletzt dem Pioniergeist unserer Unternehmer auch künftig hohen Wohlstand, aber auch weitere Entfaltung der sonstigen humanen Werte unseres Daseins garantieren können.

TU GUTES UND REDE DARÜBER*). — ERFORDERNIS DER ANGLEICHUNG DES UNTERNEHMERIMAGE AN DIE UNTERNEHMERLEISTUNG

---

*) Titel eines PR-Handbuches von Georg-Volkmar Graf Zedtwitz-Arnim

Traditionelle Unternehmerdevise . . .

Wer arbeitet, macht keine Politik, und wer Politik macht, arbeitet nicht.

> . . . die gründlich dahingehend revidiert werden muß, daß die Wirtschaft zwar der Politik untergeordnet ist, daß sie aber der Anerkennung und Förderung durch die Politik bedarf und daß sie ihren Sachverstand jederzeit der Politik dienstbar zu machen hat.

Neun von zehn Unternehmern heben abwehrend die Hände, wenn sie nach ihrem Engagement in der Politik gefragt werden. Zeitmangel, Furcht vor geschäftlichen Nachteilen, Enttäuschung über die Partei, mit der man sympathisiert, sind häufig genannte Gründe für politische Abstinenz.

> Rainer Nahrendorf, »Handelsblatt« Nr. 76 vom 28./29. 4. 1978

Die Verbände der Wirtschaft regen sich mächtig auf über die immer mehr um sich greifenden Gängelungen und Belastungen der Unternehmen durch den Staat und über das ständige Anwachsen der Gewerkschaftsmacht — aber leider nur hinter verschlossenen Türen.

> Ein Unternehmer, der aus Zorn über diesen Sachverhalt seine Verbandsmitgliedschaft aufgekündigt hatte

Die Chance eines Vortragenden liegt nicht nur in der Wahl seiner Worte, sondern auch seiner Zuhörer.

> Der große Fehler der Unternehmer und Unternehmervertreter liegt darin, daß sie in Grundsatzfragen unserer marktwirtschaftlichen Ordnung regelmäßig »vor der falschen Gemeinde sprechen«, d. h. vor ihresgleichen, anstatt vor Gegnern der marktwirtschaftlichen Ordnung.

335

. . . und was daraus geworden ist:

Als es uns noch nicht gutging, machten sich die Unternehmer um unser Gemeinwesen verdient. Weil es uns jetzt zu gut geht, sind sie nur noch gemeine Wesen, die an uns verdienen wollen.

Alles, was sich gegen die Unternehmer richtet, dient dem Gemeinwohl — diesen Eindruck gewinnt man aus manchen Medien-Kommentaren.

Werner Benisch, 1972

Die Menschheit kann sich den Kapitalismus nicht mehr leisten, sie stirbt an ihm, deshalb ist es ein Kampf auf Leben und Tod.

Der Theologie-Professor D. Helmut Gollwitzer, Berlin, nach »Welt am Sonntag« v. 23. 10. 1977

Es ist eine alte Taktik der Sozialisten, den Kapitalismus systematisch zu diskriditieren. Der Kapitalismus ist nicht nur ausbeuterisch, nein, man nennt ihn auch betrügerisch und unfähig. Die neuen Sozialisten verfügen im Gegensatz zu den Sozialisten alter Schule über Agitatoren, die sich in dieser Taktik als besonders geschickt erwiesen haben, weil sie mit den geschäftlichen Zusammenhängen vertraut sind.

Prof. John Kenneth Galbraith, 1972

Reich gleich schlecht,
Arm gleich gut.

Klischee, das durch Fernsehspiele jedes Genres geistert (»Industriemagazin«, Nov. 1977, S. 132)

Bankmanager und Bankier erfreuen sich im Spiegel der öffentlichen Meinung nicht eines besonderen Wohlwollens, wie etwa Pop-Sänger und Fußballspieler. Dies hat viele Gründe: Vorwiegend wohl den, daß man zu wenig von ihrer wirklichen Tätigkeit weiß. Dichtung und Wahrheit, Wirklichkeit und Meinung von der Wirklichkeit sind auch hier – wie so oft – recht weit voneinander entfernt. So füllt, was über die »Banker« gesagt wird, ein Arsenal voll Spott. Eine kleine Auslese aus meinem Zettelkasten enthält dieses Büchlein. Als Sammler mancher Merkwürdigkeiten überreiche ich es Ihnen zum vergnüglichen Lesen.

> Der Bankier Dr. Hans Janberg (†) in seinem Begleitschreiben zu dem Buch »Der Banker auf der Bank der Spötter«, das er aus Anlaß seines 60. Geburtstages am 17. 4. 1969 an Freunde sandte

Die Massenmedien zeigen kein realistisches Bild der gesellschaftspolitischen Wirklichkeit: Der Negativ-Gag hat Vorrang. Linke Meinungsmacher agitieren durch Weglassen, Aufbauschen und Verfälschen.

> Kritische These von Dr. Peter Sweerts-Sporck in: »Wie der Wohlstand ruiniert wird«, 1977, S. 86

Ausgewogen ist ein Presseorgan dann, wenn auf einer rechten Seite ein ganzseitige Public-relations-Anzeige dem Unternehmer hohes Lob spendet, während auf der gegenüberliegenden linken Seite ein ganzseitiger redaktioneller Beitrag diesem kapitalistischen Untier tiefe Verachtung zollt.

In Kriminalfilmen spielt der Unternehmer oft eine pointiert negative Rolle. Unterschwellig wird die Gleichung »Gangster-Boß gleich Unternehmer« präsentiert. Unternehmerische Tätigkeit wird in vielen Kriminalspielen ins Verbrecherische umgebogen: Der Unternehmer ist entweder ein Ausbeuter oder ein Krimineller, denn sonst könnte er seinen Reichtum nicht anhäufen und bewahren.

> Arnold Weingärtner über die »Unternehmer in der Rundfunkunterhaltung« (nach »Die Welt« Nr. 77 vom 1. 4. 1977)

Kaum eine Tätigkeit, kaum ein Beruf ist in den letzten hundert Jahren so großartig und so niederträchtig, so vorbildlich und so abschreckend dargestellt und auch empfunden worden, wie der des Unternehmers.

Dr. h. c. Otto A. Friedrich, früherer Präsident der
Bundesvereinigung der Deutschen Arbeitgeberverbände

*

Wenn der Unternehmer

— gute Gewinne macht, ist er Monopolist und Ausbeuter;

— geringe Gewinne oder gar Verluste macht, ist er unfähig;

— Lohnkostensteigerungen auf die Preise abwälzt, ist er Inflationist;

— nicht kostendeckend verkauft und zahlungsunfähig wird, verhält er sich gegenüber der Belegschaft unverantwortlich;

— investiert, um mit seinen Mitbewerbern mithalten zu können und dadurch Überkapazitäten entstehen, tätigt er Fehlinvestitionen;

— nicht oder zu wenig investiert und auch die Wettbewerber wegen Absatzschwierigkeiten mit ihren Investitionen zurückhalten, betreibt er monopolistische Angebotsverknappung;

— Überkapazitäten aufrecht erhält, verhält er sich unwirtschaftlich;

— Überkapazitäten abbaut, vernichtet er Arbeitsplätze;

— seine Produktpalette durch Konzentration erweitert, ist er fusionswütig und machthungrig;

— nicht fusioniert, konserviert er zersplitterte Wirtschaftsstrukturen;

— ausländische Arbeitskräfte einstellt, betreibt er »Sklavenarbeit«;

— Arbeit zum Arbeiter ins Ausland bringt, begeht er Kapitalflucht und beutet die betreffenden Länder aus;

— wirtschaftsferne Abgeordnete über Wirtschaftsfragen aufklärt, betreibt er Lobbyismus;

— Abgeordnete nicht aufklärt, verabsäumt er seine staatsbürgerliche Pflicht, die Politiker mit wirtschaftlichen Daten vertraut zu machen.

F a z i t : Wenn der Unternehmer fortfährt, sich zu allem und jedem von allen und jedermann Vorwürfe machen zu lassen, wie sie den Kritikern gerade in ihr Konzept passen, ist die Unternehmerwirtschaft auf das ernsteste gefährdet, denn ein Wirtschaftssystem — sei es objektiv noch so gut — ist in der Wirklichkeit nur so gut, wie seine Träger auch Zustimmung, Wertschätzung und Respekt genießen.

Die maßlosen Unwissenden

Wir leben in einer Zeit, in der das Bedürfnis der Unwissenden, sich möglichst lautstark und möglichst oft öffentlich mitzuteilen, ins Uferlose gewachsen zu sein scheint.

> Dr. Gerd Tacke, bis 1972 Sprecher des Vorstandes der Siemens AG

Unternehmerwirtschaft

ist ohne intellektuelles Engagement der Unternehmer zugunsten dieser Wirtschaftsordnung auf die Dauer nicht denkbar.

Vollständig versagt?

Im Grunde ist die Frage nach der Legitimation der Marktwirtschaft die Kernfrage. Ich stimme Ihnen auch zu, daß Unternehmer — und hier muß man wohl auch sagen, ihre großen Verbände — in den letzten 20 Jahren im Hinblick auf das Denken und das Sprechen zur Legitimierung der Marktwirtschaft vollständig versagt haben. Sie — die Verbände — haben das gar nicht als ein Problem gesehen und waren von daher natürlich auch so abwehrend und so ungeschickt in der Reaktion, als die großen Legitimationsfragen mit dem Beginn der Protestbewegungen gestellt wurden.

Prof. Helge Pross auf der Tagung »Hat der Unternehmer politisch versagt« des Jugendwerks der Shell AG am 10./11. Juni 1976 in Hamburg

Marktwirtschaft verständlich machen!

Ein Vierteljahrhundert lang hatte das Ordnungssystem der Marktwirtschaft bei uns den Vorzug, fast keiner Verteidigung zu bedürfen. Das totalitäre Kontrastprogramm auch der eigenen Vorkriegsvergangenheit und das stalinistische Kontrastprogramm in der Nachkriegsfortsetzung verhalfen ihr zusammen mit dem Wunder des Wiederaufbaus zu strahlendem Glanz . . . Doch die magische Ausstrahlung des Wortes »Marktwirtschaft« ist heute kein Systemschutz mehr. Man muß sich schon die Mühe machen, dieses System in seinen Funktionsbedingungen zu verstehen, damit man es anderen verständlich machen kann — mit den Vorzügen, die es hat, und all den Mängeln, ohne die es nun einmal in dieser unvollkommenen Welt nicht geht.

Prof. Herbert Giersch, in: »Gesellschaft, Marktwirtschaft und Unternehmer«, Mitteilungsdienst der Verbraucherzentralen NRW, Heft 3/4 1974, S. 16

Unternehmer in die Arena

Unternehmer gehören in die politische Arena. Wer heute nicht entscheidend mithilft, Marktwirtschaft und freies Unternehmertum nicht zu hohlen Begriffen werden zu lassen, muß sich den Vorwurf der politischen Krämerseele gefallen lassen.

Wolfgang Krengel, Bundesvorsitzender der Juniorenkreise der deutschen Wirtschaft, 1977

Den fünf Vorwürfen der Neuen Linken,

Monopolkapitalismus, Umweltverschmutzung, Rohstoff-Verschwendung, Konsumterror und Leistungsdruck müssen die Unternehmer mit Vorwärts-Verteidigung begegnen.

Prof. C. A. Andreae (Universität Innsbruck), 1972

Wenn der Unternehmer

nicht bereit ist zu kämpfen, verdient er unterzugehen ...
Seid nicht so ängstlich und denkt nicht, daß die weiche Tour die Chance zum Überleben bietet.

Hermann J. Abs, 1970

Die Vernachlässigung parteipolitischer Betätigung

bedeutet für den Unternehmer dasselbe wie die Vernachlässigung des Marktes. Das letzteres tödlich wirkt, weiß jeder.

Ernst-August Delius, Mitinhaber der Fa. C. A. Delius & Söhne, Bielefeld

Die Unternehmer haben erkannt,

daß der Wettbewerb auf dem Markt der öffentlichen Meinung zu der wichtigsten Aufgabe eines modernen Arbeitgeberverbandes geworden ist.

Josef A. Simons, 1972

Gestörtes Verhältnis

So glaube ich, daß die Unternehmer ihr gestörtes Verhältnis zur Öffentlichkeit in Ordnung bringen müssen. Es sollte deutlich werden, daß es ihnen nicht nur um Gewinnmaximierung geht, sondern auch um den Beitrag, den sie für die Gesellschaft leisten. Wenn es nicht gelingt, der Öffentlichkeit ein neues Unternehmerbild zu vermitteln, dann werden der Marktwirtschaft schwere Zeiten bevorstehen.

Bundeswirtschaftsminister a. D.
Dr. Hans Friderichs

Schlechtes Marketing

In der Sprache der Werbung ist das sowjetische System eine schlechte Ware, die hervorragend verkauft wird, während wir eine ausgezeichnete Ware haben, aber außerstande sind, sie gut zu verkaufen.

Prof. Karl Steinbuch

Kein politisches Neutrum

Der Unternehmer ist kein politisches Neutrum, wie er von manchen gern gesehen würde. Er muß sich zu den Problemen der Gesellschaft klar und deutlich äußern, wenn er verhindern will, daß die Entwicklung über ihn hinweggeht.

Präsident Herbert Pavel in einem Vortrag anläßlich der gemeinsamen Mitgliederversammlung der Wirtschaftsverbände Eisen, Blech und Metall verarbeitender Industrie e.V. und Stahlverformung e.V. in Düsseldorf am 23. Juni 1977

Fabrik-Tor:

Ein Fabrikbesitzer, der die Torheit besitzt, das Fabriktor für die interessierte Außenwelt nicht offen zu halten.

Marktwirtschaft steht und fällt mit dem Unternehmer

Die Marktwirtschaft steht und fällt mit einem aktiven und risikobereiten Unternehmertum. Die Unternehmer müssen sich deshalb den Anforderungen einer unruhigen Gesellschaft tagtäglich stellen, nicht nur auf den Märkten und Messen, sondern auch in den Medien und auf den Foren des gesellschaftlichen Dialogs. Auch und gerade die Unternehmer sollten diese Marktwirtschaft mit Klauen und Zähnen verteidigen und an ihrer Weiterentwicklung mitwirken.

Prof. Karl Schiller, 1972

342

Entliberalisierung der Liberalen

Liberale, Neoliberale und Sozialliberale werden gleichermaßen entliberalisiert werden, wenn sie fortfahren, auch gegenüber Pseudoliberalen und Antiliberalen Liberalität zu üben.

Der Fortbestand einer Unternehmerwirtschaft

wird wesentlich davon abhängen, ob es den Unternehmern ... gelingt, die geistigen Fragestellungen des letzten Viertels des 20. Jahrhunderts zu bewältigen.

Prof. Hans L. Merkle, 1974

Denken heißt vergleichen

Wenn nach Walther Rathenau Denken vergleichen heißt, dann haben sich die Denkenden im Westen schwerste Vorwürfe zu machen, weil sie der Bevölkerung nicht tagtäglich die Vorzüge unseres Systems durch konkrete Vergleiche mit anderen klarmachen.

Gute Leistung — und darüber reden

Ein amerikanischer Boxer hat einmal auf die Frage »Was tun Sie eigentlich den ganzen Tag?« gesagt: Die Hälfte der Zeit trainiere ich und die andere Hälfte der Zeit benutze ich dazu, den Leuten zu sagen, wie gut ich bin.

Die Politik

wird in dem Ausmaß zur Spielwiese von Berufsgesellschaftspolitikern, wie sich Politiker und alle anderen Bürger nicht zum gesellschaftlichen Engagement berufen zu fühlen meinen.

343

Die besten Köpfe

müssen heran, wenn es ihnen auch ungewohnt und schwerfallen mag, ihre ganze Intelligenz dafür einzusetzen, diese
Bewußtseinslücke im eigenen Volk (über die Bedeutung
der Unternehmer für Wohlstand und Fortschritt) endlich
zu schließen.

Hans Groos, in einer Leserzuschrift der FAZ Nr.
181, vom 8. August 1977

Unternehmer an die Front!

Unternehmer sind nicht deswegen prädestiniert, die Marktwirtschaft an vorderster Front zu erklären und zu verteidigen, weil sie »besser« oder gar »edler« sind als andere
Schichten unserer Gesellschaft, sondern weil sie
die aktivsten und schöpferischsten Mitgestalter dieses
Wirtschaftssystems sind,
kraft ihres Berufes einen klaren Blick und einen festen
Willen zur Meisterung ökonomischer Probleme auch unter
widrigen Umständen haben,
von Berufs wegen Entwicklungen vorwegnehmen, planen
und gestalten müssen,
in Jahrzehnten bewiesen haben, daß sie großer Leistungen
fähig sind,
gewohnt sind, guten Argumenten bessere und leeren
Phrasen überzeugende Tatsachen entgegenzusetzen.

Vor der falschen Gemeinde

Ein Kardinalfehler aller derer, welche die Grund- und
Vorzüge der unternehmerischen Wirtschaftsordnung zu
vertreten berufen und aufgerufen sind, ist, daß sie in der
Regel »vor der falschen Gemeinde predigen«. Sie klagen
und klagen an gemeinhin vor ihresgleichen oder vor Leuten, die »alles Verständnis für die Unternehmer aufbrin-

gen«, aber bereits nach Entgegennahme der Klagen und Anklagen selbige wieder vergessen haben.

Die richtige »Gemeinde« ist die Masse der Wähler und damit die Masse der Arbeiter. Deren Meinungsbild und Meinungsbildung wird heute weitgehend von Politikern, Gewerkschaftsführern und professionellen Meinungsmachern geformt. Insbesondere Rundfunk und Fernsehen haben sich immer mehr nicht nur zum politischen, sondern auch wirtschaftspolitischen Schulmeister für die Millionenmassen der Bürger emanzipiert. Diese Organe haben es verstanden, die Unternehmer mit dem Negativ-Image des egoistischen Interessenvertreters, des Profitgeiers oder gar des Volksschädlings, ausgestattet mit Glatze, Doppelkinn, Wurstfingern und Gewissensvakuum, zu belegen.

Da die Zeiten vorbei sind, in denen Beruf und Ruf des Unternehmers in der veröffentlichten Meinung als unantastbar galten, müssen die Unternehmer selbst aktiv werden, um den gesellschaftlichen Grundkonsens über die marktwirtschaftliche Ordnung und die Unternehmerfunktion in ihr wieder verbreitet Geltung zu verschaffen und zu festigen. Das gelingt nicht mit wohlformulierten Denkschriften oder mittels gut geölter Unter-sich-Tagungen, sondern nur durch mutigen persönlichen Einsatz und ohne Berührungsangst »vor Ort« und mit »Volkes Stimme«.

*

Unternehmer und Öffentlichkeitsarbeit

Der britische Unternehmer (British Overseas Trade Board) und Formulierer der Davos Charta (1973) *Sir Frederick Catherwood* auf dem Davos Symposium 1978:

Mehr noch als früher kommt es darauf an, daß die Industrie ihre Standpunkte bekanntgibt und gegenüber der öffentlichen Meinung verteidigt. Für das Fernsehen, dem

Medium, das wahrscheinlich den stärksten Einfluß auf die Öffentlichkeit hat, gelten zehn einfache Regeln:

1. Man muß ehrlich sein und aufrichtig sagen, was man denkt, und dabei die dringlichen Probleme freimütig anpacken.

2. Man muß sich klar ausdrücken, »als wollten Sie sich Ihrer Schwiegermutter gegenüber deutlich machen«.

3. Man muß einfach sein. Pro Interview sollte man nie mehr als eine wichtige Sache sagen. Daher kommt es darauf an, das Thema genau zu wählen und unzweideutig zu erläutern.

4. Man muß praktisch sein. Es ist nutzlos, den Versuch zu unternehmen, großartige Prinzipien zu entwickeln, die dabei ungenau bleiben. Im Gegenteil: man sollte praktische Beispiele nennen und die Schlußfolgerungen daraus ziehen.

5. Man sollte liebenswürdig sein. Die Zuschauer vergessen vielleicht, was Sie gesagt haben, aber niemals, wie Sie es gesagt haben.

6. Man muß ein Beispiel von Entschlußkraft und innovativem Denken geben. Niemand ist bereit, jemandem zu folgen, der nicht aufhört, sich zu beklagen. Man muß den Eindruck guten Willens vermitteln.

7. Man muß den Interviewer als menschliches Wesen akzeptieren, wobei es nutzlos ist, sich über seine Fragen zu ärgern. Stellt er eine unbequeme Frage, stellen Sie selbst ebenfalls eine, denn Sie nehmen ja schließlich an einem Dialog teil.

8. Man sollte interessant sein, denn nichts ist leichter, als das Fernsehgerät mit einem Knopfdruck abzustellen.

9. Man muß kurz sein. In drei Minuten lassen sich viele wichtige Dinge sagen, und es ist immer nützlich, seine Bemerkungen zu überprüfen und nochmals zu kürzen.

10. Bevor man vor einem Auditorium von zehn Millionen

Fernsehzuschauern frei sprechen will, sollte man das erst vor einem kleineren üben.

Indem er sich der öffentlichen Meinung stellt, kann der Unternehmer sich auch die Achtung der Politiker erwerben, die dann feststellen werden, daß sie selbst nicht die einzigen sind, die einen bestimmten Standpunkt vertreten.

*

Der Ton macht die Musik

Aus einem zitterigen Hintern kann kein ordentlicher Ton kommen.

> Ein Bauarbeiter über einen Unternehmer, der mit unsicherer, leiser Stimme vom Blatt ablesend eine allzu akademisch gehaltene Ansprache an seine Bauarbeiter hielt.

Public relations:

kein Werbetrick, keine Profilierungssucht, kein Traumgebilde und keine Geldverschwendung, sondern Darstellung dessen, was war, was ist und was sein kann, sein soll und sein muß.

Der Jammer mit der Menschheit

ist, daß oft die Klugen feige, die Tapferen dumm und die Fähigen ungeduldig sind. Das Ideal wäre der tapfere Kluge mit der nötigen Geduld.

> Truman Capote (amerikanischer Schriftsteller, geb. 1924)

Hanns Martin Schleyers Vermächtnis

Die Zeit des unpolitischen Unternehmers, der sich nur ums Geschäft kümmert und sonst um nichts, ist endgültig vorbei.

Die politische Verantwortung des Unternehmers ist, im tieferen Verständnis von »Politik« und »politisch«, die Verantwortung um die »polis« — also die Gemeinschaft der Bürger, mit dem Ziel, für eine von den Bürgern zu bejahende, für deren Verhalten förderliche, für die Wirtschaft und Gesellschaft gesicherte, fruchtbare Entwicklung der Menschen zu sorgen.

*

Es ist des freien Menschen unwürdig, die öffentlichen Angelegenheiten den dazu trainierten Spezialisten zu überlassen; er wird sich vielmehr an der tätigen Sorge für das Gemeinwohl beteiligen, besonders wenn es sich um Mißstände und Notsituationen handelt; er wird sich engagieren.

*

Die Unternehmer bilden eine politische Minorität. Es kommt hinzu, daß die gesellschaftliche Bedeutung ihrer Existenz und die Notwendigkeit ihrer Funktion in unzureichendem Maße im Bewußtsein breiter Kreise der Bevölkerung verankert sind. Politische Ideologien bestimmter Richtungen ziehen ihren Nutzen aus dieser Lage: Unter der irreführenden Formel von der »Demokratisierung von Wirtschaft und Gesellschaft« erheben sie politische Forderungen, die auf die Errichtung einer sozialistischen Wirtschaft, also einer »Wirtschaftsordnung ohne Unternehmer«, hinauslaufen.

In dieser Situation in Staat und Gesellschaft ist es für den Unternehmer eine existentielle Notwendigkeit, sich selbst politisch in stärkerem Maße zu engagieren.

»Low public profile«

Edgar N. Best, stellv. Direktor des FBI (Federal Bureau of Investigation = Bundeskriminalamt der USA), gab Unternehmern, die von Terroraktionen verschont bleiben wollen, als wichtigsten Ratschlag, ein »low public profile« zu wahren, d. h. in der Öffentlichkeit so wenig wie möglich von sich reden bzw. auf sich aufmerksam zu machen, damit Terroristen erst gar nicht auf die Idee kommen, es handle sich um einen besonders wichtigen Unternehmer.

> Wenn die Empfehlung von Mr. Best begründet ist, es aber auf der anderen Seite zutrifft, daß Unternehmerfunktion und -leistung sowie letztlich auch die marktwirtschaftliche Ordnung von der Allgemeinheit nur dann anerkannt werden, wenn möglichst die fähigsten, erfolgreichsten und damit die führenden Unternehmer den Bürgern diese Ordnung persönlich verständlich machen, könnte man dann aus Mr. Best's Ratschlag den Rückschluß ziehen, daß Terroristen maßgeblich über das Schicksal unserer Wirtschafts- und Gesellschaftsordnung bestimmen — — — ? Denn: Wird man von führenden Unternehmern auf die Dauer verlangen können, daß sie neben ihren enormen geistigen, körperlichen und psychischen Belastungen durch ihre Unternehmertätigkeit und neben der Übernahme hoher geschäftlicher Risiken auch noch das ständige Risiko für Leib und Leben tragen?

Die letzte Bestätigung

Vielleicht haben die Terroristen gerade damit, daß sie Unternehmenschefs und Banker als Zielschreibe ihres Hasses ausgewählt haben, dem Mann auf der Straße die wichtige Rolle des Unternehmers in einer freien Gesellschaft stärker bewußt gemacht.

Robert Ball, im führenden US-Wirtschaftsmagazin „Fortune", August 1978

Die Herausforderung an die Marktwirtschaft

Das westliche kapitalistische System sieht sich gewaltigen externen Herausforderungen ausgesetzt. Es unterliegt einem konstanten Druck, in der wirtschaftlichen Leistung mit der kommunistischen Welt zu konkurrieren und die Anstrengungen der Entwicklungsländer zu unterstützen. Ein anhaltendes Versagen, ein Wachstumspotential zu erreichen, das im Bereich unserer Möglichkeiten liegt, würde politische Folgen haben, die zu ernst sind, um in Betracht gezogen werden zu können.

> Angus Maddison (zit. in »Fortune«, August 1978, S. 102)

Zukunft mit Zuversicht

Wenn eine der Lektionen aus den zurückliegenden schwierigen Jahren darin bestand, die Europäer zu lehren, daß die Wundermaschine der Vermögensschaffung ohne die führende Hand des Privatunternehmers nicht funktioniert, können diejenigen, die ihr Leben der Aufgabe widmen, diese Maschine in Gang zu halten, der Zukunft mit Zuversicht entgegen sehen.

> Robert Ball, in »Fortune«, August 1978

Ideologische Offensive tut not!

Ich meine, daß der Kapitalismus wegen seiner enormen ihm innewohnenden Tugenden als System zur Schaffung von Reichtum und zur Förderung der Freiheit überleben wird. Aber diejenigen, die ihn mit Leben erfüllen und lenken, müssen endlich aufhören, sich deswegen andauernd zu entschuldigen. Sie müssen zur ideologischen Offensive übergehen. Sie müssen den einfachen Leuten nachweisen, daß sowohl die kommunistische Welt als auch die

Dritte Welt parasitären Nutzen für ihre Wachstumstechnologie aus dem industriellen Kapitalismus saugen.

Wer das kapitalistische System retten möchte, muß sich schon die Mühe machen, der Welt ein wenig Geschichtsunterricht zu geben und sie, und vor allem die jungen Menschen, daran zu erinnern, daß die Leistungen der Menschheit zwar groß, niemals aber so stabil sind, wie sie aussehen. Trifft der Mensch die falsche Wahl, so wartet gleich um die Ecke der Zeit ein neues dunkles Zeitalter auf ihn.

> Paul Johnson, bis 1970 Chefredakteur der Wochenzeitschrift „New Statesman", heute freier Schriftsteller in London, 1979

Vakuumfüller

Unsinn und Schwachsinn dehnen sich aus, um das Vakuum zu füllen, das durch das Schweigen der Klugen und Erfolgreichen entsteht.

> Prof. Cyril Northcote Parkinson

Es ist leichter für den Unternehmer,

Probleme und Techniken der Kommunikation zu erlernen, als für den Kommunikator, ein Unternehmen leiten zu lernen.

Vom gleichen Autor:

Konkurrenten, Kartelliten, Kontrolleure
  Kommentiert und karikiert.
  208 S. DIN A 5, engl. Broschur, 24,80 DM.
  Heider-Verlag Bergisch Gladbach 1971

Nun kooperiert mal schön!
  Eine Kooperationsfibel in Lernzitaten mit Humorzutaten.
  180 S. DIN A 5. Broschiert 16,— DM.
  Rationalisierungskuratorium
  der Deutschen Wirtschaft e.V., Frankfurt am Main 1973

Der Verbandsmanager
  Eine Verbandsfibel in Zitaten, Aphorismen, Bonmots.
  280 S. DIN A 5. Broschiert 24,— DM.
  Verlag Dr. Otto Schmidt KG, Köln-Marienburg 1976

Kartelliaden
  20 Jahre deutsches Wettbewerbsgesetz.
  Rück-, Durch- und Ausblick.
  414 S. 23 x 15 cm. Efalin. 29,80 DM.
  Verlag Moderne Industrie, München 1977